中国食品行业追溯体系发展报告

（2018—2019）

组　编　中国副食流通协会食品安全与信息追溯分会
　　　　国家农产品现代物流工程技术研究中心
主　编　何继红
副主编　刘谊　斯家华　张长峰　高海伟　于怀智

中国商业出版社

图书在版编目(CIP)数据

中国食品行业追溯体系发展报告.2018—2019 / 中国副食流通协会食品安全与信息追溯分会,国家农产品现代物流工程技术研究中心著. —— 北京：中国商业出版社,2019.9

ISBN 978—7—5208—0865—1

Ⅰ.①中… Ⅱ.①中… ②国… Ⅲ.①食品行业—发展—研究报告—中国—2018—2019 Ⅳ.①F426.82

中国版本图书馆CIP数据核字(2019)第176643号

责任编辑：蔡 凯

中国商业出版社出版发行

010—63180647 www.c—cbook.com

(100053 北京广安门内报国寺1号)

新华书店经销

涿州市荣升新创印刷有限公司印刷

*

787毫米×1092毫米 1/16开 20.75印张 340千字

2019年9月第1版 2019年9月第1次印刷

定价:150.00元

* * *

(如有印装质量问题可更换)

中国食品行业追溯体系发展报告
（2018—2019）
编委会

主任委员：

丁俊发　中国物流与采购联合会原常务副会长、研究员

副主任委员：

何继红　中国副食流通协会会长
姚广海　中国国际电子商务中心党委书记
方德英　北京工商大学副校长
李锦松　泸州老窖集团有限责任公司总工程师
张长峰　国家农产品现代物流工程技术研究中心品控部部长

编委委员：（按姓名首字母排序）

陈　梅　内蒙古师范大学教授
陈广山　中国国际电子商务中心研究院高级咨询师、管理学博士
陈文正　合肥友高物联网标识设备有限公司董事长
崔绪辉　万信方达科技发展（北京）有限责任公司副总经理
董军芳　中国副食流通协会副会长
范金刚　中国电子学会区块链分会常务副秘书长
高　昂　中国标准化技术研究院博士、副研究员
高海伟　中国副食流通协会食品安全与信息追溯分会秘书长
郭炳晖　北京航空航天大学大数据与脑机智能高精尖中心研究员
郭风军　国家农产品现代物流工程技术研究中心品控部主管
郭　楠　江苏鼎昌科技股份有限公司市场总监
韩　伟　深圳市倍诺通讯技术有限公司总经理
黄宝生　国家农产品现代物流工程技术研究中心品控部主管
姜同强　北京工商大学教授
练　娜　中钞信用卡产业发展有限公司杭州区块链技术研究院产品经理

刘　利	重庆科技学院资产与后勤管理处
刘　敏	中国副食流通协会食品安全与信息追溯分会标准部主任
刘晓武	北京爱创科技股份有限公司产品市场经理
刘　谊	华北电力大学经济与管理学院副教授、企业管理与信息化研究所副所长
孟东润	中国检验认证集团上海公司农食部经理
宁焕生	北京科技大学计算机与通信工程学院副院长
钱　青	中检集团溯源技术服务有限公司苏州分公司总经理
斯家华	中国副食流通协会食品安全与信息追溯分会常务副会长
孙传恒	北京农业信息技术研究中心副研究员
邃　静	友和利德（天津）科技有限公司运营部经理
仝其根	北京农学院食品科学与工程学院教授
王　飞	中钞信用卡产业发展有限公司杭州区块链技术研究院项目经理
王　辉	北京中物联物流规划研究院副院长、博士后
王　力	集美大学食品与生物工程学院教授
魏　巍	沈阳诚真餐饮有限公司品控副总经理
晏庆华	中国物流与采购联合会网络事业部主任
杨云勇	贵州茅台酒股份有限公司信息中心主任
姚雅娴	福建安井食品股份有限公司质量部经理
于怀智	国家农产品现代物流工程技术研究中心综合部副部长
战文彬	内蒙古师范大学招生就业处招生办公室主任
张　辉	原国家知识产权局高级审查员、派腾奥普科技服务（北京）有限公司总经理
张建军	中国国际电子商务中心研究院副院长
朱大洲	农业部食物与营养发展研究所副研究员
禚连春	北京维赛思咨询有限公司CEO、原京东集团战略投资总监
左　敏	北京工商大学教务处处长

其他编写人员：
刘非凡　于淼

序一

习近平总书记曾多次作出重要指示，强调要把食品安全作为一项重大的政治任务来抓，坚持党政同责，用最严谨的标准、最严格的监管、最严厉的处罚、最严肃的问责，确保人民群众"舌尖上的安全"。李克强总理也多次作出批示，强调要完善监管体系，着力提高监管效能，落实最严格的全程监管制度，切实保障人民群众身体健康和生命安全。近年来，我国食品安全形势有所好转，但仍面临着不少问题和困难。为此，必须深化改革，坚持安全第一，坚持问题导向，坚持预防为主，坚持依法监管，坚持改革创新，坚持共治共享，建立保障食品安全的长效机制，才能有效解决食品安全问题。

2019年5月9日，中共中央、国务院发布了《关于深化改革加强食品安全工作的意见》中对建立食品安全追溯体系提出了明确要求："食用农产品生产经营主体和食品生产企业对其产品追溯负责，依法建立食品安全追溯体系，确保记录真实完整，确保产品来源可查、去向可追。国家建立统一的食用农产品追溯平台，建立食用农产品和食品安全追溯标准和规范，完善全程追溯协作机制。加强全程追溯的示范推广，逐步实现企业信息化追溯体系与政府部门监管平台、重要产品追溯管理平台对接，接受政府监督，互通互享信息。"

建立健全食品安全追溯体系是食品安全工作的重要保障。中国副食流通协会作为食品流通行业的国家一级协会一直致力于我国食品行业追溯体系建设、标准体系建设，为促进中国食品安全发挥了积极作用，协会近几年针制定了多项行业标准、团体标准，推进食品行业标准体系建设，同时大力推进食品追溯体系建设以及追溯餐厅的推广，连续每年发布《中国食品行业追溯体系发展报告》，对我国食品安全、可追溯体系的最新行业动态进行研究和分析，并向行业发布、分享。

为了帮助政府和企业更好了解2018~2019年我国食品信息追溯产业发展的

最新动态,发现产业中存在的难点和痛点,深度挖掘产业价值与新的市场机遇,中国副食流通协会食品安全与信息追溯分会组织多名专家编写完成了《中国食品行业追溯体系发展报告(2018—2019)》。全书涵盖了食品信息追溯的多个领域,既有对食品信息追溯产业内外部环境的详细分析,也有对食品信息追溯产业热点内容的专题探讨,更有对食品信息追溯企业的典型案例分析。整篇报告内容丰富、数据详实,希望对政府和企业有所助益。

最后,衷心感谢编委会全体成员及参编的其他工作成员付出的辛勤劳动。感谢北京航空航天大学、北京交通大学、北京工商大学、中国国际电子商务中心等单位对本书的大力支持。并对中国商业出版社表示诚挚的谢意!

2019 年 8 月

序二

2018年，我国国内生产总值900,309亿元人民币，同比增长6.6%；全国人均可支配收入增长6.5%，恩格尔系数降至28.4%。国以民为本、民以食为天、食以安为先，食品尤其农产品是庞大消费市场的重要组成部分，食品安全具有长期的战略意义。同时看到，赚得越多、吃得越"少"，反映了居民消费观念转变和消费结构的升级，在"吃得放心"的基础上，品种更多、质量更高、体验更好的食品正在走入千家万户。食品产业的梯度升级，对食品追溯的价值逻辑和应用技术也提出了新的需求。

从早期的防伪认证、分销管理和责任认定，到供应链集约与标准、渠道管控与弹性优化、消费者互动与智慧食堂，乃至食品全生命周期的数字化管理，追溯体系已成为食品产业数字化转型的基础设施，而溯源技术也成为食品生态中不可或缺的环节。这就需要食品行业相关政府部门、高校、科研院所、行业协会及行业龙头企业共同参与，对食品信息追溯的政策、环境、技术、应用及金融等进行持续不懈的理论研究与实践探索。

《中国食品行业追溯体系发展报告（2018—2019）》包括环境分析篇、专题研究篇、案例分享篇和资料汇编等四部分，不仅对食品信息追溯环境做了详细分析，而且对追溯体系产业基础与价值链、追溯体系股市表现等进行了探索性研究，新理论新观点值得深入思考和借鉴。14个案例分享涉及到酒类、牛奶、水产品等领域追溯理念及技术应用，一定会使读者对食品行业追溯体系发展有全新认识。资料汇编篇中列出的相关政策与法规有利于读者对我国食品安全领域的政策走向以及政府监管的力度、深度和广度有整体了解。

最后，衷心感谢编委会全体成员及参编的其他工作成员付出的辛勤劳动。北京航空航天大学、北京交通大学、北京工商大学、中国国际电子商务中心等单位对本书给予大力支持，在此表示诚挚的谢意！

姚广海
2019年8月

前　言

随着社会经济和互联网技术的发展，我国食品行业追溯体系的建设取得了长足进步。为全面反映 2018—2019 年食品行业追溯体系的基本概貌，我们组织相关专家学者编写了这本《中国食品行业追溯体系发展报告（2018－2019）》。该书共分四篇。

第一篇环境分析篇。主要概述了食品行业追溯体系所处的外部环境。包括四个部分：第一部分主要阐述了 2018—2019 年食品行业追溯体系所处的宏观经济环境，第二部分论述了 2018—2019 年食品行业企业概况，第三部分对 2018—2019 年信息追溯相关企业的总体情况进行了统计分析，第四部分则主要阐述了食品行业信息追溯发展所处的相关互联网等技术环境。

第二篇专题研究篇。包括三个专题研究：第一个专题主要研究了追溯价值链问题，探讨了追溯体系产业基础与价值链的关系、追溯体系的股市表现以及追溯体系在资本市场的表现等；第二个专题是基于追溯技术的产业链研究，本章以药品行业为例，探讨了追溯技术在产业链中的应用；第三个专题是食品追溯产业链研究，剖析了食品追溯在食品加工业、物流业、食品流通业、追溯大数据产业中的应用及其发展趋势。

第三篇案例分析篇。介绍十个案例，具体包括：大型啤酒行业全产业链追溯及数字营销生态体系建设案例、中钞区块链食品防伪溯源平台、合肥友高助力沙漠之花实现一物一码应用、江苏鼎昌科技公司关于快消品行业低成本窜货管控技术方案、基于手机软件的"智慧食堂—食品追溯"技术方案、金辉酒业基于产品生命周期管理的应用案例、福建安井食品股份有限公司鱼糜质量安全可追溯体系应用案例、深圳市倍诺通讯技术有限公司一物一码应用案例、中检溯源进口鲜牛奶（巴氏杀菌奶）"境外预检＋溯源"服务应用案例、水产品无水活运技术集成应用案例。

第四篇资料汇编篇。包括了六项2018—2019年国家及相关部门相继发布的一系列涉及食品行业追溯体系的规定和政策。

作者
2019年8月

目 录

环境分析篇

1 **2018年食品信息追溯环境分析** ……………………………………………………… (3)
   1.1 **2018年相关宏观经济分析** …………………………………………………… (3)
   1.2 **2018年食品行业总体分析** …………………………………………………… (10)
   1.3 **2018年信息追溯行业调查统计分析** ………………………………………… (21)
      1.3.1 概述 ……………………………………………………………………… (21)
      1.3.2 调查统计分析结果 ……………………………………………………… (22)
      1.3.3 总结及建议 ……………………………………………………………… (38)
   1.4 **2018年食品信息追溯相关互联网环境分析** ………………………………… (39)

专题研究篇

2 **追溯价值链专题研究** …………………………………………………………………… (71)
   2.1 **追溯体系产业基础与价值链** ………………………………………………… (71)
      2.1.1 追溯体系的产业基础是流通和供应链 ………………………………… (71)
      2.1.2 追溯体系价值链与存在的核心问题 …………………………………… (72)
      2.1.3 追溯体系面临的发展机遇 ……………………………………………… (73)
   2.2 **追溯体系股市表现** …………………………………………………………… (74)
      2.2.1 追溯体系相关上市公司及其股市表现 ………………………………… (74)
      2.2.2 追溯体系相关上市公司涉及的技术领域 ……………………………… (77)
   2.3 **追溯体系在资本市场的表现** ………………………………………………… (78)
      2.3.1 追溯体系股权投资整体情况 …………………………………………… (78)
      2.3.2 典型投资案例分析 ……………………………………………………… (78)

  2.3.3 追溯体系领域投资障碍 ……………………………………………… (80)
 2.4 追溯体系未来展望 ………………………………………………………… (80)
  2.4.1 产业互联网将为追溯体系建设夯实供应链基础 ……………… (80)
  2.4.2 第三方平台模式将是追溯体系发展的主流方向 ……………… (81)
  2.4.3 追溯体系的价值潜力有待深度挖掘 …………………………… (82)

3 基于追溯技术的产业链研究 …………………………………………………… (84)
 3.1 追溯产业发展及现状 …………………………………………………… (84)
  3.1.1 追溯概念及政策标准 …………………………………………… (84)
  3.1.2 追溯产业技术发展及现状 ……………………………………… (85)
  3.1.3 追溯产业存在问题 ……………………………………………… (87)
 3.2 追溯产业应用——药品行业 …………………………………………… (89)
  3.2.1 药品信息追溯现状 ……………………………………………… (89)
  3.2.2 美国和欧盟药品追溯产业应用 ………………………………… (90)
  3.2.3 区块链在药品追溯中的应用 …………………………………… (92)

4 食品追溯产业链研究 …………………………………………………………… (95)
 4.1 概述 ……………………………………………………………………… (95)
  4.1.1 关于追溯的概述 ………………………………………………… (95)
  4.1.2 食品追溯应用场景描述 ………………………………………… (96)
  4.1.3 食品追溯产业链描述 …………………………………………… (97)
 4.2 追溯行业分析 …………………………………………………………… (97)
  4.2.1 追溯行业概况 …………………………………………………… (97)
  4.2.2 追溯行业特征 …………………………………………………… (98)
 4.3 应用场景(产业)分析 …………………………………………………… (99)
  4.3.1 食品加工业 ……………………………………………………… (99)
  4.3.2 物流业 …………………………………………………………… (100)
  4.3.3 食品流通业 ……………………………………………………… (102)
  4.3.4 追溯大数据 ……………………………………………………… (103)
 4.4 技术支撑(产业)分析 …………………………………………………… (104)

	4.4.1	标识	(104)
	4.4.2	传输	(106)
	4.4.3	安全	(106)
	4.4.4	存储	(107)
4.5	总结		(108)

参考文献 (109)

案例分享篇

5 大型啤酒行业全产业链追溯及数字营销生态体系建设案例 (113)
- 5.1 公司简介 (113)
- 5.2 技术方案主要内容 (114)
  - 5.2.1 方案拟解决的问题 (114)
  - 5.2.2 方案建设过程 (115)
- 5.3 技术实施效果 (119)
  - 5.3.1 效益指标分析 (119)
  - 5.3.2 对创新模式的影响 (120)
- 5.4 技术应用及未来发展规划 (121)
  - 5.4.1 技术应用 (121)
  - 5.4.2 未来发展规划 (122)

6 中钞区块链食品防伪溯源平台 (124)
- 6.1 公司简介 (124)
- 6.2 技术方案主要内容 (125)
  - 6.2.1 技术方案总体目标 (125)
  - 6.2.2 技术方案总体架构 (125)
  - 6.2.3 技术方案逻辑架构 (131)
  - 6.2.4 技术方案安全体系 (133)
- 6.3 技术方案的优势 (134)
- 6.4 技术实施效果 (135)

6.5 技术应用及未来发展规划 ……………………………………………… (137)
6.5.1 技术应用 ……………………………………………………… (137)
6.5.2 未来发展规划 ………………………………………………… (138)

7 合肥友高助力沙漠之花实现一物一码应用(追溯、防伪防窜) ……… (139)
7.1 公司简介 …………………………………………………………… (139)
7.2 方案背景介绍 ……………………………………………………… (139)
7.3 技术方案内容 ……………………………………………………… (141)
7.3.1 需求分析 ……………………………………………………… (141)
7.3.2 方案设计架构 ………………………………………………… (141)
7.3.3 产品赋码样式及赋码方案 …………………………………… (142)
7.3.4 现场方案配置 ………………………………………………… (145)
7.4 方案实施效果 ……………………………………………………… (146)

8 江苏鼎昌科技公司关于快消品行业低成本窜货管控技术方案 ……… (147)
8.1 公司简介 …………………………………………………………… (147)
8.2 背景介绍 …………………………………………………………… (148)
8.3 百威啤酒溯源防窜项目建设情况 ………………………………… (149)
8.3.1 项目背景 ……………………………………………………… (149)
8.3.2 项目目标 ……………………………………………………… (149)
8.3.3 项目需求 ……………………………………………………… (150)
8.3.4 项目方案 ……………………………………………………… (150)
8.3.5 项目应用效果及推广价值 …………………………………… (159)

9 基于手机软件的"智慧食堂——食品追溯"技术方案 ……………… (160)
9.1 公司简介 …………………………………………………………… (160)
9.2 智慧食堂简介 ……………………………………………………… (160)
9.3 手机软件实施的食品追溯 ………………………………………… (161)
9.3.1 功能介绍 ……………………………………………………… (161)
9.3.2 智慧食堂践行的食品追溯 …………………………………… (162)

9.4 "智慧食堂"发展规划 ……………………………………………………… (166)

10 金徽酒业基于产品生命周期管理的应用案例 ………………………… (167)
10.1 公司介绍 ………………………………………………………………… (167)
10.2 项目概述 ………………………………………………………………… (168)
 10.2.1 金徽酒产品生命周期管理体系概述 ……………………………… (168)
 10.2.2 金徽酒引入企数云产品生命周期管理平台的初衷 ……………… (169)
 10.2.3 金徽酒企数云产品功能介绍 ……………………………………… (170)
10.3 产品生命周期管理平台详细方案 ……………………………………… (171)
 10.3.1 二维码产品的生命周期流转 …………………………………… (171)
 10.3.2 生产内部流转 …………………………………………………… (172)
 10.3.3 渠道管控的流转 ………………………………………………… (177)
 10.3.4 消费者互动 ……………………………………………………… (183)
 10.3.5 大数据采集与分析 ……………………………………………… (185)
 10.3.6 二维码数据安全保证 …………………………………………… (185)
10.4 项目总结及展望 ………………………………………………………… (187)

11 福建安井食品股份有限公司鱼糜质量安全可追溯体系应用案例 …… (188)
11.1 公司简介 ………………………………………………………………… (188)
11.2 项目介绍 ………………………………………………………………… (189)
 11.2.1 项目背景 ………………………………………………………… (189)
 11.2.2 项目建设必要性 ………………………………………………… (190)
 11.2.3 项目建设方案 …………………………………………………… (191)
11.3 项目总结及展望 ………………………………………………………… (202)

12 深圳市倍诺通讯技术有限公司一物一码应用案例 …………………… (203)
12.1 公司简介 ………………………………………………………………… (203)
12.2 技术方案 ………………………………………………………………… (204)
 12.2.1 方案背景 ………………………………………………………… (204)
 12.2.2 方案目标 ………………………………………………………… (204)

12.2.3　方案优势 …………………………………………………………………（206）
　　12.2.4　系统构架 …………………………………………………………………（207）
12.3　技术应用案例分享——达能益力"一桶一码"品控溯源 ……………………（209）
　　12.3.1　项目背景 …………………………………………………………………（209）
　　12.3.2　项目流程 …………………………………………………………………（210）
　　12.3.3　项目功能 …………………………………………………………………（212）
　　12.3.4　项目特点 …………………………………………………………………（213）
12.4　技术应用结论及未来展望 ………………………………………………………（213）
　　12.4.1　技术应用结论 ……………………………………………………………（213）
　　12.4.2　未来展望 …………………………………………………………………（213）

13　中检溯源进口鲜牛奶(巴氏杀菌奶)"境外预检＋溯源"服务应用案例 ……… （215）

13.1　公司介绍 …………………………………………………………………………（215）
13.2　项目背景 …………………………………………………………………………（217）
13.3　项目建设情况 ……………………………………………………………………（219）
13.4　项目实施效果 ……………………………………………………………………（221）
13.5　项目总结与展望 …………………………………………………………………（223）

14　水产品无水活运技术集成应用案例 ……………………………………………（227）

14.1　概述 ………………………………………………………………………………（227）
14.2　技术集成 …………………………………………………………………………（229）
　　14.2.1　休眠 …………………………………………………………………………（229）
　　14.2.2　包装 …………………………………………………………………………（230）
　　14.2.3　无水微环境 …………………………………………………………………（230）
　　14.2.4　"唤醒" ………………………………………………………………………（230）
14.3　核心产品 …………………………………………………………………………（231）
　　14.3.1　冷驯化/"唤醒"系统 ……………………………………………………（231）
　　14.3.2　天然植物源诱导休眠剂 ……………………………………………………（232）
　　14.3.3　水产品无水保活运输车 ……………………………………………………（232）

14.3.4　无水配送包装产品 ……………………………………………………（233）
　　14.3.5　水产品无水保活物流集成技术商业化应用 ……………………………（233）

资料汇编篇

15　相关政策与法规 …………………………………………………………………（241）
　15.1　《中共中央、国务院关于深化改革加强食品安全工作的意见》 ………（242）
　15.2　《地方党政领导干部食品安全责任制规定》 ……………………………（252）
　15.3　《关于进一步促进奶业振兴的若干意见》 ………………………………（256）
　15.4　《学校食品安全与营养健康管理规定》 …………………………………（261）
　15.5　《加强学校供餐管理确保学校食品安全》 ………………………………（271）
　15.6　《关于推动农商互联完善农产品供应链的通知》 ………………………（271）

附录1　食品生产企业分级与评价指标 ……………………………………………（275）
附录2　食品行业职业经理人评价指标 ……………………………………………（283）
附录3　食品产品品牌价值评价指标及方法 ………………………………………（292）
附录4　食品追溯　通用要求 ………………………………………………………（306）

环境

分析篇

1　2018年食品信息追溯环境分析

1.1　2018年相关宏观经济分析

2018年，面对复杂严峻的国际环境和艰巨繁重的改革发展稳定任务，在以习近平同志为核心的党中央坚强领导下，各地区各部门以习近平新时代中国特色社会主义思想为指导，全面贯彻党的十九大和十九届二中、三中全会精神，按照党中央、国务院决策部署，统筹推进"五位一体"总体布局，协调推进"四个全面"战略布局，坚持稳中求进工作总基调，深入贯彻新发展理念，落实高质量发展要求，以供给侧结构性改革为主线，着力深化改革扩大开放，坚决打好防范化解重大风险、精准脱贫、污染防治三大攻坚战，有效应对外部环境深刻变化，统筹稳增长、促改革、调结构、惠民生、防风险，做好稳就业、稳金融、稳外贸、稳外资、稳投资、稳预期工作，经济运行总体平稳、稳中有进，质量效益稳步提升，人民生活持续改善，保持了经济持续健康发展和社会大局稳定，朝着实现全面建成小康社会的目标迈出了新的步伐。

2018年，全年国内生产总值900309亿元，比上年增长6.6%。其中，第一产业增加值64734亿元，比上年增长3.5%；第二产业增加值366001亿元，比上年增长5.8%；第三产业增加值469575亿元，比上年增长7.6%。第一产业增加值占国内生产总值的比重为7.2%，第二产业增加值占国内生产总值的比重为40.7%，第三产业增加值占国内生产总值的比重为52.2%。全年最终消费支出对国内生产总值增长的贡献率为76.2%，资本形成总额的贡献率为32.4%，货物和服务净出口的贡献率为-8.6%。人均国内生产总值64644元，比上年增长6.1%。国民总收入896915亿元，比上年增长6.5%。全国万元国内生产总值能耗比上年下降3.1%。全员劳动生产率为107327元/人，比上年提高6.6%。

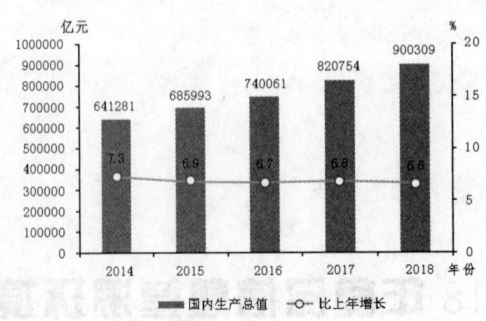

图1-1 2014—2018年国内生产总值及增长速度

资料来源：中华人民共和国国家统计局。

如图1-2所示，随着总体经济环境的发展，我国人均可支配收入也呈现出强劲增长，全年全国居民人均可支配收入28228元，比上年增长8.7%，扣除价格因素，实际增长6.5%。全国居民人均可支配收入中位数24336元，比上年增长8.6%。按常住地分，城镇居民人均可支配收入39251元，比上年增长7.8%，扣除价格因素，实际增长5.6%。城镇居民人均可支配收入中位数36413元，比上年增长7.6%。农村居民人均可支配收入14617元，比上年增长8.8%，扣除价格因素，实际增长6.6%。农村居民人均可支配收入中位数13066元，比上年增长9.2%。按全国居民五等份收入分组，低收入组人均可支配收入6440元，中间偏下收入组人均可支配收入14361元，中间收入组人均可支配收入23189元，中间偏上收入组人均可支配收入36471元，高收入组人均可支配收入70640元。全国农民工人均月收入3721元，比上年增长6.8%。

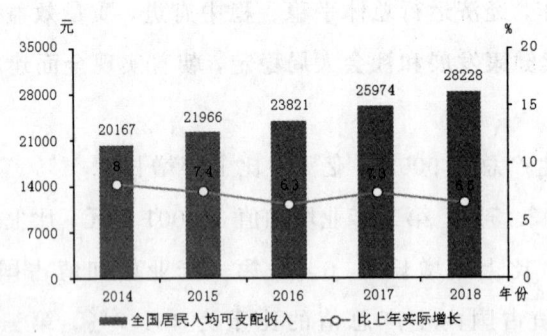

图1-2 2014—2018年全国居民人均可支配收入及实际增长

资料来源：中华人民共和国国家统计局。

2018年，全国居民人均消费支出19853元，比上年增长8.4%，扣除价格因素，实际增长6.2%。按常住地分,城镇居民人均消费支出26112元,比上年增长6.8%,扣除价格因素,实际增长4.6%;农村居民人均消费支出12124元,比上年增长10.7%,扣除价格因素,实际增长8.4%。全国居民恩格尔系数为28.4%,比上年下降0.9个百分点,其中城镇为27.7%,农村为30.1%。

如图1—3所示,在人均消费支出中,居住消费支出4647元,占人均消费支出的23.4%;食品烟酒消费支出5631元,占人均消费支出的28.4%;教育文化娱乐消费支出2226元,占人均消费支出的11.2%;医疗保健消费支出1685元,占人均消费支出的8.5%;衣着消费支出1289元,占人均消费支出的6.5%;交通通信消费支出2675元,占人均消费支出的13.5%;生活用品及服务消费支出1223元,占人均消费支出的6.2%;其他用品和服务消费支出为477元,占人均消费支出的2.3%。

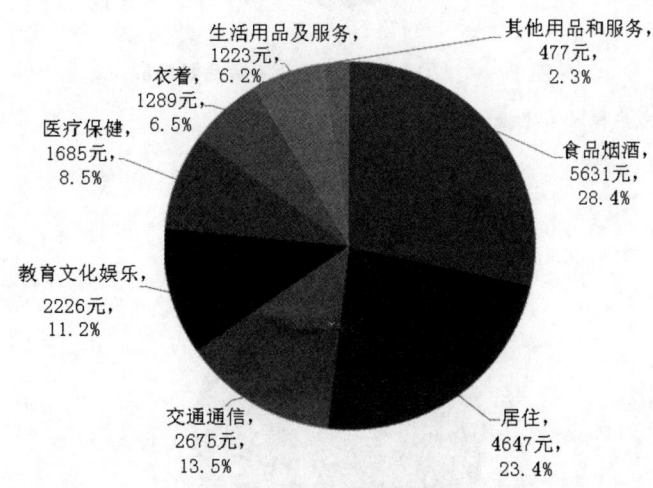

图1—3 2018年全国居民人均消费支出及其构成

资料来源:中华人民共和国国家统计局。

从图1—3的数据可以看出,居民的消费主要集中在居住和食品烟酒两项,其总和占人均消费支出的比重为51.8%,是居民最主要的两项消费支出。其中,食品烟酒消费支出占人均消费支出的比重尽管比2017年的29.3%降低了0.9个百分点,但仍然占到了人均消费支出的近三分之一。这表明,我国现阶段居民对食品烟酒的支出占比仍然较高,体现出我国居民对食品烟酒消费比较重视。特别是在满足了日常生活必需的食品以外,更加关心食品的质量和安全。越来越多的消费者通过绿色食品提高生活的品质,食品支出仍然在居民消费支出中占据重要位置。

如图1—4、图1—5所示,2018年社会消费品零售总额380987亿元,比上年增长

9.0%。按经营地统计，城镇消费品零售额325637亿元，比上年增长8.8%；乡村消费品零售额55350亿元，比上年增长10.1%。按消费类型统计，商品零售额338271亿元，比上年增长8.9%；餐饮收入额42716亿元，比上年增长9.5%。

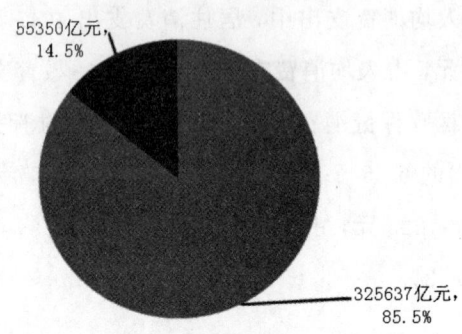

图1-4 2018年城乡社会消费品零售额

资料来源：中华人民共和国国家统计局。

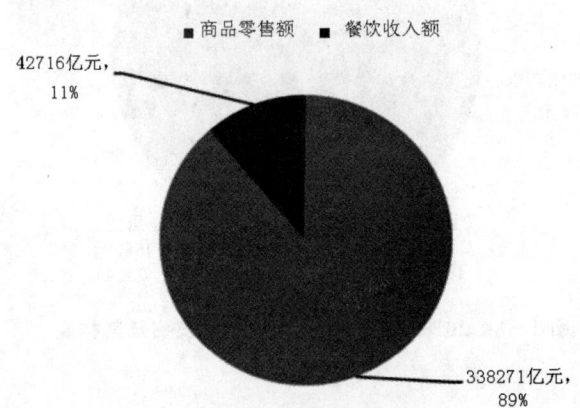

图1-5 2018年商品零售额与餐饮收入比重

资料来源：中华人民共和国国家统计局。

在限额以上单位商品零售额中，粮油、食品类零售额比上年增长10.2%，饮料类比上年增长9.0%，烟酒类比上年增长7.4%，服装、鞋帽、针纺织品类比上年增长8.0%，化妆品类比上年增长9.6%，金银珠宝类比上年增长7.4%，日用品类比上年增长13.7%，家用电器和音像器材类比上年增长8.9%，中西药品类比上年增长9.4%，文化办公用品类比上年增长3.0%，家具类比上年增长10.1%，通信器材类比上年增长7.1%，建筑及装潢材料类比上年增长8.1%，石油及制品类比上年增长13.3%，汽车类比上年下降2.4%。

2018年实物商品网上零售额70198亿元，比上年增长25.4%，占社会消费品零售总额的比重为18.4%，比上年提高3.4个百分点。

如图1-6所示，2014年我国进口总额累计到120358亿元，出口额达到143884亿元，贸易总额累计完成264242亿元。2014—2018年，2018年贸易总额最高，累计完成305051亿元。其中，进口额达到140874亿元，出口额达到164177亿元。2014年到2018年，我国的国际贸易得到较快发展，尽管伴随经济软着陆等一系列政策影响在2015年和2016年进出口额有明显下降，但到了2017年、2018年依然保持了持续增长态势，2018年货物进出口总额305051亿元，比上年增长9.7%。其中，出口额比上年增长7.1%；进口额比上年增长12.9%。货物进出口顺差23303亿元，比上年减少5217亿元。对"一带一路"沿线国家进出口总额83657亿元，比上年增长13.3%。其中，出口46478亿元，比上年增长7.9%；进口37179亿元，比上年增长20.9%。

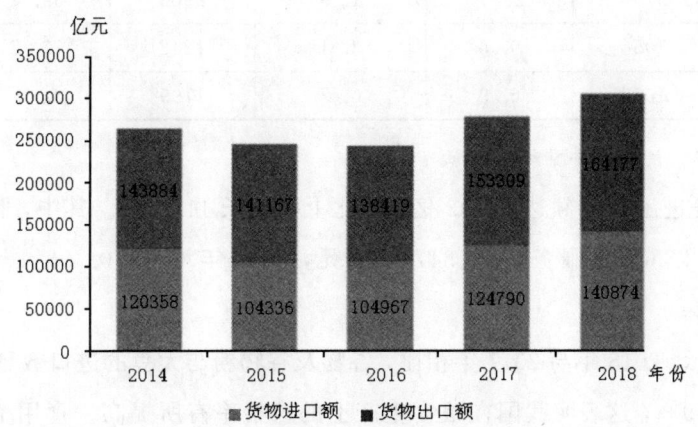

图1-6 2014—2018年货物进出口总额

资料来源：中华人民共和国国家统计局。

从对主要国家和地区货物进出口额来看，2018年与我国贸易往来频繁的国家最主要的为欧盟、东盟、美国、日本及韩国。其中，我国主要的货物出口国为美国和欧盟，占我国全部出口比重达19.2%及16.4%。我们对美国进口额较上年降低2.3%，占全部进口额的比重下降到7.2%，比上年降低了1.2个百分点。在进口方面，欧盟、东盟、韩国、日本、美国分别占据我国全部进口比重为12.8%、12.6%、9.6%、8.5%和7.2%，是我国主要进口国家及地区。详情如表1-1所示。

表1-1　2018年对主要国家和地区货物进出口额及其增长速度

国家和地区	出口额（亿元）	比上年增长（%）	占全部出口比重（%）	进口额（亿元）	比上年增长（%）	占全部进口比重（%）
欧盟	26974	7.0	16.4	18067	9.2	12.8
美国	31603	8.6	19.2	10195	-2.3	7.2
东盟	21066	11.3	12.8	17722	11.0	12.6
日本	9709	4.4	5.9	11906	6.2	8.5
韩国	7174	3.1	4.4	13495	12.3	9.6
中国香港	19966	5.7	12.2	564	13.8	0.4
中国台湾	3212	7.9	2.0	11714	11.0	8.3
巴西	2214	12.9	1.3	5119	28.2	3.6
俄罗斯	3167	9.1	1.9	3909	39.4	2.8
印度	5054	9.5	3.1	1242	12.2	0.9
南非	1072	6.9	0.7	1799	8.9	1.3

资料来源：中华人民共和国国家统计局。

2018年，服务进出口总额达52402亿元，比上年增长11.5%。其中，服务出口17658亿元，比上年增长14.6%；服务进口34744亿元，比上年增长10.0%。服务进出口逆差17086亿元。

如表1-2所示，2018年与2017年相比，谷物及谷物粉与大豆的进口数量比2017年分别减少了20.0%和7.9%，这表明我国在粮食生产上的自给率有所提高。食用植物油的进口数量比上年仅增加了2.0%。成品油和天然气的进口数量大幅提升，而汽车进口数量有所减少。

表1-2　2018年主要商品进口数量及增长情况

商品名称	单位	数量	比上年增长（%）	金额	比上年增长（%）
谷物及谷物粉	万吨	2047	-20.0	385	-12.4
大豆	万吨	8803	-7.9	2502	-6.9
食用植物油	万吨	629	9.0	313	2.0
成品油	万吨	3348	13.0	1333	35.6
天然气	万吨	9039	31.9	2552	62.1

续表

商品名称	单位	数量	比上年增长（%）	金额	比上年增长（%）
初级形状的塑料	万吨	3284	14.5	3718	13.2
纸浆	万吨	2479	4.5	1300	25.1
钢材	万吨	1317	−1.0	1083	5.5
未锻轧铜及铜材	万吨	530	12.9	2469	16.5
集成电路	亿个	4176	10.8	20584	16.9
汽车	万辆	113	−8.5	3331	−2.7

从不同行业固定资产投资增幅情况来看，增长速度最快的是文化、体育和娱乐业，增幅达到21.2%；批发与零售业固定资产投资降幅最大，为21.5%；信息传输、软件和信息技术服务业固定资产投资增幅为4.0%。此外，科学研究和技术服务业固定资产投资增幅也较大，为13.6%。

表1−3　2018年分行业固定资产投资（不含农户）增长速度

行业	比上年增长（%）	行业	比上年增长（%）
总计	5.9	金融业	−13.1
农、林、牧、渔业	12.3	房地产业	8.3
采矿业	4.1	租赁和商务服务业	14.2
制造业	9.5	科学研究和技术服务业	13.6
电力、热力、燃气及水生产和供应业	−6.7	水利、环境和公共设施管理业	3.3
建筑业	−13.9	居民服务、修理和其他服务业	−14.4
批发和零售业	−21.5	教育	7.2
交通运输、仓储和邮政业	3.9	卫生和社会工作	8.4
住宿和餐饮业	−3.4	文化、体育和娱乐业	21.2
信息传输、软件和信息技术服务业	4.0	公共管理、社会保障和社会组织	−18.0

近几年，国家坚持以经济建设为中心，大力发展生产力。在短短30年间经济总量跃居全球第二，成为第二个十万亿俱乐部成员。在不久的将来我国的中产阶级数量将成为世界第

一,随之而来的是人民消费的多元化和优质化,对衣食住行提高了要求,渴求更高水平的生活质量,其中较以前最大的变化在于食品和居住。在下一节中,我们将对食品行业情况进行总体分析。

1.2 2018年食品行业总体分析

由表1-4可以看出,居民的主要消费集中在粮食、谷物、蔬菜及食用菌、鲜菜、干鲜瓜果类。随着居民生活水平的提高,随之而来的是对以上几类的加工品及半成品的质量要求提出了更高标准,对加工过程的卫生关注度进一步提高,渴望健康绿色的生活方式。从增幅情况来看,2017年我国居民对猪肉和牛肉消费支出增长较快,增幅分别为2.6%和5.6%,对羊肉消费量下降了13.3%,消费者对猪肉、牛肉及羊肉的食品安全提出了更高要求。同时,居民对干鲜瓜果类、坚果类消费增长较快,2017年的增幅分别为3.7%和2.9%。这表明居民更为偏好健康绿色食品,国家相关部门应当对此类商品的食品安全问题给予高度关注。

表1-4 2015—2017年全国居民人均主要食品消费量 单位:千克

指标	2015年		2016年		2017年	
	数量	增幅(%)	数量	增幅(%)	数量	增幅(%)
粮食(原粮)	134.5	-4.6	132.8	-1.3	130.1	-2.0
谷物	124.3	-5.4	122	-1.9	119.6	-2.0
薯类	2.4	9.1	2.6	8.3	2.5	-3.8
豆类	7.8	4.0	8.3	6.4	8	-3.6
食用油	10.6	1.9	10.6	0.0	10.4	-1.9
#食用植物油	10	2.0	10	0.0	9.8	-2.0
蔬菜及食用菌	97.8	0.9	100.1	2.4	99.2	-0.9
#鲜菜	94.9	0.9	96.9	2.1	96.1	-0.8
肉类	26.2	2.3	26.1	-0.4	26.7	2.3
#猪肉	20.1	0.5	19.6	-2.5	20.1	2.6
牛肉	1.6	6.7	1.8	12.5	1.9	5.6
羊肉	1.2	20.0	1.5	25.0	1.3	-13.3

续表

指标	2015年 数量	2015年 增幅（%）	2016年 数量	2016年 增幅（%）	2017年 数量	2017年 增幅（%）
禽类	8.4	5.0	9.1	8.3	8.9	−2.2
水产品	11.2	3.7	11.4	1.8	11.5	0.9
蛋类	9.5	10.5	9.7	2.1	10	3.1
奶类	12.1	−4.0	12	−0.8	12.1	0.8
干鲜瓜果类	44.5	5.5	48.3	8.5	50.1	3.7
#鲜瓜果	40.6	5.2	43.9	8.1	45.6	3.9
坚果类	3.1	6.9	3.4	9.7	3.5	2.9
食糖	1.3	0.0	1.3	0.0	1.3	0.0

如图1-7所示为全国人均主要食品消费量，可以看出粮食、肉类和蔬菜及食用菌为居民的主要食材，居民对这三类的需求量最大，相应的这三类食材的种植、生产、加工等环节的健康及安全性也最容易引起居民关注。

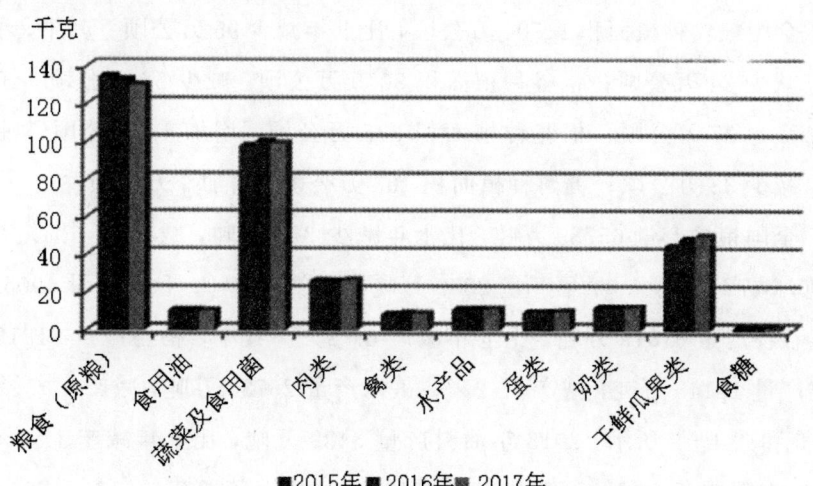

图1-7　2015—2017年全国居民人均主要食品消费量

资料来源：中华人民共和国国家统计局。

如图1-8所示，2014年我国粮食产量为63965万吨，2017年粮食产量达到近五年最高值66161万吨。2014—2018年，粮食年产量均超过6亿吨，年均产量达65604万吨，粮食生产保持了稳定。除2016年和2018年粮食产量比上年度小幅下降以外，其余年份均保持了小幅增长的良好局面。

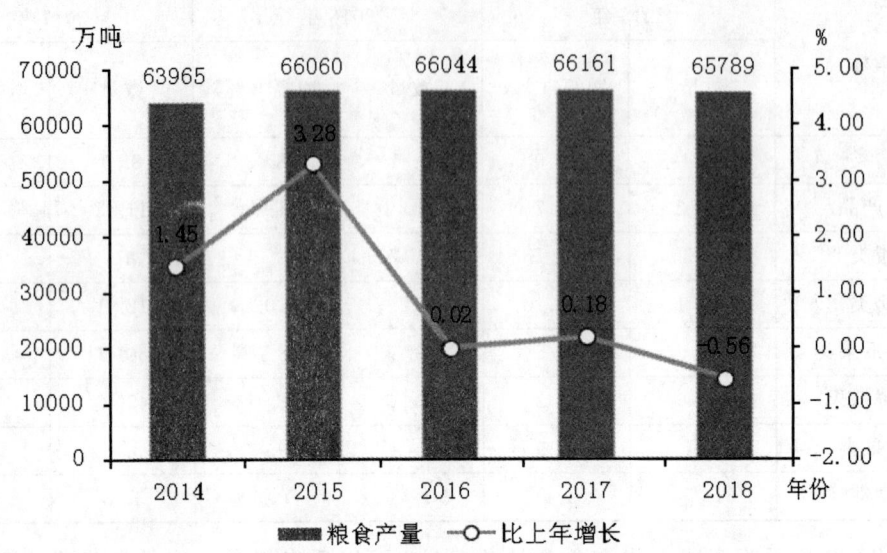

图1-8　2014—2018年粮食产量

资料来源：中华人民共和国国家统计局。

2018年，全国粮食种植面积11704万公顷，比上年减少95万公顷。其中，小麦种植面积2427万公顷，减少24万公顷；稻谷种植面积3019万公顷，减少56万公顷；玉米种植面积4213万公顷，减少27万公顷；棉花种植面积335万公顷，增加16万公顷；油料种植面积1289万公顷，减少33万公顷；糖料种植面积163万公顷，增加9万公顷。

2018年，全国粮食产量65789万吨，比上年减少372万吨，减产0.6%。其中，夏粮产量13878万吨，减产2.1%；早稻产量2859万吨，减产4.3%；秋粮产量49052万吨，增产0.1%。全年谷物产量61019万吨，比上年减产0.8%。其中，稻谷产量21213万吨，减产0.3%；小麦产量13143万吨，减产2.2%；玉米产量25733万吨，减产0.7%。

如表1-5和图1-9所示，2018年油料产量3439万吨，比上年减产1.0%。糖料产量11976万吨，比上年增产5.2%。茶叶产量261万吨，比上年增产6.1%。2018年猪肉、牛羊、禽肉总产量8517万吨，比2017年下降0.3%。其中，猪肉产量5404万吨，下降0.9%；牛肉产量644万吨，增长1.4%；羊肉产量475万吨，增长0.8%；禽肉产量1994万吨，增长0.6%。禽蛋产量3128万吨，比上年增长1.0%。牛奶产量3075万吨，比上年增长1.2%。2018年水产品产量6469万吨，比上年增长0.4%。其中，养殖水产品产量5018万吨，增长2.3%；捕捞水产品产量1451万吨，下降5.7%。

表1-5 2017—2018年农产品产量 单位：万吨

农产品产量	2017年	2018年	增量	增幅（%）
油料产量	3475	3439	-36	-1.0
茶叶产量	246	261	15	6.1
糖料产量	11379	11976	597	5.2
猪肉产量	5452	5404	-48	-0.9
牛肉产量	635	644	9	1.4
羊肉产量	471	475	4	0.8
禽肉产量	1982	1994	12	0.6
禽蛋产量	3096	3128	32	1.0
牛奶产量	3039	3075	36	1.2
水产品产量	6445	6469	24	0.4

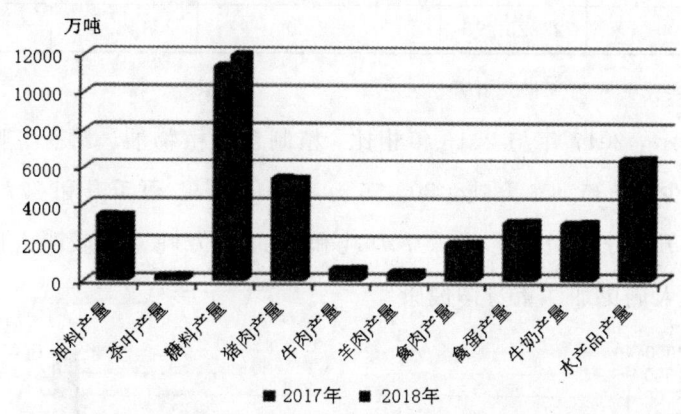

图1-9 2017—2018年农产品产量对比图

资料来源：中华人民共和国国家统计局。

从农产品产量来看，2018年农产品中除了油料和猪肉以外，其他农产品产量都比2017年有了小幅增加。其中，茶叶产量增幅最快，产量增加15万吨，增幅达到6.1%；其次是糖料产量，增加597万吨，增幅达到5.2%；牛肉产量、羊肉产量、禽肉产量、禽蛋产量、牛奶产量、水产品产量分别增加9万吨、4万吨、12万吨、32万吨、36万吨、24万吨，其增幅分别为1.4%、0.8%、0.6%、1.0%、1.2%、0.4%。猪肉产量减产48万吨，降幅为0.9%，2018年年末生猪存栏42817万头，比2017年下降3.0%；生猪出栏69382万头，比2017年下降1.2%。油料产量减产36万吨，降幅1.0%。

表 1-6 所示为 2016 年与 2017 年食品工业产品对比表。根据表 1-6 可以发现，随着生活水平的提高，人们的健康意识逐渐增强，居民对精制食用植物油、罐头、啤酒、卷烟需求量下滑，导致其产量下降，下降幅度分别为 12.1%、5.8%、2.3% 和 1.6%；同时，对原盐和成品糖的需求小幅增加，使得原盐产量小幅增加 0.5%，成品糖产量小幅增加 2.0%。居民的饮食习惯也发生改变，对精制食用植物油和罐头食品的需求正在降低，居民更加追求更加健康的饮食习惯。

表 1-6 2016～2017 年部分食品工业产品产量

产品名称	2016 年	比上年度增幅（%）	2017 年	比上年度增幅（%）
原盐（万吨）	6620.1	-0.7	6654.17	0.5
精制食用植物油（万吨）	6907.54	2.6	6071.82	-12.1
成品糖（万吨）	1443.3	-2.1	1472.04	2.0
罐头（万吨）	1394.86	6.5	1314.31	-5.8
啤酒（万千升）	4506.44	-4.4	4401.49	-2.3
卷烟（亿支）	23825.76	-8.0	23448.25	-1.6

资料来源：中华人民共和国国家统计局。

如图 1-10 所示，2017 年与 2016 年相比，精制食用植物油、罐头、啤酒和卷烟的产量有所下降，分别减少了 835.72 万吨、80.55 万吨、104.95 万千升和 377.51 亿支，原盐和成品糖产量有所提升，分别增加了 34.07 万吨和 28.74 万吨。这表明人们对烟酒等消费继续保持下降趋势。人们更加注重身体健康。

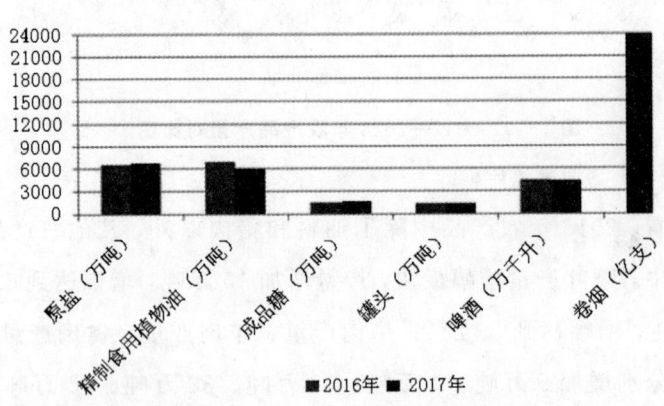

图 1-10 2016—2017 年食品工业产品产量

资料来源：中华人民共和国国家统计局。

如图 1-11 所示，从 2013 年到 2015 年，全国食品价格比上一年涨幅呈现下降趋势，分别为 4.7%、3.1% 和 2.3%，到 2016 年，涨幅有所上升，达 4.6%，2017 年食品价格有所回落，比 2016 年下降 1.4%。与食品价格相比，全国烟酒价格比上一年涨幅基本都低于食品价格涨幅，分别为 0.3%、-0.6%、2.1%、1.5% 和 0.8%。其中受需求下降的影响，2014 年烟酒价格比上一年下降 0.6%。这表明，居民对食品需求的增长明显强于对烟酒的增长，引起食品价格涨幅明显强于同期烟酒价格的增长。如图 1-11 所示，在外餐饮的价格一直呈上涨趋势，从 2013—2017 年在外餐饮价格的涨幅来看，分别为 4.7%、3.3%、2.7%、2.6%、2.2%，均高于同期食品价格和烟酒价格的涨幅。同时可以发现，消费者在外餐饮价格的涨幅呈现下降趋势，从 2013 年的 4.7% 逐渐下降到 2017 年的 2.2%。这表明，一方面，随着人民生活节奏的加快，越来越多消费者选择在外就餐，在外就餐价格持续上涨；另一方面，消费者因考虑到在外就餐的食品安全问题，限制了消费者在外就餐的频率，使得在外餐饮价格涨幅出现回落情况。同时，随着网络外卖的兴起，在外餐饮价格也受到了一定冲击，通过网络外卖等形式，降低了在外就餐的成本，使在外餐饮价格涨幅受到了一定限制。

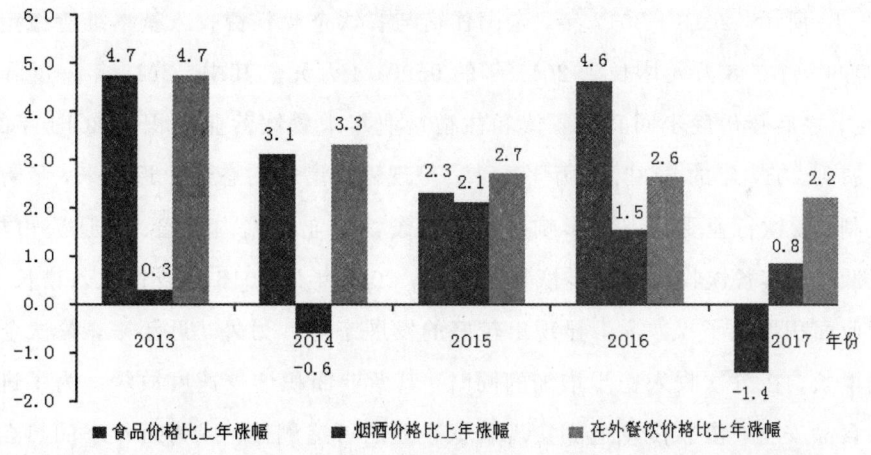

图 1-11 2013—2017 年食品、烟酒和在外餐饮消费价格比上年涨跌情况

资料来源：中华人民共和国国家统计局。

如图 1-12 所示，从 2014—2017 年，主要进口食品包括谷物及谷物粉，进口数量从 2014 年的 1951 万吨增长到 2017 年的 2559 万吨，增幅达 31.2%。大豆进口量也持续增长，从 2014 年的 7140 万吨增长到 2017 年的 9553 万吨，增幅达 33.8%。食用植物油进口数量逐年下滑，从 2014 年的 650 万吨下滑到 2017 年的 577 万吨，下降幅度为 11.2%。2018 年，上述农产品进口情况发生了变化。其中，谷物及谷物粉进口数量减少了 512 万吨，降幅为 20%；大豆进口数量降低了 750 万吨，降幅为 7.9%；而食用植物油进口增加了 52 万吨，增幅达 9.0%。这表明，随着国内对进口食品需求的变化，我国进口大豆和谷物及谷物粉除

2018年以外总体呈现上升趋势,其中,2015年谷物及谷物粉进口数量达到最高值,为3270万吨,之后年份有所下降。而食用植物油进口数量有增有减,其中2016年食用植物油数量降到最低,为553万吨,之后的年份其进口量有所回升,2018年其进口数量回升到629万吨。

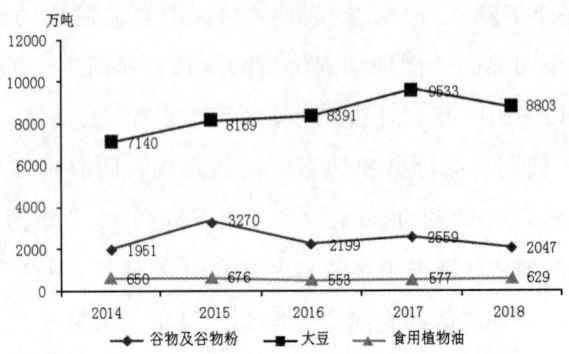

图1-12 2014—2018年主要进口食品数量

资料来源:中华人民共和国国家统计局。

如图1-13所示,2013—2017年,全国住宿与餐饮企业餐费收入基本维持稳定。餐费收入从2013年的9473.8万元增长到2017年的9590.4万元。其中,2015年一度降到最低值9276.7亿元,之后年份逐步回升。餐饮和住宿行业年末餐饮营业面积从2013年的5430.5亿平方米扩展到2017年的6135.4万平方米,呈现稳步增长的态势。近年来,随着公款消费受到一定限制,餐饮行业受到一定影响。但随着餐饮企业挖掘内部潜力,适应市场新变化,正逐步走出低谷,其餐饮收入也逐步恢复。其中,2017年比2016年餐饮收入增长了2.8%,年末餐饮营业面积增长了1.3%,显现出较好的发展态势。另外,近年来,餐饮企业外卖收入呈现持续增长,在餐饮收入稳步增加的同时,其营业面积增长速度放缓。为了进一步保证网络外卖的食品安全,依靠信息追溯实现餐饮企业的可追溯性,成为近年来的热点。追溯企业正进入餐饮企业追溯领域,推动外卖行业健康可持续地发展。

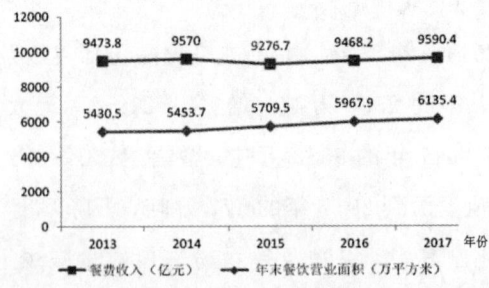

图1-13 2013—2017年住宿与餐饮行业餐费收入和年末餐饮营业面积

资料来源:中华人民共和国国家统计局。

如表1-7所示。2013—2017年，全国连锁企业稳步发展。与2013年相比，总店数增加了9个，增幅为2.0%；门店总数增加了6924个，增幅达33.7%；营业额增长415.86亿元，增长了31.5%；商品购进额增加了42.05亿元，增幅达7.4%；统一配送商品购进额增长88.74亿元，增幅达22.1%。

表1-7 2013—2017年连锁餐饮企业概况

年份	总店数（个）	门店总数（个）	营业额（亿元）	商品购进额（亿元）	统一配送商品购进额（亿元）
2013	454	20554	1319.62	571.24	400.72
2014	465	22494	1391.02	583.44	413.88
2015	455	23721	1526.61	576.97	462.5
2016	459	25634	1635.15	612.43	494.1
2017	463	27478	1735.48	613.29	489.46

如图1-14所示，连锁餐饮企业发展呈现稳步增长。从2013年到2017年，总店数年平均增幅达0.5%，门店总数年平均增幅为7.5%，营业额年平均增幅达7.1%，商品购进额年平均增幅达1.8%，统一配送商品购进额年平均增幅达5.1%。从增幅来看，总店数增加不多，但门店发展较快，年均增速达到了7.5%。商品购进额年均增长一般，但统一配送商品购进额增速较快，年平均增幅达到了5.1%。连锁餐饮企业的发展，为食品安全的标准化提供了有力的保障。通过对连锁餐饮企业实施一系列的食品标准，特别是将信息追溯引入连锁型餐饮企业，将对这些企业的信用提供更为有力的保障，极大地推动食品行业信息追溯体系的建立与完善。

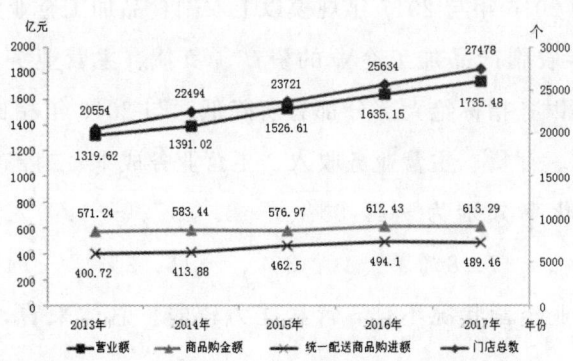

图1-14 2013—2017年连锁餐饮企业基本情况

资料来源：中华人民共和国国家统计局。

如表1-8所示，农副食品作为我国城镇居民的生活必需品其加工业行业规模也为最大，总资产达32310.57亿元，流动资产达16836.12亿元。农副食品加工行业的存货较多，有5000多亿元，占用了近三分之一的流动资产。可以看出，食品类行业的整体行业规模在各个行业中居于首位，为我国城镇居民生活的基础行业，同样也是最能引起人们关注的行业，也是在安全及健康性方面人们最为关心的行业。此外，烟草制品业企业财务费用为－23.95亿元，表明这个行业流动性好，资金充足。

表1－8 2017年部分行业分规模工业企业主要财务指标 单位：亿元

行业	农副食品加工业	食品制造业	酒、饮料和精制茶制造业	烟草制品业
资产总计	32310.57	15510.33	17053.27	10520.73
流动资产合计	16836.12	7649.6	9380.51	7484.51
负债合计	16361.58	6982.99	7263.72	2496.21
应收账款	2724.95	1608.14	993.88	571.1
存货	5051.12	1616.28	2557.02	4744
主营业务收入	59894.39	22140.85	17096.2	8890.91
主营业务成本	53306.44	17690.61	12465.3	2549.02
销售费用	1347.34	1621.48	1260.3	159.31
管理费用	1448.63	862.6	772.8	468.54
财务费用	461.8	142.37	103.24	－23.95
利润总额	3101.24	1840.69	2006.92	971.45

资料来源：中华人民共和国国家统计局。

如图1－15所示为2016年与2017年规模以上农副食品加工企业财务指标对比情况。从图中可以看出，2017年农副产品加工企业的资产、负债、主营业务收入、主营业务成本、各项费用、利润总额等财务指标绝大部分都有所降低。与2016年相比，2017年资产、流动资产、负债、应收账款、存货、主营业务收入、主营业务成本、销售费用、管理费用、财务费用、利润总额的变化率分别为－4.8%、－2.3%、－1.9%、－3.6%、1.7%、－13.0%、－12.8%、－7.8%、－10.8%、－15.2%、－14.4%。利润总额降幅较大，为14.4%，企业经营状况不佳，营利能力较弱。总体来看，企业主营业务收入下滑较多，降幅为13%。

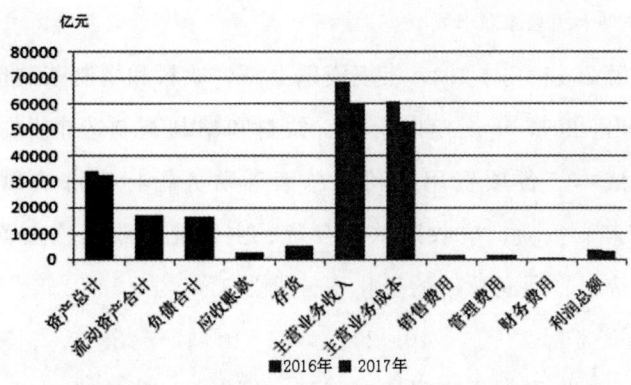

图1—15　2016—2017年规模以上农副食品加工企业财务指标对比情况

资料来源：中华人民共和国国家统计局。

如图1—16所示为2016年与2017年规模以上食品制造企业财务指标对比情况。从图中可以看出，2017年食品制造企业的资产、负债、主营业务收入、主营业务成本、各项费用、利润总额等财务指标绝大部分均有所降低。与2016年相比，2017年资产、流动资产、负债、应收账款、存货、主营业务收入、主营业务成本、销售费用、管理费用、财务费用、利润总额的变化率分别为0.1%、2.3%、2.2%、−5.4%、4.1%、−7.6%、−7.5%、−3.8%、−0.9%、−1.7%、−11.7%。利润总额降幅最大，为11.7%，表明企业盈利情况较好。该类企业存货增加了4.6%，企业流动性不佳，变现能力不强，企业主营业务收入下滑，降幅为7.6%，尽管主营业务成本也下降了7.5%，但相关的费用下降幅度不大，企业管理水平不高，降本减费能力较弱，销售费用、管理费用、财务费用降幅仅分别为3.8%、0.9%和1.7%。

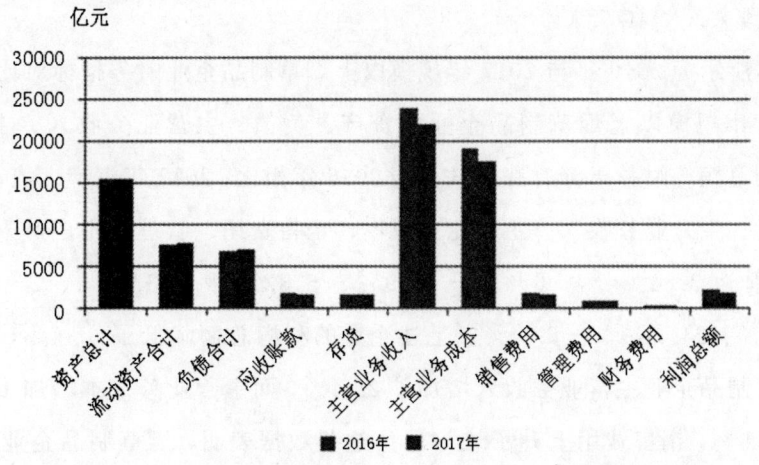

图1—16　2016—2017年规模以上食品制造企业财务指标对比情况

资料来源：中华人民共和国国家统计局。

如图1-17所示为2016年与2017年规模以上酒、饮料和精制茶制造企业财务指标对比情况。从图中可以看出，2017年规模以上酒、饮料和精制茶制造企业的资产、负债、主营业务收入、主营业务成本、各项费用、利润总额等财务指标有涨有跌。与2016年相比，2017年资产、流动资产、负债、应收账款、存货、主营业务收入、主营业务成本、销售费用、管理费用、财务费用、利润总额的变化率分别为1.7%、5.8%、-1.3%、-5.6%、-0.5%、-7.8%、-10.2%、-10.2%、-6.0%、-22.6%、5.2%。上述企业的利润增幅达到了5.2%，表明企业盈利情况不好。同时，这类企业各项成本费用降幅不小，主营业务成本、销售费用的降幅均超过10%，管理费用降低了6.0%，财务费用大幅降低了22.6%。这些数据表明，酒、饮料和精制茶制造企业经营状况良好，盈利能力有所提升。

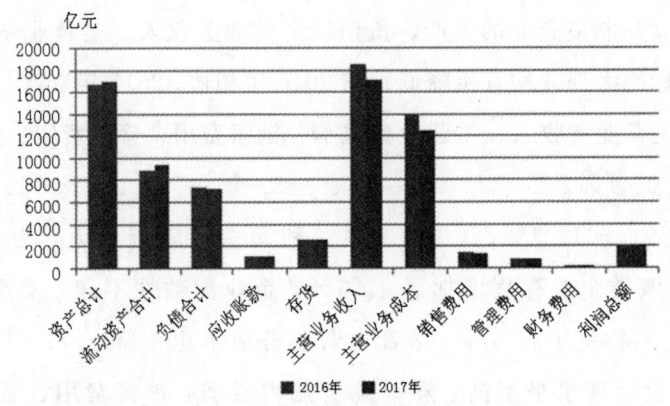

图1-17　2016—2017年规模以上酒、饮料和精制茶制造企业财务指标对比情况

资料来源：中华人民共和国国家统计局。

如图1-18所示为2016年与2017年规模以上烟草制品企业财务指标对比情况。从图中可以看出，2017年规模以上烟草制品企业的资产、负债、主营业务收入、主营业务成本、各项费用、利润总额等财务指标有涨有跌。与2016年相比，2017年资产、流动资产、负债、应收账款、存货、主营业务收入、主营业务成本、销售费用、管理费用、财务费用、利润总额的变化率分别为3.0%、4.6%、-4.9%、-32.3%、3.6%、2.4%、2.8%、4.6%、-2.9%、24.9%、-6.4%。上述企业的利润总额降低了6.4%，表明企业盈利情况不佳。烟草制品企业主营业务收入增加了2.4%，而主营业务成本增加了2.8%，财务费用上升了24.9%，销售费用上升了4.6%。这些数据表明，烟草制品企业在控制成本和费用方面还有待加强，企业内部成本控制还有很大的改进空间。

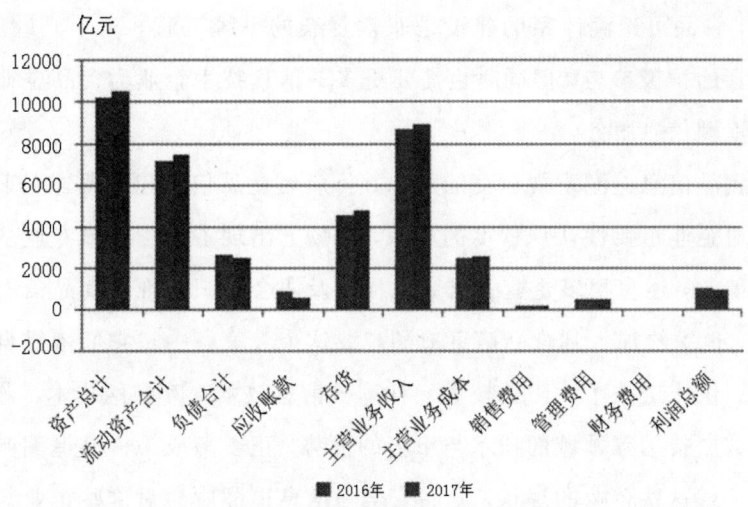

图1-18 2016—2017年规模以上烟草制品企业财务指标对比情况

资料来源：中华人民共和国国家统计局。

1.3 2018年信息追溯行业调查统计分析

1.3.1 概述

2009年2月28日，《中华人民共和国食品安全法》已由中华人民共和国第十一届全国人民代表大会常务委员会第七次会议通过，现予以公布，自2009年6月1日起施行，《食品卫生法》同时废止。从"卫生"到"安全"，食品安全立法不仅是法律名称的变化，更是监管理念的提升，是适应社会新形势、顺应群众新要求的切实之举。《食品安全法》的制定，为我国进一步加强食品安全监管奠定了坚实的法律制度基础。法律颁布实施近十年来，老百姓对食品安全的认识正在逐步提升，对食品安全的要求越来越高。但是接二连三的食品安全公共事件，也一次次地让公众对我国食品安全产生了强烈的信任危机。

由于食品安全非常容易在生产者与消费者之间产生信息不对称，消费者对于食品相关信息的掌握还非常不足。而食品信息追溯体系通过向消费者提供真实有效的信息，可以有效解决消费者与生产者之间信息不对称的问题。因此，在发生食品安全重大危机事件时，依靠追溯食品风险的主要来源，及时召回不安全食品，是预防食品安全问题的主要工具之一。

在前两年的报告中，我们详细叙述了世界上诸多国家食品可追溯体系的经验以及消费者对食品信息追溯的认知和了解情况。从国际上的经验和国内消费者对食品信息追溯的认知情况我们不难发现，食品可追溯体系的建设是非常复杂的系统工程，离不开政府的合理引导、食品企业和消费者的积极参与，但同时也需要更多的信息技术企业为食品企业和消费者提供更多更好的食品追溯信息服务。

随着国家对食品信息追溯重视程度的加深，公众对食品信息追溯需求的日益增长，食品企业对信息追溯对企业重要性认识程度的加深，市场上出现了大量从事专业从事食品信息追溯的企业。不仅如此，还有很多企业、研究机构以及协会组织发现了食品信息追溯产业未来发展的巨大潜力，也纷纷加入到食品信息追溯产业这个大家庭中。它们依靠自身在食品生产加工与流通技术、供应链技术、防伪技术、计算机信息技术、互联网技术、物联网技术、人工智能技术、大数据技术等领域的技术与市场的优势，正逐渐成为食品追溯产业领域的生力军。为了更好地了解这些企业的现状，食品安全与信息追溯协会对这些企业与机构的总体情况进行了统计分析。

食品安全与信息追溯协会根据全国企业及社会组织的经营范围以及媒体上关于企业产品和服务的宣传资料和实地调研等方式，最终选择了3812个企业及社会组织作为调查的样本。在我们统计的这些企业和社会组织中，既有专门从事溯源和信息追溯的企业，也有属于经营范围中包含了信息追溯相关的产品、技术和服务的企业；既有营利性质的各级各类公司，也有非营利性质的民办非企业单位；既有遍布基层的涉及食品安全与信息追溯业务的协会组织，也有遍布广大基层农村从事追溯业务的农民专业合作社；既有从事信息追溯的各类中小型企业，也有从事信息追溯的大型上市公司。本报告将根据上述企业和组织的分类以及地区等因素对其进行进一步分析统计。

1.3.2 调查统计分析结果

1.3.2.1 地域分布情况

1. 地区分布情况

如图1—19所示，在3812个信息追溯企业及社会组织中，广东地区共有559个，高居榜首；其次是北京地区，共有379个；排名第三的是江苏地区，共有282个；山东和浙江紧随其后，分别有274个和223个信息追溯企业和组织。这些地区都属于我国最发达的几个地区，GDP多年来也位居全国前列，不仅在经济贸易领域领先于全国其他地区，在食品信息追溯的技术及推广等领域在国内也处于领先地位。从这里我们可以明显看出，食品信息追溯产业在经济发达地区的发展最为迅速，也赢得了市场越来越多的关注。

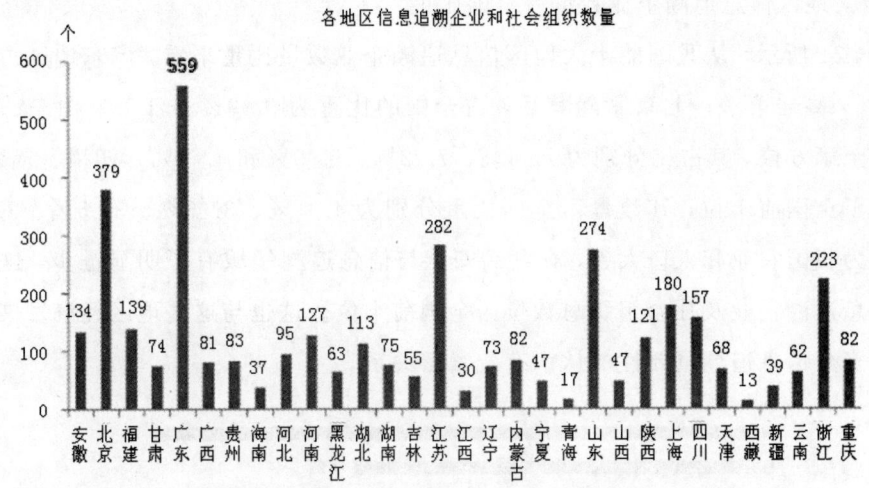

图1-19 我国信息追溯企业和社会组织地区分布情况

资料来源：食品安全与信息追溯协会收集整理。

2. 区域分布情况

如图1-20所示，从区域分布来看，信息追溯企业在华东地区分布最多，近三分之一的信息追溯企业来自华东地区；华南地区和华北地区占比差不多，约有五分之一的企业分布在这两个区域；西南地区食品追溯企业占比也超过了10%；西北和华中地区信息追溯企业分布居中，约为8%；东北地区信息追溯企业数量占比最低，仅占全国总数的5%。因此，从信息追溯企业的区域分布来看，信息追溯企业目前仍然主要位于经济发达区域。东北地区近年来经济发展相对较慢，高新技术人才流失比较严重，一定程度上制约了信息追溯等高新技术产业在这一地区的发展。

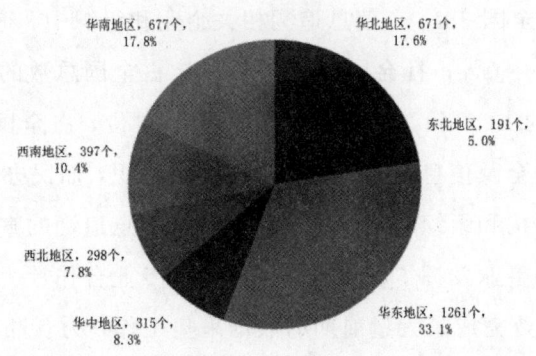

图1-20 信息追溯企业和社会组织区域分布情况

资料来源：食品安全与信息追溯协会收集整理。

3. 前十大地区信息追溯企业数量占全国比重

如图1—21所示,从我国前十大地区信息追溯企业数量比重来看,广东地区占全国的比重为14.7%,高居第一;北京紧随其后,占全国的比重为9.9%;江苏、山东、浙江、上海排在第3至第6位,其占比分别为7.4%、7.2%、5.9%和4.7%;四川、福建、安徽、河南也进入了全国前十位,其数量占全国比重分别为4.1%、3.6%、3.5%、3.3%。四川和河南作为我国农业和人口大省,在食品安全与信息追溯领域有了明显进步,这两个省拥有的食品信息追溯企业及社会组织总数位居全国前十位。这也与这些地区经济发展水平以及政府对食品安全信息追溯重要性的认识有着紧密关系。

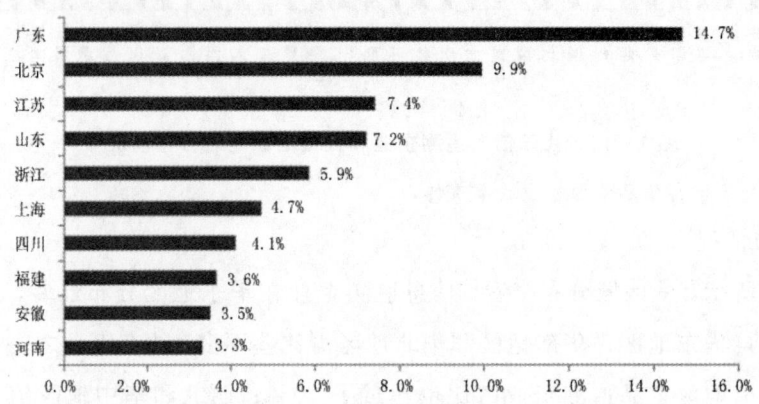

图1—21 前十大地区信息追溯企业和社会组织数量占全国比重

资料来源:食品安全与信息追溯协会收集整理。

1.3.2.2 企业和组织类型

1. 企业和组织数量及占比

如图1—22所示,在全国3811个信息追溯相关企业和组织中,绝大部分属于企业,达到3659个,占全国总数的96.0%;社会团体共有52个,占全国总数的1.4%;农民专业合作社有72个,占全国总数的1.9%;有28个民办非企业单位,占全国总数的0.7%。其中,社会团体多为地方食品安全及信息追溯领域相关的协会组织,而民办非企业机构则多为非营利性的科研院所。这些机构和组织均开展了食品安全与信息追溯的宣传及相关研究工作,为我国食品安全与信息追溯事业发挥了重要的作用。农民专业合作社为农民的组织,通过这些合作社,帮助食品追溯企业完成了大量前期的数据采集工作,为食品信息追溯的应用与推广奠定了扎实的基础。

· · 环境分析篇

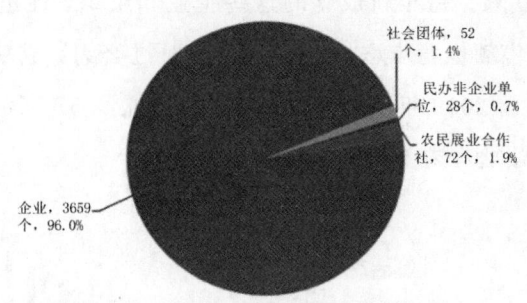

图 1-22　企业和组织类型数量及占比

资料来源：食品安全与信息追溯协会收集整理。

2. 企业类型分布

如图 1-23 所示，在 3660 个信息追溯企业中，有 3358 个企业属于有限责任公司，占据了企业总数的绝大部分，占比 91.8%；有 219 个企业属于股份有限公司，占比 6.0%；其他类型的企业有 82 个，占比 2.2%。这表明，追溯企业数量主要以有限责任公司为主。但股份有限公司数量虽然不多，其中包含了上市的追溯企业，这些企业规模较大，其综合实力在整个行业中占据了重要地位。因此，本报告将关注这些上市公司在信息追溯领域的布局以及最新项目情况，后续将做进一步介绍。

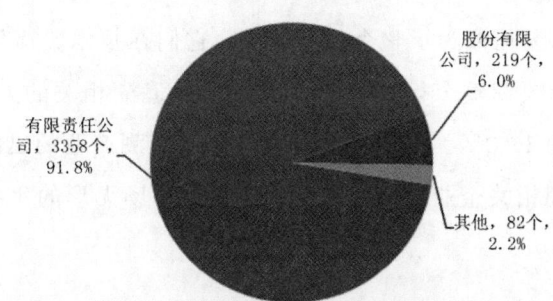

图 1-23　不同类型信息追溯企业的数量及占比

资料来源：食品安全与信息追溯协会收集整理。

1.3.2.3　1992—2019 年成立的信息追溯相关企业和组织数量

如图 1-24 所示，从 1992 年到 2019 年，追溯企业每年成立的数量总体呈现快速上升趋势，从 1992 年的 17 家，上升到 2018 年的 590 家，年平均增幅达到了 14.6%，成立的信息追溯企业和组织总数是 1992 年总数的 34.7 倍，呈现快速增长趋势。尤其是从 2010 年开始，随着我国上至各级政府、下至普通老百姓对食品安全问题的日益重视，越来越多的企业决定投身到食品安全与信息追溯行业中来，成立的公司数量飞速增长，从 2010 年的 102 家企业和组织增长到2018年的590家。每年新成立的这些企业和组织，促进了食品安全与信息追溯行业的快速发展，其年销售额也稳步增长。不少企业通过努力，成功登陆股票市场，获得了越来越多投资者的青睐。而2019年不到两个月，就新成立了57家企业。大量的追溯企业涌入需求越来越大的市场中，力争在整个行业中站稳脚跟。

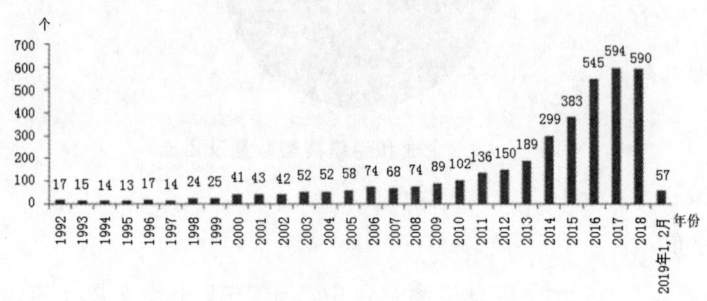

图1－24　1992—2019年成立的信息追溯相关企业和组织数量

资料来源：食品安全与信息追溯协会收集整理。

1.3.2.4　信息追溯相关上市公司统计分析

如图1－25所示，在219家信息追溯相关的股份有限公司中，上市股份有限公司为47家，非上市股份有限公司有172家，其占比分别为21.5％和78.5％。在所有信息追溯相关的股份有限公司中，上市公司成为了整个行业精英，它们在技术、市场、人才等各个领域在行业中处于优势地位，带领着整个行业朝前发展。信息追溯相关的上市公司占本行业3660家信息追溯企业的比重为1.3％。随着食品安全与信息追溯产业的迅猛发展，相信会有越来越多的非上市的信息追溯相关企业，在政府有形的手和市场无形的手共同推动下，实现业绩增长，完成上市的目标。

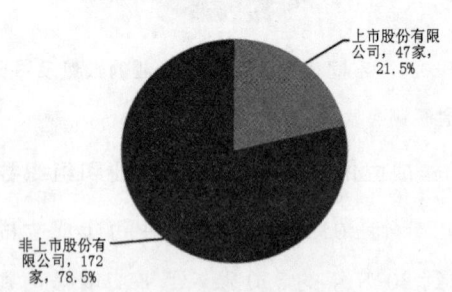

图1－25　不同类型信息追溯股份有限公司数量及占比

资料来源：食品安全与信息追溯协会收集整理。

如图1－26所示，在信息追溯相关的47家上市公司中，共有15个省、直辖市拥有信息追溯相关的上市公司,且各地区信息追溯上市公司的分布极不均衡,这一点与信息追溯相关企业的地区分布类似,呈现出经济发达地区上市公司较多,而中西部地区相对较少的局面。从信息追溯上市公司的城市分布来说,仍然以北京、上海、深圳这三个高新科技产业集中的城市分布最多,分别拥有8家、8家和6家信息追溯相关上市公司。从信息追溯相关上市公司的各省、直辖市分布的情况来看,广东省高居第一,有12家信息追溯相关企业,其中有一半的企业位于深圳市。而北京、上海紧随其后,以8家信息追溯相关上市公司的数量位居第二名。排在第四名的是福建省,共有6家信息追溯相关上市公司,其中有三分之二位于福州市。山东省有3家信息追溯相关上市公司,排在第五位。浙江、四川、内蒙古、江苏、湖南、湖北、黑龙江、河南、河北、安徽分别有1家信息追溯相关上市公司,并列排名第6名。从比重来看,排名前三位的省、直辖市信息追溯相关上市公司数量分别为25.5%、17.0%、17.0%,其总量占全国的比重为59.6%。全国还有16个省、直辖市没有信息追溯相关上市公司。

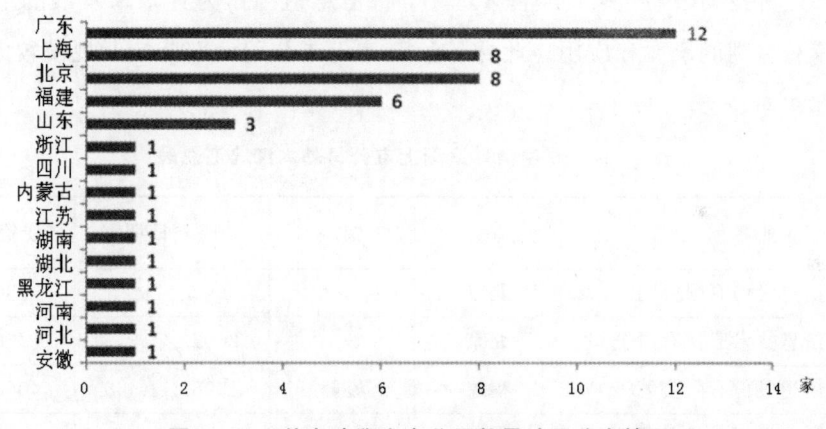

图1-26 信息追溯上市公司数量地区分布情况

资料来源:食品安全与信息追溯协会收集整理。

根据图1-26可以看出,由于信息追溯企业属于高新技术企业,因此,信息追溯相关的上市公司也主要位于科技实力较强、科技人才较多的地区。通过分析相关的资料我们发现,一些已经上市的传统行业上市公司正积极响应国家和政府的号召,投身到食品安全与信息追溯领域。对于这些企业来说,不仅提升了公司的经营业绩,拓宽了企业的经营范围,更是大大提升了企业的科技含量,从而提升了在投资人心目中的市场地位,公司股价在市场中也有了较好表现。另外,一些成立不久的信息追溯相关上市公司,抓住了我国互联网高速发展的步伐,借助大数据、物联网、云计算、人工智能、区块链等高新技术的迅速发展,通过食品追溯这一崭新的领域,将技术与应用场景有机结合,形成了一个个具有商业价值的食品安全信息追溯项目,迅速成为了行业的精英,在下一小节中,我们将详细介绍这其中的10家上市公司在食品安全与信息追溯领域的成功表现。

1.3.2.5 信息追溯相关上市公司经营分析

通过调查我国沪深两市、创业板以及新三板上市的企业2018年年度报告中主营业务以及公司的主要营业收入来源,我们选取了全国10家信息追溯相关上市公司进行分析。在这些上市公司的地区分布上,我们既考虑了这些上市公司在信息追溯领域的实际地位和作用,也兼顾了地区平衡的原则,故选取了2家来自北京的信息追溯相关上市公司、2家来自上海的信息追溯相关上市公司、1家来自深圳的信息追溯相关上市公司、2家来自福州的信息追溯相关上市公司、1家来自厦门的信息追溯相关上市公司、1家来自杭州的信息追溯相关上市公司、1家来自武汉的信息追溯相关上市公司。这10家公司的基本情况如表1-9所示。从表中可以看出,这10家公司均成立于20世纪90年代和21世纪初,成立时间都不算太长,大部分公司都是科技类公司,在其经营业务中,将信息追溯作为其未来发展的重要方向,并已经展开了信息追溯的研发和应用。此外,这10家上市公司大部分经营规模较大,其注册资本绝大部分都在5000万元以上。

表1-9 10家信息追溯上市公司基本情况汇总表

企业名称	省份	城市	成立日期	注册资本(万元)
航天信息股份有限公司	北京	—	2000.11.1	186285.1
北京兆信信息技术股份有限公司	北京	—	2002.11.15	5600.2
厦门信达股份有限公司	福建	厦门	1996.11.28	40661.3056
上海中信信息发展股份有限公司	上海	—	1997.10.29	12199.392
银江股份有限公司	浙江	杭州	1992.11.13	6.557891
云赛智联股份有限公司	上海	—	1993.5.28	136767.3455
华工科技产业股份有限公司	湖北	武汉	1999.7.28	100550.2707
新大陆数字技术股份有限公司	福建	福州	1999.6.28	101080.9917
深圳市远望谷信息技术股份有限公司	广东	深圳	1999.12.21	73975.7400
福州达华智能科技股份有限公司	福建	福州	1993.8.10	109538.6132

资料来源:食品安全与信息追溯协会收集整理。

如表1-10所示,这10家信息追溯上市公司在2018年度业绩情况大部分处于良好状态。从营业收入来看,7家公司营业收入增长,3家减少;从净利润来看,只有3家公司净利润增长,7家公司净利润减少。进一步来看,个别上市公司经营情况出现较大问题,净利润下滑严重。其他公司经营业绩基本保持了同期水平。特别是北京兆信信息技术股份有限公司营业收入同比增长了47.3%,净利润增幅高达121.9%;上海中信信息发展股份有限公司营业收入同比增长了25.3%;净利润增幅达34.9%。表明这两家公司在2018年实现了快速增长,营业收入和净利润均出现较大幅度的增长,公司进入发展的快车道。深圳市远望谷信息技术股份有限公司和福州达华智能科技股份有限公司因多种原因,业绩没有达到预期目标,企业出现亏损。在本节下面的叙述中,将详细介绍上述上市公司在信息追溯领域所取得的成绩。

表1—10　10家信息追溯上市公司2018年经营业绩情况

企业名称	营业收入（万元）	同比增幅（%）	净利润（万元）	同比增幅（%）
航天信息股份有限公司	2794008.3194	－6.1	161799.9798	3.95
北京兆信信息技术股份有限公司	15871.3408	47.3	1280.6383	121.9
厦门信达股份有限公司	6493071.1526	18.8	4739.9055	－66.0
上海中信信息发展股份有限公司	70694.0063	25.3	4480.3214	34.9
银江股份有限公司	241327.7807	24.3	2644.4096	－80.9
云赛智联股份有限公司	446555.9975	5.8	29913.1276	－2.1
华工科技产业股份有限公司	523283.8883	16.8	28360.9488	－12.5
新大陆数字技术股份有限公司	575968.2039	18.6	58583.6542	－10.4
深圳市远望谷信息技术股份有限公司	43789.1734	－17.5	－19547.0118	－8134
福州达华智能科技股份有限公司	286865.4251	－16.4	－174197.0492	－1117

资料来源:食品安全与信息追溯协会收集整理。

1. 航天信息股份有限公司（简称:航天信息,600271）

航天信息主营业务包括三大产业板块:金税及企业市场业务、金融科技及服务业务、物联网技术及应用业务。在物联网技术及应用业务领域，公司主要承担了国家"金卡工程""金盾工程"业务及其他物联网相关业务，包括公安、交通、电子政务、粮食信息化、物流防伪追溯和身份识别等服务。

2018年，该公司整合业务资源，聚焦重点行业、重点领域、重点市场开拓取得新进展，物联网产业实现新的发展。企业把握政策发展机遇和行业发展趋势，及时整合"金卡"和"金盾""智慧粮农"和"智慧食药监"等业务单位，完成产业方向的梳理和聚焦。关键技术研究取得成果。区块链平台完成研发，技术水平居业内领先，支撑了区块链电子发票、企业云端营销等应用的研发工作。大数据研发平台上线，智能客服完成研发即将试点。基于人工智能技术的税务自助大厅成功上线。

企业大力拓展民生领域。"智慧粮食"业务2018年新实施了甘肃和四川省粮食局、福建粮食质量追溯平台等多个项目，实施了广西"粮安工程"软件采购项目和广西粮食局直属粮库采购项目，粮食业务的拓展开辟了多个新的省份。食药监领域，按计划推进辽宁、山西等省项目实施工作，完成与内蒙古和林格尔新区战略合作框架协议的签署，积极推动贵阳、河南、天津等地项目进展。聚焦出入境、治安、市场监管等领域，大力推广物联网行业应用平台系统，相关业务终端自助设备销售也取得显著成效，全年销售行业应用自助设备近5300台，同比增长近3倍。

2. 北京兆信信息技术股份有限公司（简称：兆信股份，430073）

兆信股份主营业务为以产品数字身份管理技术为基础，提供包括商品防伪、窜货追踪、消费信息收集等在内的数字化信息产品与服务。

2018年，公司产品在云平台信息验证、产品溯源、防伪防窜领域、供应链、移动智能终端及增值应用方面已广泛应用。通过承接大型行业应用软件开发及系统集成等项目，公司积累和沉淀了大量的成熟行业应用产品、完善的解决方案和项目实施经验，并培育和维护了诸多优质客户群体。

为了进一步提高竞争力，公司成立了大数据研究中心和区块链技术研究院以及客户服务部，同时加大对现有客户的维护，通过物联网、区块链等技术，完善产品的市场竞争力。同时，公司也会进一步加大产品研发力度，深挖市场需求，做好产品的迭代升级，为拓展行业、服务好大客户做足准备。

随着人民生活水平及幸福指数的提高，社会对食品、药品、疫苗等涉及民生的产品的安全性要求逐渐提升，兆信股份专业为企业提供产品数字身份管理，覆盖超过4万家客户、百亿赋码数据，通过一物一码供应链管理以及消费行为数据，为大数据决策提供数据基础。通过大数据的分析和研究帮助客户了解自身应用业务状况以及整个行业市场趋势，从而帮助客户更好地了解终端客户、完善产品、制定营销和相关的市场决策。公司一直坚守的经营策略是坚持经济效益和社会效益相统一，并致力于帮助企业进行产业升级，协助其打造数字化、智能化工厂，真正实现让老百姓购买安心、食用放心。

2018年，公司加强了对现有客户的深度开发，拓展了新客户尤其是规模较大的客户，比如中石油、露露、德州扒鸡等。中国石油润滑油公司二维码系统平台建设和安装集成项目、君乐宝产线扩建项目续签、同仁堂安宫牛黄丸物联网溯源项目落地、露露饮品物联网溯源项目升级等，均高分通过验收，顺利投入使用。在国内巨头企业纷纷涌入溯源行业、市场竞争加剧的背景下，兆信股份业绩仍保持高速增长。

3. 厦门信达股份有限公司（简称：厦门信达，000701）

厦门信达是一家综合性企业，已形成以电子信息产业为核心，汽车经销、供应链等业务同时发展的产业结构。公司电子信息产业主要包括光电业务和物联网业务，并拥有以电子信息产业为主要研究方向的光电物联研究院。

公司物联网业务主要从事RFID电子标签、读写设备、RFID整体解决方案等系列软硬件产品的研发、制造及应用集成服务。公司全资子公司信达物联是国内较早从事RFID电子标签相关业务的高新技术企业，涉足各类电子标签、读写设备及RFID系统集成解决方案等软硬件产品的研发、制造业务。信达物联产品广泛应用于鞋服供应链及零售端管理、无人零售管理、图书馆管理、证照识别管理、食品溯源管理、智能交通管理、智慧医疗管理等多个领域，并具备为鞋服及新零售等细分行业提供RFID整体解决方案的领先技术水平。公司已成功为多家规模性鞋服企业、零售企业提供个性化整体解决方案，有效实现客户商品的全流程追踪管理、全环节数据传输反馈，助力其全面提升库存管理水平。此外，公司亦涉足安防视频监控软硬件产品的研发、生产及销售业务。

信达物联坚持"规模升级、服务转型"的战略发展方向，加快RFID电子标签产能升级的同时，充分发挥在鞋服行业深耕多年的先发优势，整合技术及营销团队，组建新零售事业部，致力于为新零售客户提供生产管理、极速供应链改造、智慧门店升级、智能云端管理平台等一站式"物联智慧新零售解决方案"，拓展新的利润增长点。报告期内，上述电子标签和系统集成业务均快速发展，在销售拓展、产品创新、转型升级、品牌建设等方面取得一定成效，全年信达物联实现营业收入1.77亿元。公司成功承办"2018年RFID联盟全球会议——亚洲峰会"，品牌知名度和影响力进一步提升。在生产、销售、研发方面都取得不错的成绩。

（1）生产方面：信达物联克服"搬厂扩容"对生产的不利影响，完成新厂区的建设搬迁及募投设备的引进，产能持续提升。全年 RFID 电子标签产量突破 6 亿片，再创历史新高。公司产销规模位居全国前列，可进一步满足规模性客户的订单需求。

（2）销售方面：电子标签业务加大渠道建设力度，逐步转型为"以产定销"的主动运营模式，全年标签销售总量同比增幅达 50%。先后中标多家国内知名鞋服企业的 RFID 系统集成项目，巩固公司在国内鞋服零售行业 RFID 整体方案解决领先品牌商地位。

（3）研发方面：信达物联坚持电子标签与应用集成研究开发同步发展的方向，持续开发 RFID 电子标签、读写硬件设备和系统软件产品，同时为适应市场应用热点（如电力管理、档案管理、资产管理等）开发各类异形标签及读写器天线，市场转换率不断提高。

（4）取得的成绩：2018 年，信达物联实际取得发明专利 1 项，实用新型专利等 5 项，同时新增申报专利 20 项（其中发明专利 1 项），软件著作权 1 项；发布了国内首款可应用于微波炉高温环境的无人便利店电子标签；公司成为"阿里云 Link 城市物联网平台认证合作伙伴"（ICA 成员），与阿里巴巴团队共同开发全球首家人工智能服饰数字化概念店（Fashion AI）项目，深度参与智能硬件设备及后仓智能拣货方案的设计研发，项目获得物联之星"2018 中国 RFID 行业最有影响力成功应用奖"；公司设计开发的互动式镜面读写器 XDUR－713 获得物联之星"2018 中国 RFID 行业最有影响力创新产品之固定式读写器奖"，新零售电子标签获得物联之星"2018 中国 RFID 行业最有影响力创新产品之电子标签奖"，全能"芯"零售标签获评第十届国际物联网博览会（IOTE）2018"金奖"创新产品，"汇美集团茵曼 RFID 全流程生命周期应用项目"被中国信息协会评为"2017—2018 年度新一代信息技术优秀解决方案"。此外，公司在中国时尚行业 CIO 年会上获 2018 中国时尚行业信息化"优秀解决方案奖"，在全国服装物流与供应链行业年会上获"2018 服装物流行业优秀技术装备供应商奖"，被《海峡导报》评为"第八届厦门十大金字招牌"。

企业下属的光电物联研究院以公司电子信息产业未来发展及共性需求为导向，跟踪产业前沿技术的发展与动态，持续推进存量迭代技术和增量产业相关新技术的自主创新研发。自成立以来，积极探索先进 LED 封装技术、新型显屏封装、智慧健康照明、植物照明、UV 光源、标准光源、石墨烯基环保型导电油墨及其 RFID 应用标签等新兴领域，研发范围涵盖散热材料、封装技术、光源模组、成品灯具、终端解决方案等，是公司电子信息板块的技术支撑平台。研究院全年共立项 7 个技术开发项目，并完成 4 项开发。项目涉及 Mini LED（RGB）、UV 光固化石墨烯基导电油墨与防转移 RFID 电子标签、UVC－LED 封装、类太阳光谱 LED 健康光源及其应用产品等。报告期内，研究院申报国家发明专利 7 项、PCT 国际发明专利 1 项、国家实用新型专利 12 项，并获授权国家实用新型专利 8 项；作为主要起草单位之一参与制定了国家半导体照明工程研发及产业联盟发布的《健康照明标准进展报告》；与高校、科研院所及产业基金对接交流，探索研发成果转化、新兴产业培育等合作新模式。

4. 上海中信信息发展股份有限公司（简称：信息发展，300469）

2018年，信息发展明确了信息发展2.0战略，即信息发展是一家运用大数据和区块链等技术，面向家施智慧食安、智慧档案、智慧司法的政府和企业，为数字中国提供行业专有云综合解决方案的服务运营商。信息发展2.0战略可以概括为"一体两翼、数链驱动"，即以智慧食安为"一体"，以智慧档案、智慧司法为"两翼"，以区块链创新中心和大数据智能创新中心为"技术引擎"，赋能公司三大行业。未来公司将更聚焦于智慧食安领域，加快向产品型、服务型公司迈进，在保持政府客户基数的前提下大力开拓企业客户，在全公司签约额稳步增长的情况下，全力加速推进SaaS产品研发、销售和服务，实现公司各项经济指标的不断提升。

公司依托在食品安全供应链领域长期积累的核心技术与行业经验，不断完善产业布局，应用云计算、大数据、区块链、物联网、人工智能等技术，以追溯云食品安全大数据平台为核心，通过建设智慧农业云、智慧冷链云、智慧农批云、智慧零售云四大行业专有云（SaaS），追溯体系、认证体系、信任体系、激励体系四大保障体系，追溯云Inside服务、食品安全服务和供应链增值服务三大服务内容，食安供应链体验中心、追溯联合创新实验室和农产品检测中心三大实体支撑，不断打造"智慧食安供应链生态圈"，为未来成为中国最大的食品安全运营服务提供商打下坚实的基础。

作为国内首批通过第三方认证的重要产品追溯服务提供商之一，追溯云是整个"智慧食安供应链生态圈"的核心。以"链接信任，让人人都能吃上安全的食品"为己任，利用区块链、大数据等创新技术，采用SaaS服务模式，围绕食品和食用农产品的全产业链，提供咨询、认证、检测、信用和大数据服务，旨在提升食品和食用农产品供应链服务的可信度与透明度，实现供应链成员间的高效协作、互利共赢，同时也通过追溯Inside服务为"智慧食安供应链生态圈"的其他行业专有云提供食品安全服务，致力于成为中国最权威的食品安全第三方服务平台。

公司依托"智慧食安供应链生态圈"战略以及强大的研发实力，研发了食品安全企业信用大数据平台，该平台由大数据基础平台以及ETL、DM、DW、BI等各类大数据工具构成，通过汇聚食品及食用农产品生产、加工、流通、销售等供应链环节中的数据并进行深入治理、挖掘、建模、分析，为各食品供应链环节上的各类企业提供大数据决策分析服务，特别是为食品企业的供应商管理提供第三方独立机构的企业信用服务,让企业可以及时了解供应商信息的活跃度和透明度,并且将企业信用评估数据作为食品安全服务中的重要组成部分。

公司围绕食品信息追溯问题,提出了多个解决方案,具体如下:

(1) 重要产品全程追溯解决方案

以国家、省市政府要求建设的食用农产品、食品、药品、农业生产资料、特种设备、危险品、稀土、宝玉石及进出口产品等重要产品追溯体系为重点,基于重要产品追溯"云+端"全新架构,构建可伸缩的中央、省(直辖市、自治区)、地(市、州)三级平台,形成高可用、可扩展、易部署的重要产品全程追溯解决方案。

(2) 食品追溯全产业链服务解决方案

该解决方案依托"智慧食安供应链生态圈",以"食品追溯关系民生,信息服务提升质量"为目标,基于云计算、物联网、区块链和大数据等技术,面向政府食品安全监管部门、食品生产经营企业、协会及团体、设备供应商以及运维服务商,提供全面、规范、快捷的追溯系统定制开发、和现有ERP系统的快速对接以及食品安全信息咨询服务。

(3) 智慧农业整体解决方案

该解决方案借助物联网、云计算、大数据、人工智能等新一代信息技术,应用三产融合、绿色发展等理念,面向种植、水产、畜牧等产业,全面推进"互联网+现代农业发展",打造智慧农业云平台,建设农业物联网应用、水肥一体化灌溉系统、农业投入品监管系统等,全力推动农业全产业链改造升级,扎根智慧农业、引领行业未来,助力传统农业向现代农业转型升级。

(4) 生鲜商超食品安全解决方案

该解决方案主要面向生鲜商超等新零售企业,通过帮助企业建立食品安全追溯系统,实施供应商质量管理,提升商超企业食品安全管控水平,降低食品安全风险,满足政府监管要求。同时,通过对食品安全追溯的宣传,引导和培养消费者购物扫码、查询追溯的习惯,提高消费者对食品安全追溯的参与感,从而增强产品辨识度,促进企业品牌建设。

(5) 追溯体系运营解决方案

该解决方案面向现有已经建立肉菜追溯体系的客户,依照商务部《肉类蔬菜流通追溯体系运行考核办法(试行)》以及各追溯试点城市的相关运营需求,采用成熟的数据交换技术和物联网技术,提高追溯数据采集的实效性和系统设备资产可视化监管水平,旨在帮助客户责任部门实现运行管理落地、规范运行维护管理过程、沉淀运维知识,实现运行管理可控、服务管理可视、辅助决策可量化的目标。

5. 银江股份有限公司（简称：银江股份，300020）

银江股份作为城市大脑运营服务商，专注于通过物联网、大数据、云计算、人工智能等技术的行业应用，为城市管理和民生服务打造跨领域、跨区域的城市大脑数据资源交换和共享平台。

2018年，公司在物联网AP与中间件平台关键技术研发与应用领域有所进展。在物联网、云计算、移动互联等新技术大革命的背景下，物联网应用的市场化进程不断加快，物联网AP应运而生，该产品为将企业有线网络、无线网络和RFID（传感器）网络有效地进行融合，提供高可靠的网络传输和连接。银江股份于2018年成为华为在医疗物联网行业的正式供应商，物联网AP产品是公司与华为在医院信息化领域共同研发的新一代AP。目前该产品已取得华为正式编码，进入华为的销售和采购目录。该产品集无线网接入点和RFID接入点为一体的智能信息接收和发送设备，可以同时接收和发送Wi-Fi信号和RFID信号。通过物联网AP内置的RDID技术和先进的中间件技术，协助应用系统平台完成对物理实体的信息采集，为企业设施最终实现智能的物与人、物与物的控制和信息交互，提供高标准的、符合标准协议和规范的网络基础平台。

2018年，公司在智慧水务物联网应用及大数据服务平台关键技术研发与应用领域也有了突破。"智慧水务物联网应用及大数据服务平台"是公司智慧水务领域又一个重要应用。研发内容包括智慧水务基础支撑平台、智慧水务综合管理平台、水务大数据及人工智能分析应用模型及应用平台、水务云服务平台和水务物联网终端。平台通过采用物联网、云计算、大数据、人工智能、移动互联网等先进信息化技术，获得、处理并公开水务信息，建立水务综合应用模型，再造水务业务（事务）流程。以低碳节能、运行安全、资源高效利用为目标，有效地管理供水、用水、耗水、排水、污水收集处理、再生水综合利用等过程，实现对水资源循环全生命周期的管控，全程感知、深度互联，将高度复杂的水环境系统构建成智慧的有机体，为水务企业提供智慧水务综合管理整体解决方案。

6. 云赛智联股份有限公司（简称：云赛智联，600602）

云赛智联是一家以云计算与大数据、行业解决方案及智能化产品为核心业务的专业化信息技术服务企业。公司经营业务之一为检测溯源，基于各类检测仪器，通过自建的平台，如餐厨废弃油脂管理系统、食品安全检测网格化管理系统、食品安全信息追溯平台、河道水质在线监测设施信息系统等，确保了食品与水质的安全。

公司致力于打造基于物联网技术的"INESA食品安全信息追溯平台"，并覆盖种植养殖、生产制造、仓储物流、检验检测、经销销售、消费等食品流通全生命周期。2018年，公司在智慧水务与检测溯源业务方面得到了拓展，中标了内蒙古和广东顺德食药监合作项目，仪电第三方重要产品追溯平台建设项目已通过商委项目验收和审计，完成了徐汇区全区河道水质在线监测设施信息系统建设项目。

7. 华工科技产业股份有限公司（简称：华工科技，000988）

华工科技核心业务涵盖激光先进制造装备、光通信器件、激光全息防伪以及传感器等领域。公司立足激光全息防伪技术，拥有国家防伪工程研究中心和国际一流的设计制版中心，是国际知名全息品牌企业。

公司在国内首创全息定位水转印花纸，成功应用于酒类市场。公司开发的零级衍射技术、微透镜阵列技术、全息定位转移纸技术、精密刻蚀技术以及大版全息加密技术等国内领先、国际一流，在市场上核心竞争优势明显，有力地促进了市场开拓和快速发展。公司持续加大、全息定位转移纸、全息转印花纸业务市场开拓，向非烟市场转型，整体销售规模较去年增长19.33%，新产品贡献率大幅提升，利润增速显著。非烟领域业务销售实现快速增长，其中水转印实现规模突破，成功抢占国内名酒市场先机，增长显著，支撑公司业务向非烟转型。定位转移纸销售规模持续增长，逐步成为公司新的战略产品。

公司面对行业结构深度调整和客户需要日益多样化、精致化、个性化等行业发展新动态，依托核心技术和创新资源，持续实施技术创新和管理变革，推进高质量发展战略。公司持续加大研发投入，两大战略产品全息定位转移纸、全息水转印花纸推向市场，率先开发出大幅面微缩加密技术、猫眼透镜、水晶浮雕、铂金浮雕等全新产品，为公司在非烟市场，包括酒、药品、日化、3C包装等领域带来新的市场应用。

公司基于市场和客户需求，通过云计算、大数据、物联网等新一代技术应用和商业模式创新，采取产品自主研发、外部资源整合相结合的方式，自主开发了汽配、家电行业数据采集、生产管理和质量追溯系统，在工业大数据方面开展了一站式建模与设计，形成了完整的、不同层级的智能制造信息化解决方案。

8. 新大陆数字技术股份有限公司（简称：新大陆，000997）

新大陆的主营业务是为商户提供以支付服务为支点、叠加金融服务等增值服务的商户综合运营服务，为电子支付行业和信息识别行业客户提供终端产品和系统解决方案，为综合信息技术服务行业和高速公路行业客户提供软件和系统开发等信息化服务。

在信息识别设备业务领域，公司主要从事条码识别设备的设计、研发和销售，公司拥有自主研发的二维码（条码）解码芯片，在条码技术、产品和整体解决方案上具备较强市场竞争力，产品类别包括数据识读引擎、扫码枪、PDA、固定式扫描器及专业智能平板等，适用于移动支付、物流快递、智能制造、电子检票、零售商超、医疗药监等诸多应用场景。

公司产品技术取得较大突破，并获得两项新授权发明专利。新大陆工程实验中心研发推出的 55 个检测项目通过国家实验室认证，其中包括直接部件标识质量、条码识读设备以及锂离子蓄电池和温度冲击可靠性等项目。公司依托快速的市场反应力、优质全面的产品线以及品牌优势，继续保持国内产品第一品牌竞争力和市场地位；同时，业务版图继续保持全球化延伸，海外业务实现 65% 以上增长。

在数字乡村的建设与运营方面，公司控股子公司益农公司，被广东省农业农村厅遴选为唯一一家全省"信息进村入户工程"的运营商，承担广东省益农信息公共服务平台的搭建与运营，协助政府完成全省 19733 个益农信息社的建设与运营等工作，向广大农户提供公益服务、便民服务、电子商务服务和培训体验服务。截至 2018 年末，公司共完成广东省 8833 家益农信息社的申报和认定，实现全省 40% 以上的行政村覆盖，并逐步启动整体运营工作；同时，公司着力打造"粤农优品"品牌，提供农产品供应链信息化服务，包括下单、追溯、快速检测和认证服务，目前"粤农优品"已对接百余项单品，在为益农信息社农产品打造口碑与提升品质的同时，让已认证的标准农产品无缝对接流通销售渠道，帮助农民直接对接市场，实现由产品向商品的转变，最终达到农产品品质提升、价值增长、流通提速与农产品安全可溯源的总体目标。

9. 深圳市远望谷信息技术股份有限公司（简称：远望谷，002161）

远望谷经营范围包括电子通信设备，自动识别产品，射频识别系统及产品，计算机软、硬件系统及其应用网络产品，移动手持终端产品，仪器仪表的研发、生产、销售；射频系统产品的机械加工，机箱机柜、自动化设备及系统，微波通信塔的研发、生产、销售；提供咨询服务；电子通信设备、自动识别产品、射频识别系统、计算机软硬件等产品的代理及购销。

公司拥有 40 多项 RFID 专利技术，5 大系列，60 多种具有自主知识产权的 RFID 产品，包括阅读器、电子标签、天线及其衍生产品。公司在铁路、烟草、军事行业的 RFID 产品具有技术领先和市场先入优势，并为图书管理、资产追踪、物流及供应链、机动车辆、畜牧业、医药、门票门禁等多个领域提供了高性能的 RFID 产品方案。

公司在国内率先建设了世界一流的物流电子标签海量生产线，具有年产电子标签 1.5 亿只以上的生产能力。公司汇集了中国 RFID 行业的顶尖人才，其中研发人员占 50% 以上。经国家人事部批准，远望谷设立了企业博士后流动工作站。深圳市政府批准依托于远望谷公司组建了"深圳市射频识别工程技术研究开发中心"。

2018年，因公司所处的行业竞争日趋激烈，毛利率下降，且公司战略发展模式调整导致平台建设和业务拓展费用有所增长，加之公司筹划贷款及受汇率变动的影响，财务费用较上年同期增加，公司出现亏损。

10. 福州达华智能科技股份有限公司（简称：达华智能，002512）

达华智能目前已经形成了以物联网产业为核心的业务体系，主要包括RFID硬件制造、互联网电视、系统集成等领域。在巩固物联网感知层RFID业务的同时，加大在互联网电视、系统集成等领域的拓展力度，积极构筑一个以物联网为载体的智能生活生态系统，扩充上下游业务布局，推进物联网产业现有业务的平稳发展。公司开展的其他业务主要包括融资租赁、小额贷款等金融服务。公司未来主营业务将聚焦于物联网和通信领域，进一步有效整合资源，突出主营业务。

2018年对达华智能来说是不平凡的一年，是煎熬的一年。2018年伊始贸易争端升级、国内金融市场震荡、去杠杆等政策加强，宏观经济下行压力较大，需求偏弱，在去杠杆的大环境下，公司流动性遇到严重危机，在董事会和管理层带领下，公司上下一心，克服困难。业务方面，公司聚焦主业，深耕实体业务，有序完成了各项工作；管理方面，公司持续进行精益、管理体系和运营流程优化，提高人均产出效率，通过管控降低了公司费用支出，进一步挖深公司内部管理能力；产品方面，公司秉持产品差异化策略，以市场需求为导向，快速响应，丰富业务产品线，在品牌、产品以及用户体验方面取得较好成绩，夯实了国内外行业前列地位。

1.3.3 总结及建议

通过对3812家信息追溯企业及社会组织的调查统计分析，我们可以看出，食品安全与信息追溯领域整个产业正在高速发展。无论是从企业数量还是质量上都有了明显的进步。在整个产业链条上，既有从事信息追溯源头的溯源类企业，也有为信息追溯提供软件及硬件的各种信息技术服务公司。整个行业虽然已经有了一些规模较大的上市公司，但总体来说，尚处于产业成长阶段，市场容量巨大，等待着越来越多的企业加入这个行业。

在我们调查统计的这些企业中，绝大多数具有食品安全、物流与供应链、通信技术等高科技背景，在物联网、大数据、人工智能、云计算等技术领域都有突出表现。整个行业的发展也符合整个国家在经济转型过程中的发展方向。与此同时，随着国家对食品安全信息追溯领域重视程度日益加深，公众对食品安全与信息追溯认识程度日益提高与普及，相信各级政府将会有更多的激励措施与优惠政策出台，鼓励更多的企业投身到信息追溯这一新兴产业中，相关行业必将迎来一波快速的成长。

为了更好地推动食品安全与信息追溯产业健康有序地发展。食品安全与信息追溯协会正在推动食品信息追溯相关行业标准的建设工作,这也是协会为推动我国食品安全工作的应尽之责。从历史上各行业发展的轨迹来看,任何行业的健康有序发展,都离不开标准化建设及其推广。食品信息追溯涉及领域非常庞杂,为了更好地推动标准化建设的出台和顺利落地,离不开企业的大力支持和帮助。

此外,本报告是第一次对全行业的企业和组织的现状进行的初步摸底,在调查统计过程中,因为资料有限以及调查手段的限制,可能还存在疏漏之处,特别是因为时间有限,对整个行业中各企业存在的具体问题及其成因,还有待于在以后的工作中进一步展开。在未来的报告中,我们还将展开对信息追溯企业更进一步的调研和考察,发现行业发展中存在的瓶颈,探寻行业发展中的痛点,帮助企业寻找发展中所缺少的各种内外部资源,帮助企业克服在技术、人才、资金、市场、运营中遇到的各种困难。为此,我们希望有更多的信息追溯相关企业加入到协会中,通过协会开展的一系列活动,与同行分享发展中的先进经验和亟待解决的问题。让我们共同携手,做大做强食品安全与信息追溯这一朝阳产业,在追求企业自身经济效益的同时,也为推动我国食品安全工作尽到自己的责任。

1.4 2018年食品信息追溯相关互联网环境分析

如表1-11所示,截至2018年12月,我国IPv4地址数量为338924544个,拥有IPv6地址41079块/32,较2017年底增长75.3%。截至2018年12月,我国域名总数为3792.8万个,较2017年底减少1.4%。其中,".CN"域名总数为2124.3万个,较2017年底增长1.9%,占我国域名总数的56.0%;".COM"域名数量为1278.3万个,占比为33.7%;".中国"域名总数为172.4万个,占比为4.5%。

表1-11 2017—2018年互联网基础资源对比表

	2017年12月	2018年12月	年增长量	年增长率
IPv4(个)	338704640	338924544	219904	0.10%
IPv6(块/32)	23430	41079	17649	75.30%
域名(个)	38480355	37927527	-552828	-1.40%
其中".CN"域名(个)	20845513	21243478	397965	1.90%
国际出口带宽(Mbps)	7320180	8946570	1626390	22.20%

资料来源:2019年2月第43次中国互联网络发展状况统计报告。

如图1-27、1-28所示,近年来我国IPv6地址数量呈现快速增长,从2013年的16670块/32增长到2018年的41079块/32,年平均增幅达到了19.8%。相比之下,IPv4基本没有变化,从2013年到2018年,年平均增幅仅为0.5%。

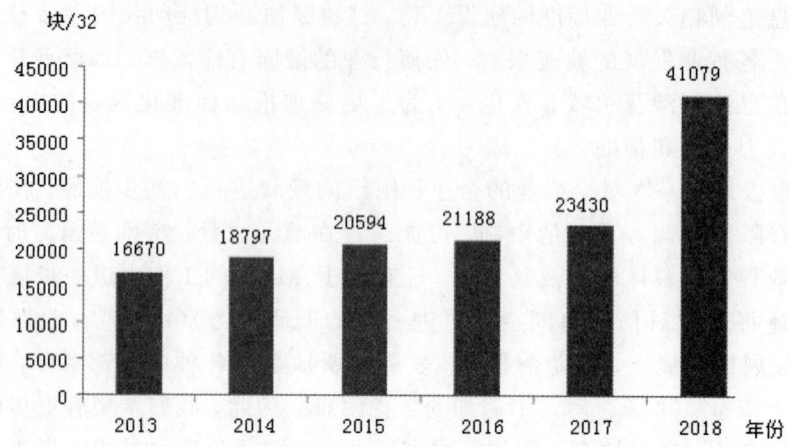

图 1—27 截至 2018 年 12 月我国 IPv6 地址数量

资料来源：2019 年 2 月第 43 次中国互联网络发展状况统计报告。

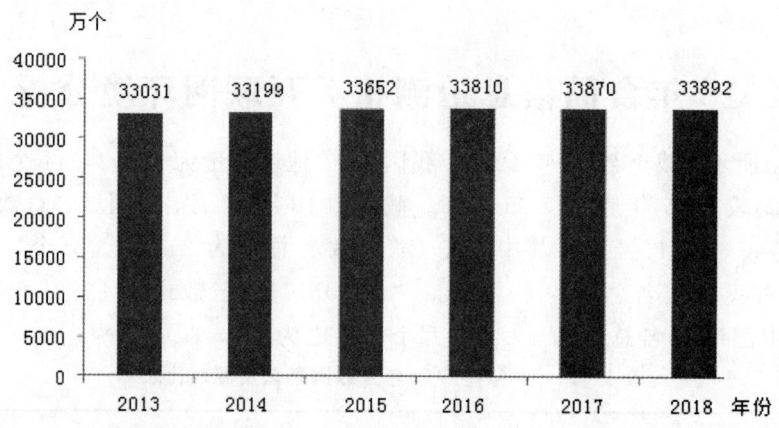

图 1—28 截至 2018 年 12 月我国 IPv4 地址数量

资料来源：2019 年 2 月第 43 次中国互联网络发展状况统计报告。

2017年11月，中央办公厅、国务院办公厅印发了《推进互联网协议第六版（IPv6）规模部署行动计划》，提出了IPv6的发展目标和总体要求，明确了重点任务和实施步骤，发布了IPv6规模发展的宣言书。之后不久，工信部提出了中国将加快基于互联网协议第六版（IPv6）的下一代互联网规模部署，形成下一代互联网自主技术体系和产业生态，实现下一代互联网在经济社会各领域深度融合应用。工信部进一步提出，将开展网络基础设施改造，加快互联网应用服务升级，优化流量调度能力，同时加强IPv6关键技术研发，进一步加大对网络基础性、前瞻性、创新性研究的支持力度。2018年，推进IPv6规模部署专家委员会先后在北京召开"2018中国IPv6发展论坛"和"中国IPv6产业发展研讨会"。会议指出，推进 IPv6 规模部署工作一年来，相关工作取得了积极进展、成效显著。具体如下：

一是网络设施的 IPv6 改造取得阶段性成果，三大基础电信企业在全国 30 个省（区、市）移动宽带接入（LTE）网络均已完成端到端 IPv6 改造并开启 IPv6 业务承载功能，骨干网设备已全部支持 IPv6，全国 13 个骨干直联点中有 5 个直联点开通 IPv6 互联互通。截至 2018 年 11 月，基础电信企业分配 IPv6 地址的 LTE 和固定宽带接入网络用户总数超 8.65 亿。

二是政府和央企发挥示范带头作用，重点互联网应用的 IPv6 升级进一步提速。截至 2018 年 11 月，中国大陆 93 家省部级政府网站中可通过 IPv6 访问的网站共有 63 家，97 家中央企业网站中已有 92 家支持 IPv6 访问。

三是支撑 IPv6 发展的产业环境趋于成熟。总体而言，当前我国 IPv6 发展已初步形成政企联动、高效协同、多方参与，网络、应用和终端协同推进的良好局面。

如图 1-29 所示，截至 2018 年 12 月，我国国际出口带宽数为 8946570Mbps，较 2017 年底增长 22.2%。从 2013—2018 年，我国国际出口带宽数发展迅速，从 2013 年的 3406824Mbps 增长到 2018 年的 8946570Mbps，年平均增幅高达 21.3%。截至 2018 年 12 月，网络国际出口带宽数是 2013 年 12 月的 2.6 倍，很好地支持了我国互联网的快速发展。

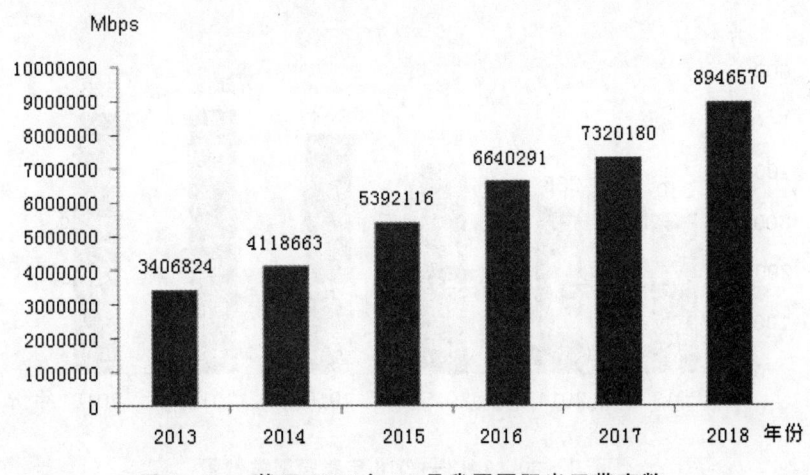

图 1-29 截至 2018 年 12 月我国国际出口带宽数

资料来源：2019 年 2 月第 43 次中国互联网络发展状况统计报告。

如表 1-12 所示为 2013—2018 年我国网站数量、".CN"下网站数量、网页数量以及移动互联网接入流量等互联网资源应用情况表。

表1—12 2013—2018年互联网资源应用情况

年份	网站数量（万个）	".CN"下网站数量（万个）	网页数量（亿个）	移动互联网接入流量（亿GB）
2013	320	131	1500	12.7
2014	335	158	1899	20.6
2015	423	213	2123	41.9
2016	482	259	2360	93.8
2017	533	315	2604	246
2018	523	326	2816	711.1

资料来源：2019年2月第43次中国互联网络发展状况统计报告。

如图1—30所示，截至2018年12月，我国网站数量为523万个，较2017年底下降1.9%。从2013—2018年，我国网站数量总体呈现上涨趋势，从2013年的320万个增长到2018年的523万个，年平均增幅达10.3%。截至2018年12月，我国网站数量是2013年12月的1.6倍。

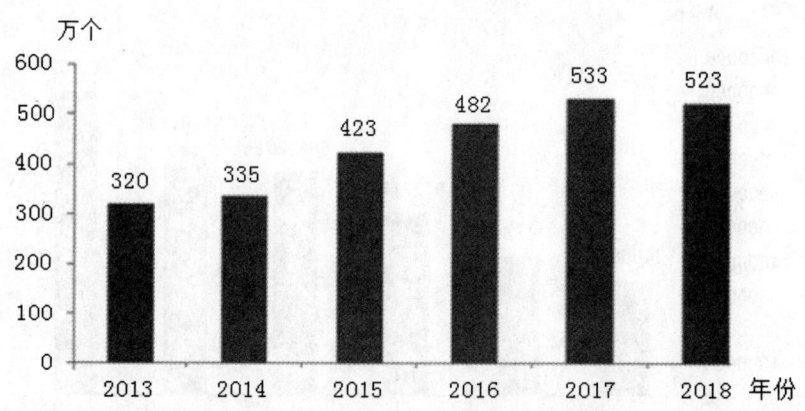

图1—30 2013—2018年我国网站数量

注：数据中不包含不含".CN.EDU"的网站。

资料来源：2019年2月第43次中国互联网络发展状况统计报告。

如图1—31所示，截至2018年12月，我国".CN"下网站数量为326万个，较2017年底增长3.4%。从2013—2018年，我国".CN"下网站数量总体呈现上涨趋势，从2013年的131万个增长到2018年的326万个，年平均增幅达20%。截至2018年12月，我国".CN"下网站数量是2013年12月的2.5倍。

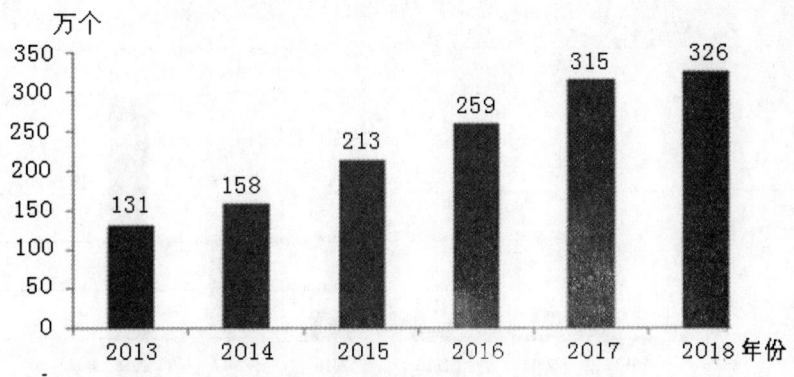

图 1-31 2013—2018 年我国 ".CN" 下网站数量

资料来源：2019 年 2 月第 43 次中国互联网络发展状况统计报告。

如图 1-32 所示，截至 2018 年 12 月，我国网页数量为 2816 亿个，较 2017 年底增长 8.2%。从 2013—2018 年，我国网页数量总体呈现上涨趋势，从 2013 年的 1500 亿个增长到 2018 年的 2816 亿个，年平均增幅达 13.4%。截至 2018 年 12 月，我国网页数量是 2013 年 12 月的 1.9 倍。

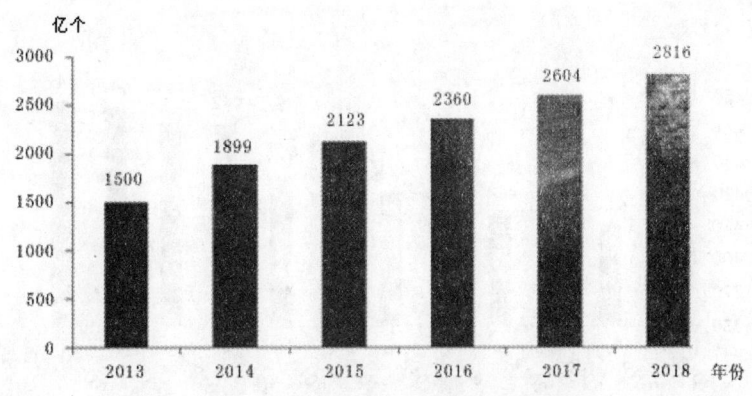

图 1-32 2013—2018 年我国网页数量

资料来源：2019 年 2 月第 43 次中国互联网络发展状况统计报告。

如图 1-33 所示，截至 2018 年 12 月，我国移动互联网接入流量为 711.1 亿 GB，较 2017 年底增长 189.1%。从 2013—2018 年，我国移动互联网接入流量呈现快速上涨趋势，从 2013 年的 12.7 亿 GB 增长到 2018 年的 711.1 亿 GB，年平均增幅达 123.7%。截至 2018 年 12 月，我国移动互联网接入流量是 2013 年 12 月的 56 倍。

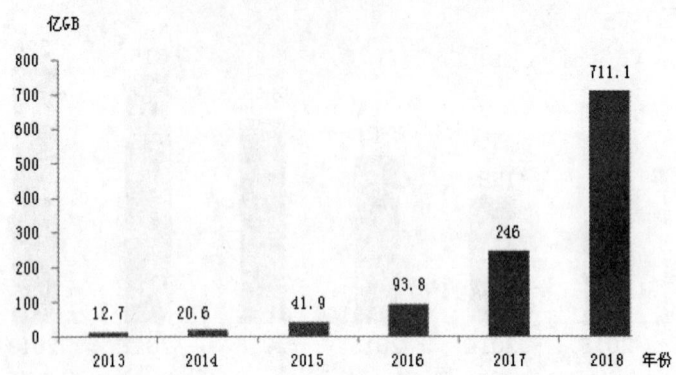

图 1-33　2013—2018 年我国移动互联网接入流量

资料来源：2019 年 2 月第 43 次中国互联网络发展状况统计报告。

如图 1-34 所示，截至 2018 年 12 月，我国移动应用程序（APP）在架数量为 449 万款。其中，我国本土第三方应用商店移动应用数量超过 268 万款，占比为 59.7%；苹果商店（中国区）移动应用数量约 181 万款，占比为 40.3%。2018 年，我国移动 APP 在架数量月均增幅达 0.9%，全年增长 10.3%，呈较快增长趋势。

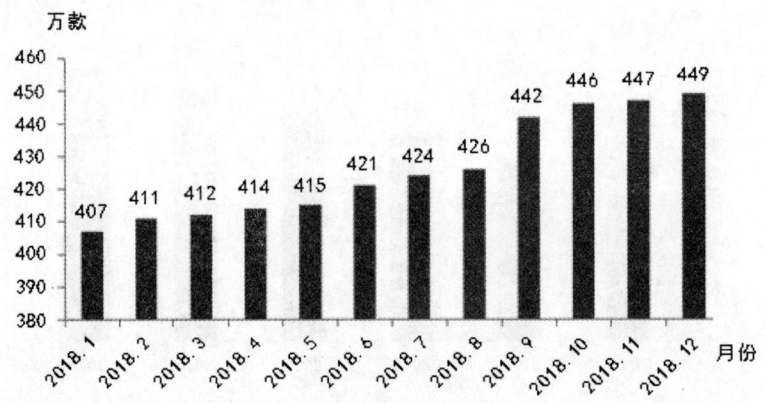

图 1-34　2018 年 1—12 月我国移动应用程序（APP）在架数量

资料来源：2019 年 2 月第 43 次中国互联网络发展状况统计报告。

如图 1-35 所示，2018 年末固定互联网宽带接入用户 40738 万户，比 2017 年末增加 5884 万户，其中固定互联网光纤宽带接入用户 36833 万户，增加 7440 万户；移动互联网宽带接入用户 130565 万户，增加 17413 万户。从 2013—2018 年，我国固定互联网宽带用户数稳步增长，从 2013 年末的 18891 万户增长到 2018 年末的 40738 万户，年平均增幅达 16.6%。截至 2018 年 12 月，我国固定互联网宽带用户数是 2013 年 12 月的 2.2 倍。从 2013—2018 年，移动互联网宽带用户数快速增长，从 2013 年末的 40161 万户增长到 2018 年末的 130565 万户，年平均增幅达 26.6%。截至 2018 年 12 月,我国移动互联网宽带用户数是 2013 年 12 月的 3.3 倍。

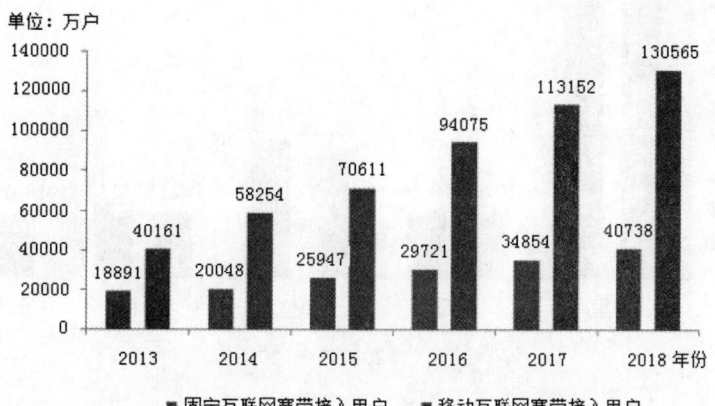

图 1-35 2013—2018 年末我国固定互联网宽带接入用户数和移动互联网宽带接入用户数

资料来源:2019 年 2 月第 43 次中国互联网络发展状况统计报告。

如图 1-36 所示,截至 2018 年底,我国网民使用手机上网的比例达 98.6%,较 2017 年底提升 1.1 个百分点;网民使用电视上网的比例达 31.1%,较 2017 年底提升 2.9 个百分点;使用台式电脑上网的比例为 48.0%,较 2017 年底下降 5 个百分点。

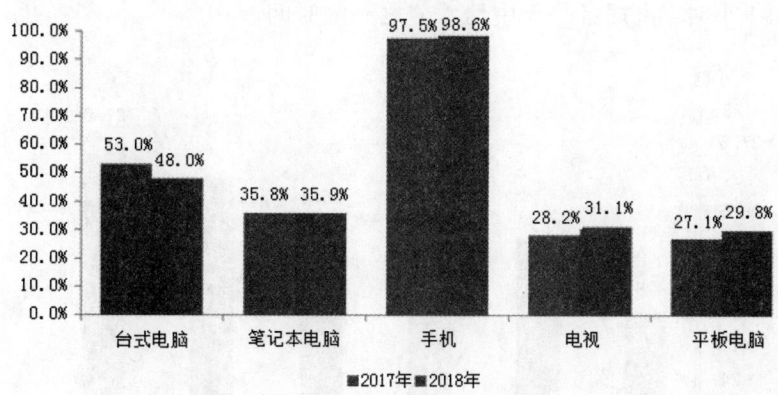

图 1-36 互联网络接入设备使用情况

资料来源:2019 年 2 月第 43 次中国互联网络发展状况统计报告。

如图 1-37 所示,截至 2018 年底,我国网民在家通过电脑接入互联网的比例为 81.1%,较 2017 年底降低 4.5 个百分点;在网吧上网的比例为 19.0%,与 2017 年底的比例基本持平;在单位、学校、公共场所上网的比例分别增长了 3.8 个、3.0 个和 2.9 个百分点,分别达到 40.6%、22.1% 和 21.6%。

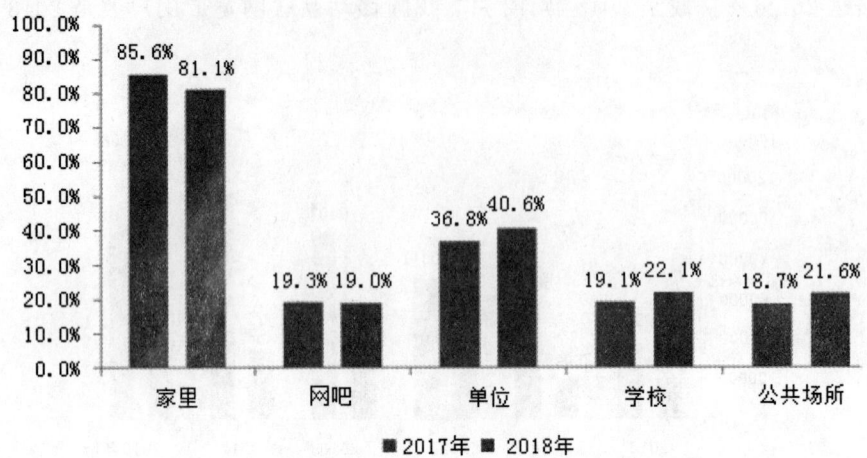

图1-37 网民使用电脑接入互联网的场所

资料来源：2019年2月第43次中国互联网络发展状况统计报告。

如图1-38所示，截至2018年底，我国网民的人均周上网时长为27.6小时，较2017年底增加0.6个小时。从2013—2018年，我国网民平均每周上网时长一直保持上涨趋势，从2013年的25小时增加到2018年的27.6小时，年平均增幅达2%。截至2018年12月，我国网民平均每周上网时长是2013年12月的110.4%。截至2018年12月，网民平均每天上网的时长为3.94小时，占据了一天中约六分之一的时间。

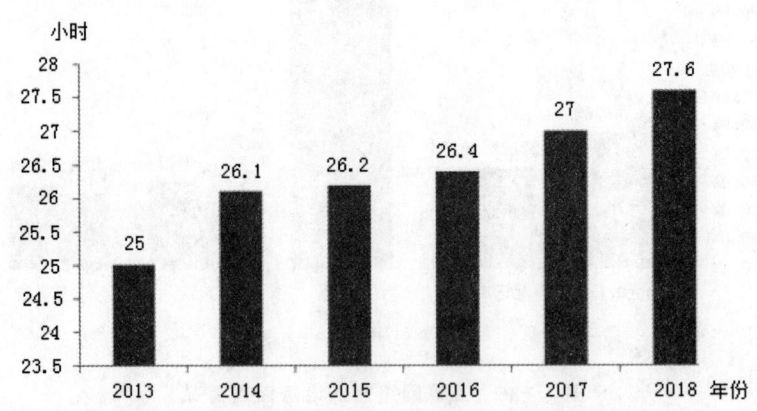

图1-38 2013—2018年网民平均每周上网时长

资料来源：2019年2月第43次中国互联网络发展状况统计报告。

如图1-39所示，2018年，移动网民经常使用的各类APP中，即时通信类APP用户使用时间最长，占比为15.6%；网络视频、网络音乐、短视频、网络音频和网络文学类应用使用时长占比分列第二到第六位，依次为12.8%、8.6%、8.2%、7.9%和7.8%。

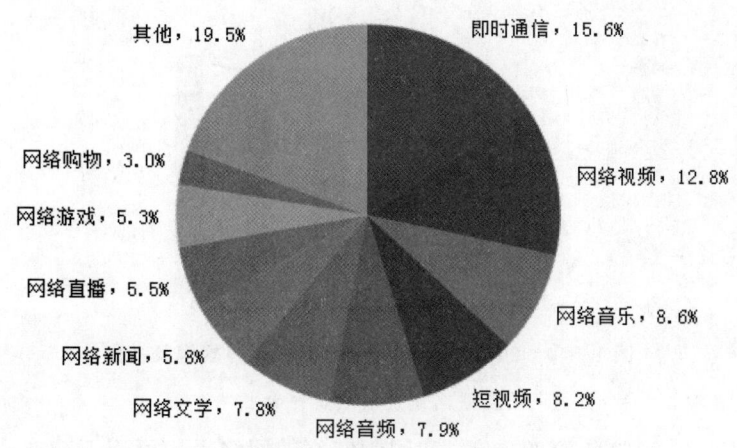

图 1-39　2013—2018 年各类 APP 时长应用占比

资料来源：2019 年 2 月第 43 次中国互联网络发展状况统计报告

2018 年，移动网民经常使用的六类 APP 中，即时通信类 APP 用户使用时间分布较为均衡，与网民作息时间关联度较高；网络直播类 APP 在 12 点、20 点和 23 点分别出现三次使用小高峰；社交类 APP 用户在 8 点之后使用时间分布较为均衡，在 22 点出现较小使用峰值；网络购物类 APP 用户偏好在 12 点及晚间购物；网络新闻类 APP 用户阅读新闻资讯的时间分布较为规律，在 12 点和 21 点出现使用峰值；网上外卖类 APP 使用时段分布峰值明显，与网民用餐时间关联度很高，分别在 12 点及 18 点出现使用峰值。通过对网络外卖以及网络购物等消费者购买习惯的分析，为食品行业进入互联网提供了市场需求分析的基础，也为食品行业开展网络营销提供了可靠的数据支撑。

如图 1-40 所示，截至 2018 年 12 月，光纤接入（FTTH/O）用户规模达 3.68 亿户，占固定互联网宽带接入用户总数的 90.4%，较 2017 年底提高 6.1 个百分点。从 2013—2018 年，光纤宽带用户规模呈上涨趋势，从 2013 年的 4082.2 万户增长到 2018 年的 36833 万户，年平均增幅达 55.3%。截至 2018 年 12 月，光纤用户数量是 2013 年 12 月的 9.0 倍。为提高互联网宽带接入提供了有力的硬件支撑。

从 2013—2018 年，光纤宽带用户占互联网宽带接入用户的比例也持续增长，从 2013 年的 21.6% 增长到 2018 年的 90.4%，年平均增幅达 33.2%。截至 2018 年 12 月，光纤宽带用户占互联网宽带接入用户的比例达到了 2013 年 12 月的 4.2 倍。这表明，绝大部分互联网宽带用户均已经使用光纤方式接入网络，不仅大大提升了网络速度，网络稳定性也显著增强。

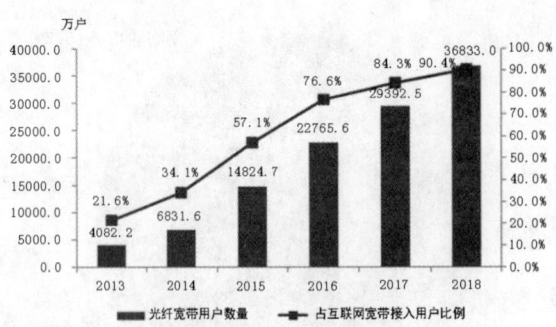

图1-40 2013—2018年光纤宽带用户规模及占比

资料来源：2019年2月第43次中国互联网络发展状况统计报告。

如图1-41所示，2018年第四季度，我国固定宽带网络平均可用下载速率为28.06Mbps，同比增长47.6%；我国移动宽带用户通过4G网络访问互联网时的平均下载速率为22.05Mbps，同比增长21.3%。

从2016—2018年，固定宽带用户下载速率快速增长，从2016年1季度的9.46Mbps增长到2018年4季度的28.06Mpbs，季度平均增幅达10.4%。截至2018年4季度，固定宽带用户平均可用下载速率为2016年1季度的3.0倍。从2016—2018年，4G网络平均下载速率较快增长，从2016年3季度的11.83Mbps增长到2018年4季度的22.05Mpbs，季度平均增幅达7.2%。截至2018年4季度，4G网络平均下载速率为2016年3季度的1.9倍。

总体来看，宽带网络下载速率增速比4G网络下载速率的增速更快。这表明我国移动互联网络发展还有潜力。目前，5G网络已经在一些城市兴起，相信2019年将有越来越多的5G网络投入市场运行，并将大大提升我国移动互联网的发展速度，一些新的应用场景将会出现。食品行业信息追溯产业的发展也将受益于这一伟大的技术变革。

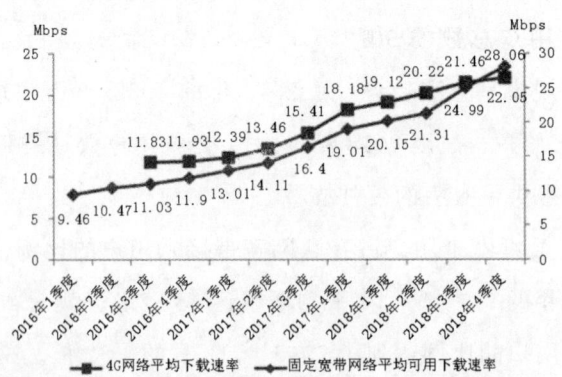

图1-41 2013—2018年固定宽带及4G网络平均下载速率

资料来源：2019年2月第43次中国互联网络发展状况统计报告。

如图 1—42 所示，截至 2018 年底，我国网民规模为 8.29 亿人，全年新增网民 5653 万人；互联网普及率达 59.6%，较 2017 年底提升 3.8 个百分点。我国网民规模继续保持平稳增长，从 2013 年的 61758 万人增长到 2018 年的 82851 万人，年平均增幅达 6.1%。截至 2018 年 12 月，我国网民数量是 2013 年 12 月的 1.3 倍。同时，我国互联网普及率稳定增长，从 2013 年的 45.8% 增加到 2018 年的 59.6%，年平均增幅达 5.4%。截至 2018 年 12 月，我国互联网普及率达 2013 年 12 月的 1.3 倍。

互联网商业模式不断创新、线上线下服务融合加速以及公共服务线上化步伐加快，成为网民规模增长推动力。信息化服务快速普及、网络扶贫大力开展、公共服务水平显著提升，让广大人民群众在共享互联网发展成果上拥有了更多获得感。我国网民规模继续保持平稳增长。

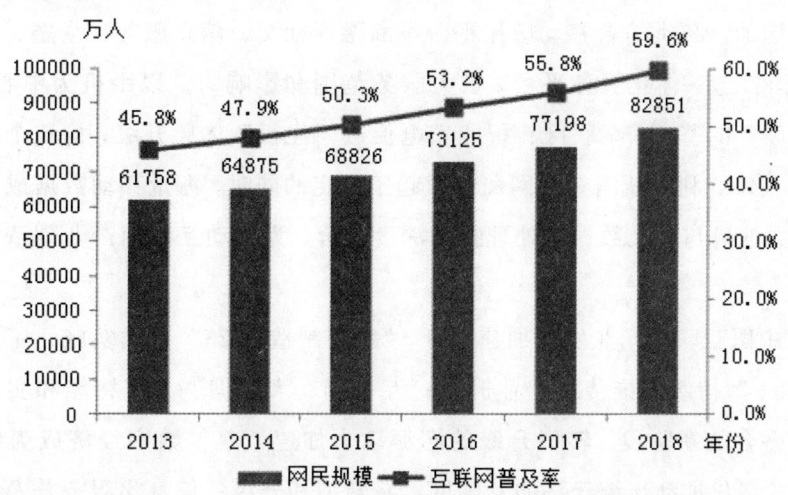

图 1—42 2013—2018 年我国网民规模及互联网普及率

资料来源：2019 年 2 月第 43 次中国互联网络发展状况统计报告。

如图 1—43 所示，截至 2018 年 12 月，我国手机网民规模达 8.17 亿人，全年新增手机网民 6433 万人；网民中使用手机上网的比例由 2017 年底的 97.5% 提升至 2018 年底的 98.6%。从 2013—2018 年，我国手机网民规模快速增长，从 2013 年的 50006 万人增长到 2018 年的 81698 万人，年平均增幅达 10.3%。截至 2018 年 12 月，我国网民规模是 2013 年 12 月的 1.6 倍。同时，我国手机网民规模占总体网民规模比重也持续增长，从 2013 年的 81.0% 增加到 2018 年的 98.6%，年平均增幅达 4.0%。截至 2018 年 12 月，我国手机网民规模占总体网民规模比例达到 2013 年 12 月的 1.2 倍。

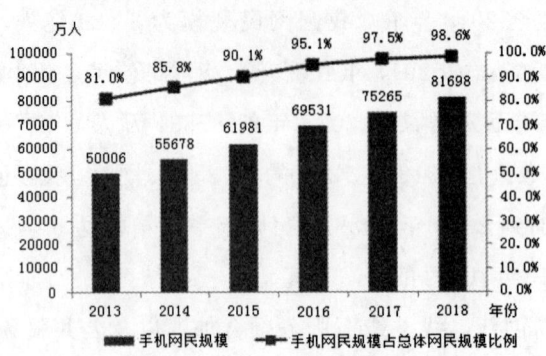

图1-43　2013—2018年我国手机网民规模及占总体网民规模比例

资料来源：2019年2月第43次中国互联网络发展状况统计报告。

2018年，移动互联网继续高速成长：服务场景不断丰富、移动终端规模加速扩大、移动数据量持续增加。各类综合移动应用平台不断融合社交、信息服务、金融、交通出行及民生服务等功能，打造一体化服务平台，扩大服务范围和影响力。以手机为中心的智能设备，成为"万物互联"的基础，车联网、智能家电促进"住行"体验升级，构筑个性化、智能化应用场景。在人口红利逐渐消失、网民规模趋于稳定的同时，海量移动数据成为新的价值挖掘点，庞大的数据量与"大数据"处理技术深度结合，为移动互联网产业创造更多价值挖掘空间。

2018年，中国互联网产业发展加速融合，"中国制造2025"全面实施、工业互联网全力推进，"互联网+"持续助推传统产业升级；互联网、大数据、人工智能和实体经济从初步融合迈向深度融合的新阶段，转型升级的澎湃动力加速汇集；数字经济成为经济发展新引擎，互联网和数字化推动传统经济向互联网经济转型和升级；信息化服务普及、网络扶贫大力开展、公共服务水平的提升，让广大人民群众在共享互联网发展成果上拥有了更多获得感。

2018年，我国网络覆盖范围逐步扩大，入网门槛进一步降低。一方面，"网络覆盖工程"加速实施，更多居民用得上互联网。截至2018年第三季度末，全国行政村通光纤比例达到96％，贫困村通宽带比例超过94％，已提前实现"宽带网络覆盖90％以上贫困村"的发展目标，更多居民用网需求得到保障。另一方面，互联网"提速降费"工作取得实质性进展，更多居民用得起互联网。国内电信运营商落实相关要求，自2018年7月起，移动互联网跨省"漫游"成为历史，运营商移动流量平均单价降幅均超过55％，居民信息交流效率得到提升。

如图1-44所示，我国互联网在城乡地区的普及率同步提升。截至2018年12月，我国城镇地区互联网普及率为74.6％，较2017年底提升3.6个百分点；农村地区互联网普及率为38.4%,较2017年底提升3.0个百分点。从2013—2018年,我国城乡互联网普及率稳步增长,农村地区互联网普及率从2013年的28.1%增加到2018年的38.4%,年平均增幅达6.4%,城镇地区互联网普及率从2013年的60.3%增加到2018年的74.6%,年平均增幅达4.3%。截至2018年12月,我国农村居民互联网普及率达到2013年12月的1.4倍,同期城镇居民互联网普及率达2013年12月的1.2倍。总体呈稳步增长态势。

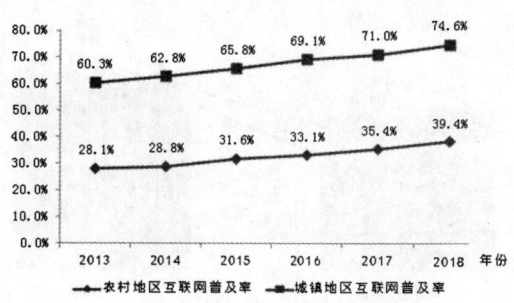

图1-44　2013—2018年城乡互联网普及率

资料来源:2019年2月第43次中国互联网络发展状况统计报告。

如图1-45所示,调查显示,促进非网民上网的因素主要有以下三类:一是提升上网技能,22.7%的非网民愿意接受免费上网培训而上网;二是降低网络使用费用或提供相关设备,20.6%的非网民因网络使用费用降低而上网,20.8%的非网民认为配备可无障碍使用的上网设备后愿意上网;三是满足日常需求,24.7%的非网民群体出于方便与家人或亲属沟通的原因愿意上网,20%左右的非网民因能卖出农产品等帮助增加收入和方便获取医疗健康等专业信息而上网,16.4%的非网民因互联网方便购物而愿意上网。根据这些因素,我们可以发现,约有20%的人因为信息需求而选择上网,这为食品信息追溯的普及和发展提供了越来越好的社会环境。

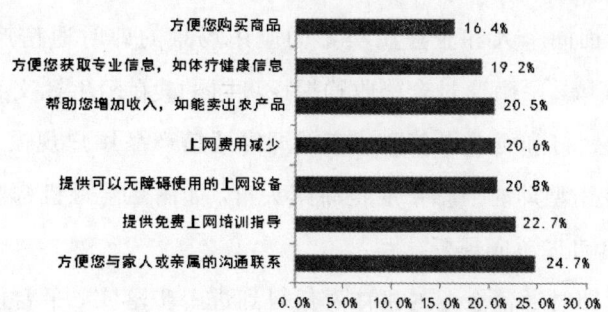

图1-45　非网民上网促进因素

资料来源:2019年2月第43次中国互联网络发展状况统计报告。

如图1—46所示,截至2018年12月,即时通信用户规模达7.92亿人,较2017年12月增长7149万人,占网民整体的95.6%。手机即时通信用户达7.80亿人,较2017年12月增长8670万人,占手机网民的95.5%。2018年及时通信用户和手机即时通信的用户规模仍然保持了较快增长,分别比2017年增长了10%和12.5%。越来越大的手机及时通信用户规模,为食品信息追溯在公众中的普及和推广奠定了更为坚实的基础。

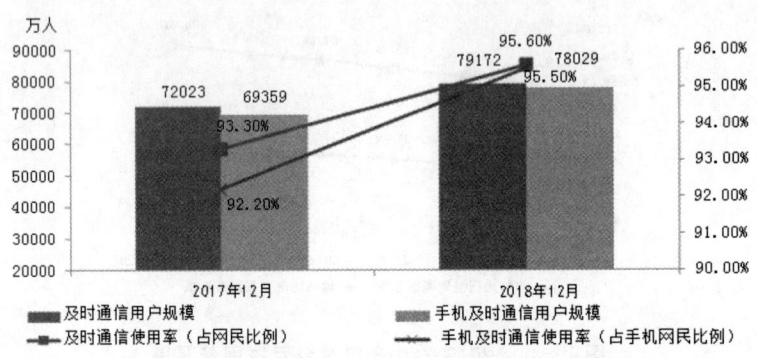

图1—46 2017年12月至2018年12月即时通信/手机即时通信用户规模及使用率

资料来源:2019年2月第43次中国互联网络发展状况统计报告。

2018年,即时通信行业稳步发展,用户规模和普及率实现进一步增长。与此同时,以即时通信作为基础的互联网应用不断开拓创新,其变化主要集中于产品功能的探索、应用场景的拓展和内容质量的提升三个方面。

在产品功能方面,即时通信产品以小程序为依托,试图成为推动传统行业数字化进程的有力工具。以传统零售业为例,通过小程序以及品牌广告、公众号等功能,传统零售企业可以在即时通信软件上实现对用户的早期触达、运营促销、服务提供、关系维护等全周期、个性化服务。目前这些功能在商超、餐饮、家居等行业均已得到初步应用。

在应用场景方面,面向个人和企业两类不同应用场景的即时通信产品均得到进一步发展。在个人应用场景领域,陌陌通过全资收购探探巩固了其在陌生社交领域的市场份额。在企业应用场景领域,以钉钉和企业微信为代表的即时通信产品用户规模持续扩大,针对垂直行业特殊应用场景的专用型即时通信产品也崭露头角,如满足金融机构监管要求的金融业合规即时通信已经在业内初步形成规模。

在内容质量方面,即时通信企业的主体责任得到进一步落实,平台内容共治的格局已经初步形成。在国家网信办、各相关部门和企业的共同努力下,即时通信平台上的违法违规内容受到严厉打击。即时通信企业加强对平台内容的自查自纠,具有诱导或欺诈等恶意营销行为的小程序和诱导链接也成为重点整治对象，上千个违规小程序被永久封禁，诱导用户转发的链接明显减少。

如图1—47所示，截至2018年12月，我国搜索引擎用户规模达6.81亿人，使用率为82.2%，用户规模较2017年12月增加4176万人，较2017年底增加增长率为6.5%。手机搜索用户规模达6.54亿人，使用率为80.0%，用户规模较2017年12月增加2998万人，增长率为4.8%。食品信息追溯在公众中的普及离不开搜索引擎的支撑，借助搜索引擎，食品安全等信息可以更快地在公众中传播，为公众查询食品安全信息提供了更多的便利。

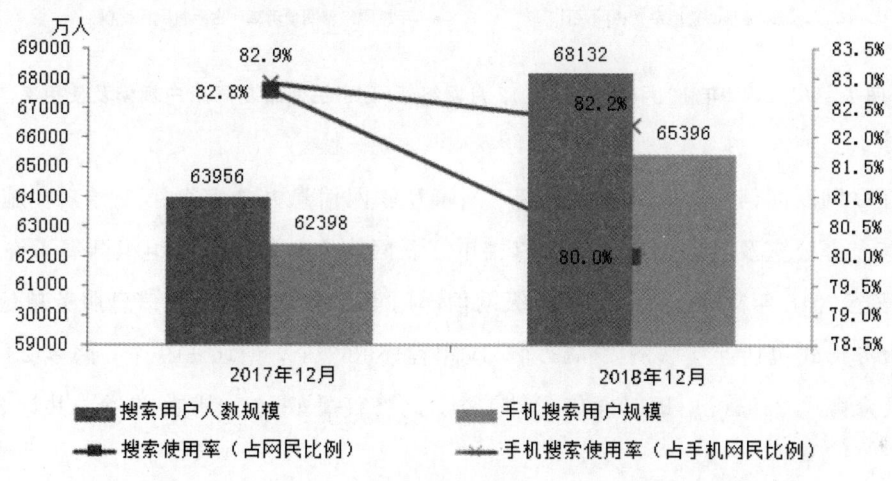

图1—47　2017年12月至2018年12月搜索/手机搜索用户规模及使用率

资料来源：2019年2月第43次中国互联网络发展状况统计报告。

2018年，主流搜索引擎平台大力发展信息流产品，吸引用户流量、增加广告收入，以巩固市场地位。为应对垂直APP的分流竞争，主流搜索引擎利用平台入口优势，通过连接新闻、短视频等内容，推出信息流产品，以持续提升用户使用黏性。信息流广告为搜索引擎收入增长提供了新动力，正在成为业务收入的重要部分。根据企业财报数据，在信息流产品的推动下，搜索引擎日活跃用户数、每用户访问时长都呈现增长趋势。2018年9月，百度APP日活跃用户数同比增长19%，信息流产品每用户访问时长同比增长68%；第三季度，百度信息流广告合并人工智能业务的营收占比已经超过20%。未来，搜索引擎有望在人工智能技术和信息流产品的支持下，为用户提供更丰富、更高效的产品使用体验。

如图1—48所示，截至2018年12月，我国网络新闻用户规模达6.75亿人，年增长率为4.3%，网民使用比例为81.4%。手机网络新闻用户规模达6.53亿人，占手机网民的79.9%，年增长率为5.4%。

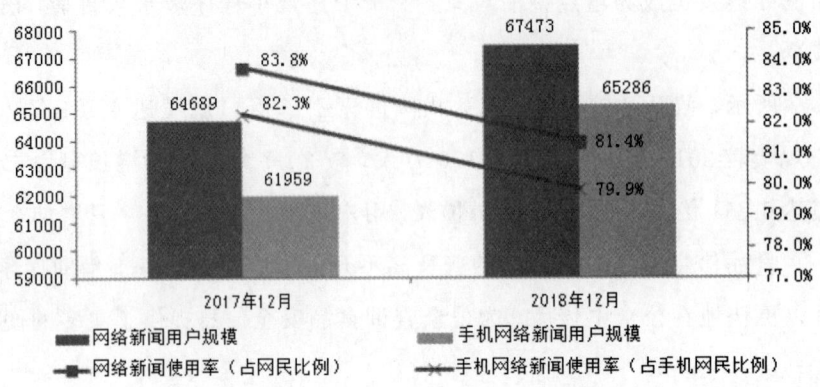

图 1-48　2017 年 12 月至 2018 年 12 月网络新闻/手机网络新闻用户规模及使用率

资料来源：2019 年 2 月第 43 次中国互联网络发展状况统计报告。

自《互联网新闻信息服务管理规定》（国家互联网信息办公室令第 1 号）实施以来，国家互联网信息办公室及各省、自治区、直辖市互联网信息办公室依法组织开展了许可审批相关工作。截至 2018 年 12 月 31 日，经各级网信部门审批的互联网新闻信息服务单位总计 761 家，具体服务形式包括：互联网站 743 个，应用程序 563 个，论坛 119 个，博客 23 个，微博客 3 个，公众账号 2285 个，即时通信工具 1 个，网络直播 13 个，其他 15 个，共计 3765 个服务项。

中央新闻媒体以融合求发展，呈现出以下特点：第一，探索平台发展模式。中央新闻媒体尝试打造聚合式内容平台，构建兼具主流价值与创新活力的新媒体内容生态，如《人民日报》上线的"人民号"平台已吸引数千家党政机关、高校、优质自媒体和名人入驻。第二，提升内容创作水平。以内容生产为主线，中央新闻媒体重组内部新闻生产流程，广泛运用新型新闻采编、内容展示技术，并积极与外部进行资源共享、协同策划制作优质新闻节目。第三，拓宽新闻传播渠道。中央新闻媒体在壮大自身产品矩阵的同时，积极借助商业媒体渠道，拓宽新闻内容出口。

商业新闻媒体发展呈现出以下特点：第一，加强优质内容争夺。内部通过开通小程序、提供广告分成等手段加大对自媒体资源的培育和争夺力度。外部与视频、问答等类型网站开展合作，扩大自身在内容生态领域的分发能力。第二，重塑内容分发机制。单一基于兴趣的算法推荐机制弊端渐显，部分新闻网站主动求变，采取"算法推荐＋人工干预"的新型内容分发机制。第三，发展多元内容载体。各新闻网站加大在短视频、语音、动漫等新型内容载体上的发展力度，尤其短视频形式引起各家新闻网站重点布局。

如图1—49所示,截至2018年12月,微信朋友圈、QQ空间用户使用率分别为83.4%、58.8%,较2017年12月分别下降3.9个和5.6个百分点;微博使用率为42.3%,较2017年12月上升1.4个百分点。社交应用与传统媒体互为补充,融合发展。一方面,传统媒体大规模入驻各类社交平台,成为社交平台优质内容的重要来源,既实现了自身向全媒体角色的转型,也提升了社交平台的可信度。在央视新闻微博上看直播,参与《人民日报》微博互动,已经成为年轻人的上网习惯之一。另一方面,社交平台助力传统媒体实现大众化传播,同时也提升自身的影响力。社交平台以用户为核心,注重用户之间的互动、分享、传播,实现了传统媒体"内容"与社交"渠道"的深度融合。

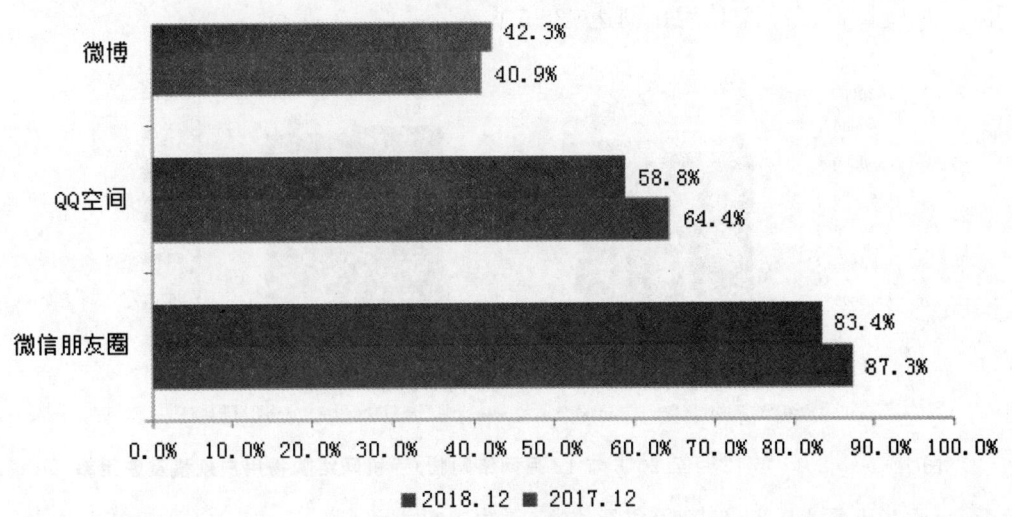

图1—49 2017年12月至2018年12月微博/QQ空间及微信朋友圈使用率

资料来源:2019年2月第43次中国互联网络发展状况统计报告。

随着网络用户向移动端、社交媒体迁移,在微信、微博等社交应用的推动下,越来越多的正能量信息依托社交网络实现大众传播。例如,2018年11月17日,《人民日报》发布微博开启话题"中国一点都不能少",半天时间就获得转发125.9万次、评论11.8万条、点赞94.3万个、话题阅读量达89.4亿次。社交应用商业模式不断成熟。一方面,广告依然是社交平台变现的主要方式。相对于其他网络广告,社交平台广告具有社交化、视频化、智能化的特点,能基于用户的社交关系、兴趣和行为锁定目标受众,进行精准营销,大幅提升了广告投放的到达率和转化率,吸引广告主使用,社交广告市场份额不断扩大。另一方面,内容生产者能通过社交平台实现商业变现,2018年,内容生产者在微博上的收入规模达268

亿元。其中网红电商是目前发展最快、最主要的变现方式,2018年,网红电商收入达254亿元,占比为94.8%,同比增长36%,商业变现能力稳步提升。

网络媒体和社交媒体的快速发展,为食品安全信息的传播提供了更多的机会。作为食品安全信息追溯协会,我们要善于利用网络媒体和社交媒体传播食品安全与信息追溯的相关知识,鼓励公众参与到食品追溯的普及与推广工作中。借助人民网、头条等网络媒体的巨大宣传功能,尽快在公众中培育食品信息追溯的用户习惯,为食品信息追溯行业奠定更为广阔的用户基础。

如图1—50所示,截至2018年12月,我国网络购物用户规模达6.10亿人,较2017年12月增长14.4%,占网民整体比例达73.6%。手机网络购物用户规模达5.92亿人,较2017年12月增长17.1%,使用比例达72.5%。

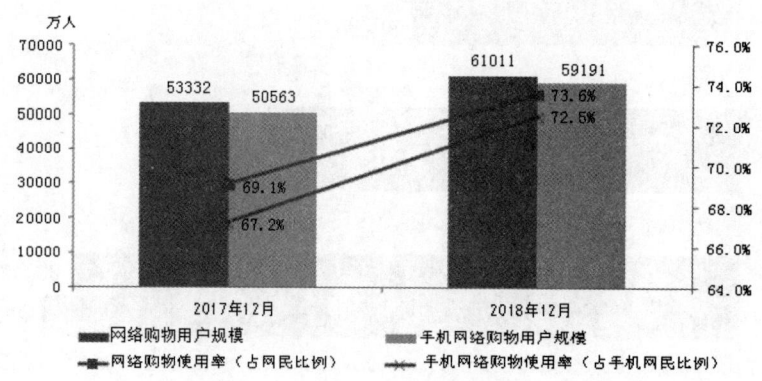

图1—50 2017年12月至2018年12月网络购物/手机网络购物用户规模及使用率

资料来源：2019年2月第43次中国互联网络发展状况统计报告。

从法律环境来看,《电子商务法》正式出台,网络消费领域法律法规进一步完善。《电子商务法》对电子商务经营者、合同的订立与履行、争议解决与法律责任等方面做出明确规定,对促进行业持续健康发展具有重大意义。一方面,《电子商务法》将自然人纳入经营者,其需履行纳税义务,将有助于促进线上线下公平竞争；另一方面,《电子商务法》对信用炒作、虚假交易及限制竞争行为提出惩戒原则,将有助于进一步规范市场秩序。

从行业发展来看,在用户高增长红利期后,供需两端"双升级"成为行业新一轮增长驱动力。在需求端方面,2018年网络消费继续保持升级态势,消费升级为行业增长提供了强劲动力,也进一步推动市场成熟发展。例如,个性化需求促进了定制化供给,低线城市用户需求的释放加速推动电商渠道下沉,品质化需求和理性消费进一步推动品质电商的快速发展。在供给端方面,围绕资源、技术和模式的升级进一步加快。例如,各大电商门店加速落地,与传统零售商联盟化趋势加强,线上线下资源进一步整合;人工智能、大数据、区块链等技术在物流、营销、质量追溯等领域应用日趋深入;电商流量加速分化,拼购模式、小程序电商、内容电商等新模式交易规模呈指数增长。供给端升级加速了资源流动与协同分工,有效提升了供应链效率,同时通过丰富消费场景进一步激发消费潜力。

如图1—51所示,截至2018年12月,我国网上外卖用户规模达4.06亿人,较2017年12月增长18.2%,继续保持较高增速。手机网上外卖用户规模达3.97亿人,增长率为23.2%,使用比例达48.6%。

市场格局方面,外卖市场"两分天下"竞争格局已然清晰。美团点评在中国香港上市,阿里巴巴全资收购饿了么平台,并新成立本地生活服务公司合并饿了么和口碑两大业务,外卖市场竞争已升级为生态构建能力和资源实力的比拼。随着行业格局进一步固化,可以预见,未来外卖市场较难再出现"独角兽"平台,中小平台需要在产业链各个环节和垂直市场深挖机会。

行业趋势方面,在市场变化和平台战略调整背景下,新的行业趋势正在形成。一是外卖业务在本地生活服务生态体系中的重要性日趋凸显,逐步成为各平台在生活服务领域竞争的胜败关键;二是行业生态进一步开放,协同实现多赢,如美团收购餐饮SaaS服务商,并与线下零售企业开展合作提供大数据服务,饿了么为阿里巴巴本地生活零售商提供即时配送服务。平台通过开展跨界合作、为B端企业赋能等方式增加变现渠道并丰富平台生态,将进一步提升外卖产业化程度和餐饮零售行业服务水平。

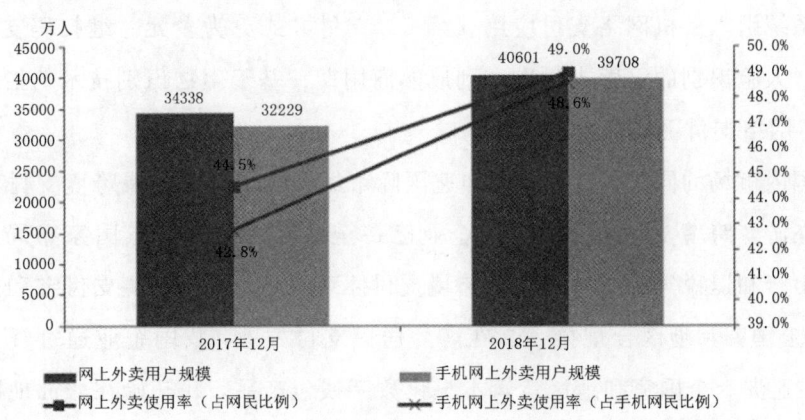

图1—51 2017年12月至2018年12月网上外卖/手机网上外卖用户规模及使用率

资料来源:2019年2月第43次中国互联网络发展状况统计报告。

如图1—52所示,截至2018年12月,我国网络支付用户规模达6.00亿人,较2017年12月增加6930万人,年增长率为13.0%,使用比例由68.8%提升至72.5%。手机网络支付用户规模达 5.83 亿人,年增长率为 10.7%,在手机网民中的使用比例由 70.0% 提升至 71.4%。网民在线下消费时使用手机网络支付的比例由 2017 年底的 65.5% 提升至 2018 年底的 67.2%。

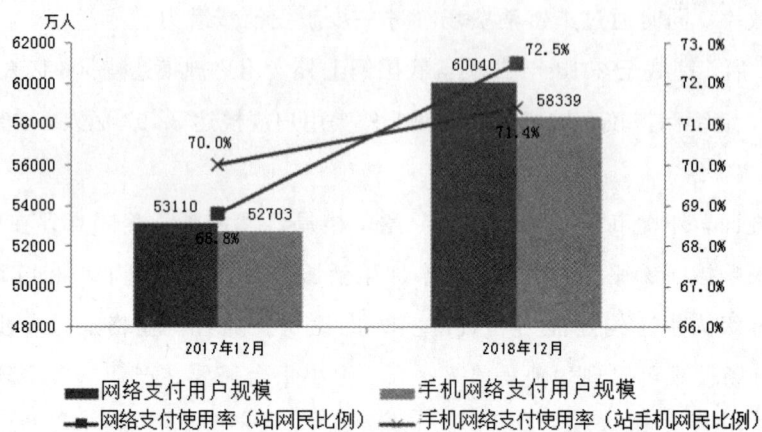

图 1-52　2017 年 12 月至 2018 年 12 月网络支付/手机网络支付用户规模及使用率

资料来源:2019 年 2 月第 43 次中国互联网络发展状况统计报告。

2018 年国内网络支付市场发展呈现以下特点。第一,行业竞争依旧激烈。银联、商业银行加大支付业务布局力度,在不断优化自身产品体验的基础上,与第三方支付企业展开正面争夺,其中银联的"云闪付"产品上线一年内用户量突破一亿。第二,支付场景不断延伸。网络支付应用在公共交通、医疗健康等领域形成突破,当前我国绝大多数三线及以上城市公共交通系统引入手机网络支付应用。第三,支付方式更为多元。继扫码支付普及后,基于车牌识别、人脸识别的无感支付进入到成熟商用期;基于生物识别技术的指纹识别支付得到广泛应用,网络支付更加高效、便捷。

在深耕国内市场的同时,我国企业加速国际市场开拓,不断发展跨境支付和境外本土化支付业务。在游客跨境支付方面,我国企业已在全球多数旅游热点国家布局,集餐饮、游览、购物、出行和退税等场景为一体的跨境支付体系逐步搭建成型,支付宝和微信支付已分别在 40 个以上国家和地区合规接入。在海外居民支付方面,我国企业通过资本、技术注入等方式,已在亚洲 9 个国家和地区运营本土化数字钱包产品,并开始在非洲地区部署移动支付业务。

如图 1-53 所示,2018 年中国网上零售额再创历史新高,达到 9.0065 万亿元,从 2014—2018 年,我国网上零售额规模持续增长,从 2014 年的 27898 亿元增长到 2018 年的 90065 亿元,年平均增幅达 34%。截至 2018 年 12 月,我国网上零售额是 2013 年 12 月的 3.2 倍。

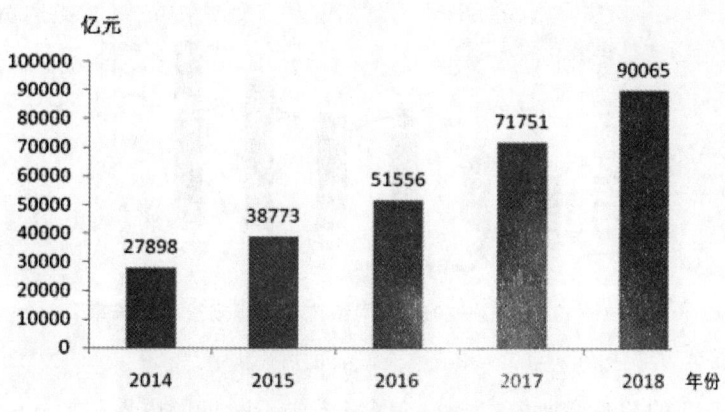

图 1-53　2014—2018 年中国网上零售额

资料来源：2019 年 2 月第 43 次中国互联网络发展状况统计报告。

如图 1-54 所示，2018 年电子商务平台总收入 3667 亿元。其中，四季度收入最高，达 1147 亿元。从产业规模来看，我国电子商务交易总额快速增长，网络零售额连续六年稳居世界第一。2013—2017 年，我国电子商务交易额从 10.4 万亿元增长到 29.16 万亿元，年均增长率 29.4%，2018 年仍然保持快速增长趋势。2017 年我国 B2B 平台服务营业收入规模达到了 630 亿元，同比增长了 18.9%。

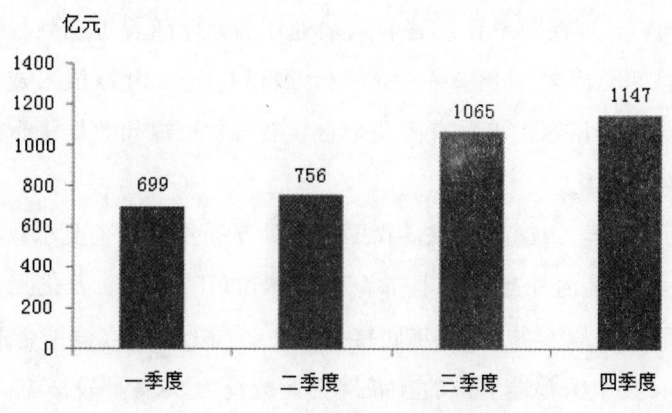

图 1-54　2018 年中国电子商务平台收入

资料来源：2019 年 2 月第 43 次中国互联网络发展状况统计报告。

如图 1-55 所示，2018 年，我国网络广告整体市场规模达 3717 亿元，同比增长 25.7%，保持稳定发展态势。从 2013—2018 年，我国网络广告市场规模持续快速增长，从 2013 年的 1096 亿元增长到 2018 年的 3717 亿元，年平均增幅达 27.7%。截至 2018 年 12 月，我国网络广告市场规模是 2013 年 12 月的 3.4 倍。

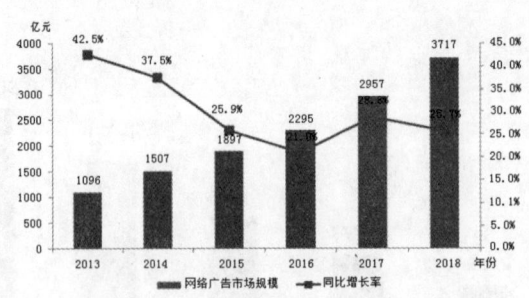

图1-55 2013—2018年网络广告市场规模和增长率

资料来源：2019年2月第43次中国互联网络发展状况统计报告。

作为互联网产业的核心商业模式之一，网络广告不断扩展边界和形式，营销服务链条不断延伸，信息流广告迅速发展，成为推动网络广告市场发展的主要力量。

2018年我国网络广告产业发展主要呈现以下三个特点：其一，就广告载体而言，移动广告占市场主流。移动端应用在为网民提供各类资讯的同时，也提供高度匹配用户的广告使用场景，将用户价值变现，推动移动广告市场发展，目前移动端广告市场份额在整体中的占比在70%左右，未来仍将持续增长。其二，就广告形式而言，信息流广告成为广告产业新的增长点。2018年信息流广告在形式和内容上不断创新，与社交、搜索、视频等渠道相融合，广告投放过程中注重用户的互动体验，算法应用更成熟，投放效果更精准，市场份额持续提升。其三，就广告平台而言，短视频平台广告收入增速明显，伴随着短视频行业的发展，平台的营销价值逐渐得到认可，广告主预算不断倾斜，展示广告、内容植入成为主要营销方式，2017年以来，短视频平台相继推出自有商业平台，第三方短视频数据平台也不断搭建，短视频营销逐渐规范化和专业化。

如图1-56所示，截至2018年年底，我国境内外互联网上市企业总数为120家，较2017年底增长17.6%；我国境内外互联网上市企业总体市值为7.89万亿元。其中，在沪深上市的互联网企业数量为46家，与2017年底持平；在美国上市的互联网企业数量为48家，较2017年底增加7家；在中国香港上市的互联网企业数量为26家，较2017年底增加11家。

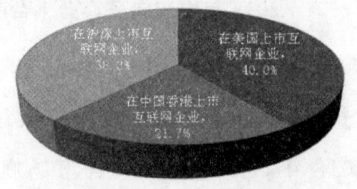

图1-56 2018年互联网上市企业数量分布

资料来源：2019年2月第43次中国互联网络发展状况统计报告。

如图 1-57 所示，截至 2018 年 12 月，在 120 家互联网上市企业中，北京的互联网上市企业数量最多，占互联网上市企业总数的 33.3%；其次为上海，占总体比重的 19.2%；深圳、杭州、广州的互联网企业占总体比重分别为 11.7%、9.2%、5.0%。

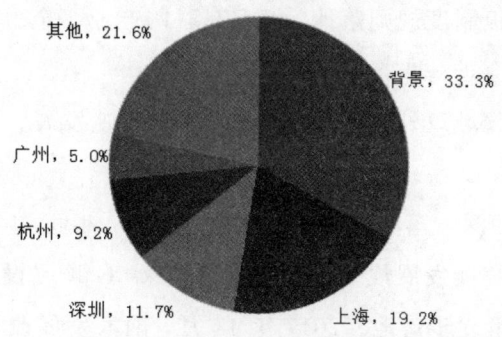

图 1-57　2018 年我国互联网上市企业城市分布

资料来源：2019 年 2 月第 43 次中国互联网络发展状况统计报告。

互联网上市企业城市分布较为集中。北京、上海、深圳、杭州、广州等城市在政策、产业、投资、人才及技术等方面的优势对该地区互联网企业的上市起重要的驱动作用。随着互联网产业范围的不断扩大以及多层次资本市场的改革完善等，未来互联网上市企业有望在更多的地区产生。

如图 1-58 所示，我国互联网上市企业中，网络游戏类企业数量居于首位，占比为 22.5%；其次是文化娱乐类企业，占比为 18.3%；电子商务、网络金融、工具软件和网络媒体类企业紧随其后，占比分别为 13.3%、10.8%、9.2% 和 5.8%。当前，网络游戏、文化娱乐、电子商务等互联网业务稳步发展，更多新兴产业模式不断涌现。

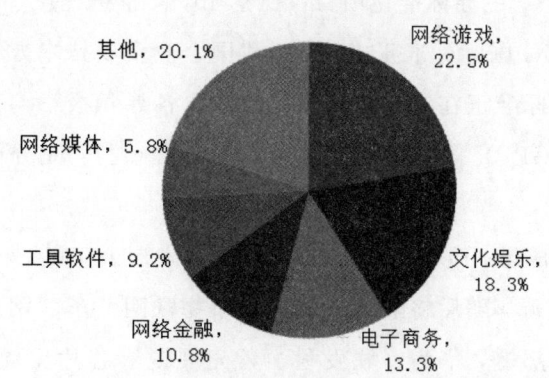

图 1-58　2018 年我国互联网上市企业类型分布

资料来源：2019 年 2 月第 43 次中国互联网络发展状况统计报告。

2019年1月，中国证监会发布了《关于在上海证券交易所设立科创板并试点注册制的实施意见》，目前中国证监会和上海证券交易所正在按照相关要求，有序推进设立科创板并试点注册制各项工作。科创板能够更好地发挥资本市场直接融资功能，将为科技创新企业提供一个新的平台。随着科创板制度规则落地，以及互联网产业、金融市场的不断发展完善，未来互联网上市企业类型将会进一步丰富。

除了上述技术及产业领域以外，互联网相关技术正快速发展。具体如下。

（1）5G发展情况

我国5G发展进入全面深入落实阶段。2016年至2017年间，随着《"十三五"国家信息化规划》和《新一代人工智能发展规划》的发布，国家5G顶层设计基本完成。随后，各部委出台配套实施细则，政策逐步落地。2017年11月，国家发展改革委印发《关于组织实施2018年新一代信息基础设施建设工程的通知》，对5G规模组网建设及应用示范工程设置了明确的指标；2018年5月，工信部、国务院国资委发布《关于深入推进网络提速降费加快培育经济发展新动能2018专项行动的实施意见》，提出加快宽带网络演进升级，推进5G技术产业发展。

5G核心技术研发和标准制定取得突破。在技术研发方面，依托科技部"新一代宽带无线移动通信网"国家科技重大专项，我国于2016年1月全面启动5G技术研发试验，第一阶段、第二阶段已经成功完成，第三阶段"5G系统方案验证"测试正在进行中，目前NSA（Non-Standalone，非独立组网）测试已全部完成，华为、中兴、大唐均进展顺利。当前，我国第三阶段系统组网验证的SA（Standalone，独立组网）测试已部分启动，重点城市5G规模组网建设试点工作将陆续开展。在标准制定方面，截至2018年3月，我国提交的5G国际标准文稿占全球的32%，主导标准化项目占比达40%，推进速度、推进质量均位居世界前列；2018年6月，首个5G国际标准正式公布，我国企业多项技术方案进入国际核心标准规范。目前，全球统一5G标准正在制定中，我国产学研各界积极参与国际电信联盟（ITU）、第三代合作伙伴计划（3GPP）等国际标准化组织的关键项目，充分体现了我国在该领域的技术研发创新活力。

5G产业化取得初步成果，政企合力推动产业稳步发展。工信部于2018年12月向三大运营商发放了5G频谱资源，随后将陆续制定和颁布物联网、车联网的频率使用规划。面向5G的芯片设计研发正在部署，华为、联发科、紫光展锐等芯片厂商均制定了发展路线图。国内主要运营商联合终端厂商陆续启动研发计划，部分国产品牌已成功研发出支持5G NSA的预商用终端产品样机。相关厂商已于2019年进行首批5G芯片的流片，同时运营商也已展开 5G 试验基站建设。

(2) 量子技术发展情况

2018 年，我国政府、科研机构、企业等推动量子信息技术进一步发展，通过出台相关鼓励政策、推进基础领域研究、探索商业化应用模式等方式进一步提升了我国在该领域的技术实力。

政府部门鼓励推动量子信息技术发展。2018 年《政府工作报告》将"量子通信"纳入创新驱动发展成果。国家发展改革委将"国家广域量子保密通信骨干网络建设一期工程"列为 2018 年新一代信息基础设施建设工程三项支持重点之一。北京、山东等地方政府加大对量子信息技术领域创新发展支持力度，包括编制发展规划、支持成立科研机构、设立专项发展基金等。

科研机构取得量子信息技术领域新突破。2018 年，中国科技大学、清华大学、北京大学等高校研究团队，在量子调控、量子纠缠和量子密集编码等领域取得突破性成果，体现了我国在该领域一流的科研能力。2019 年 2 月，美国科学促进会将 2018 年度克利夫兰奖授予中国"墨子号"量子科学实验卫星科研团队。

企业积极布局量子信息技术领域。2018 年，阿里巴巴量子实验室研发"太章"量子电路模拟器，华为发布了量子计算模拟器"HiQ"云服务平台。腾讯、百度等企业也纷纷布局量子信息技术领域，组建了相关实验室，推动对该领域的探索。企业的参与有利于加快量子信息技术产业化步伐和普及应用。

(3) 人工智能发展情况

2018 年，随着我国信息化水平大幅提升，相关政策持续落地，科研成果日益丰富，产业应用范围逐步扩大。

在政策环境方面，人工智能相关规划文件陆续出台。在《新一代人工智能发展规划》等国家政策的指导下，各省（区、市）积极响应国家号召，发布多项与人工智能相关的政策。截至 2018 年 11 月，全国已有 15 个省（区、市）发布了人工智能规划，其中 12 个制定了具体的产业规模发展目标。同时，有 22 个省（区、市）在战略新兴产业规划中设置了人工智能专项，19 个省（区、市）在大数据规划中提及人工智能。通过一系列政策与资金扶持，各省（区、市）不断强化本地人工智能的技术研发与应用，为当地人工智能产业提供了广阔发展平台。

在科研成果方面，我国在人工智能领域相关专利申请数量不断增长，标准化工作持续推进，人工智能芯片技术不断发展。在专利申请方面，截至 2018 年 11 月，我国人工智能相关专利申请量已超过14.4万件，占全球申请总量的43.4%，居全球首位；在标准制定方面，电气和电子工程师协会（IEEE）聚焦人工智能领域伦理道德标准研究，目前已经批准了7个IEEE标准项目，同时，全国信息技术标准化技术委员会在人机交互、生物特征识别等领域开展了标准化工作，制定并发布了各个领域相关的一系列标准和规范；在人工智能芯片研发方面，随着人工智能发展对核心硬件的要求持续提升，人工智能芯片研发不断加速。2018年，我国企业相继发布人工智能芯片。5月，寒武纪发布了新一代云端AI芯片Cambricon MLU100，可支持各类深度学习和经典机器学习算法；10月，华为同时发布了用于大规模分布式训练系统的昇腾910（Ascend 910）芯片和面向边缘计算场景的昇腾310（Ascend 310）芯片。

在产业发展方面，我国人工智能企业数量快速增长，产品应用范围不断扩大。在企业方面，截至2018年6月，我国人工智能企业数量已达到1011家，主要集中在北京、上海和广东。其中，北京拥有395家企业，成为全球人工智能企业最多的城市；在产品应用方面，人工智能已在医疗健康、金融、教育、安防等多个垂直领域得到应用，形成"人工智能＋"的行业应用终端、系统及配套软件，为用户提供个性化、精准化、智能化服务。

（4）云计算发展情况

2018年我国云计算技术呈现良好发展态势，在政策支持、产业规模、技术研发和应用落地等方面均有所体现。

在政策方面，我国政府高度重视云计算产业发展，通过陆续出台相关政策积极引导软件企业向云计算加速转型，同时推动云计算在政务、金融、工业等领域中应用水平的提升。继发布《云计算发展三年行动计划（2017—2019年）》之后，工业和信息化部于2018年8月发布了《推动企业上云实施指南（2018—2020年）》，以强化云计算平台服务和运营能力为基础，以加快推动重点行业企业上云为着力点，指导和促进企业运用云计算推进数字化、网络化、智能化转型升级。

在产业方面，我国大型云服务商已经跻身全球市场前列，且企业营收保持了高速增长。从市场份额来看，阿里云已经成为全球第三大公有云服务商，市场占有率仅次于亚马逊和微软。从典型企业的营收增速来看，阿里巴巴2018年云计算业务营收达到213.61亿元，同比增长91.3%；腾讯前三季度云计算业务营收超过60亿元，同比增长超过100%。两家企业的云计算营收增速均远高于同期亚马逊云服务的营收增速（47.0%）。

在技术方面，我国云计算发展呈现以下四个特点：其一，X86服务器是云计算硬件平台的主流选择，硬件在平台整体投入和营收中的占比较高。但随着硬件设备标准化程度和软件异构能力的提升，预计软件和服务市场的营收占比将逐渐增长。其二，国内云计算服务商在重视参与建立开源生态的同时，也积极进行自主研发。阿里巴巴、腾讯、华为等国内云计算服务商陆续参与 Linux 基金会、CNCF（Cloud Native Computing Foundation）基金会等开源基金会，并在 2018 年发布了"飞天 2.0"和"Redis5.0"等自主研发的云计算产品。其三，安全问题虽然已经引起云计算服务商的高度重视，但安全事故仍旧频发，安全风险管控能力亟待进一步加强。其四，边缘计算与云计算的协同将极大提升对海量数据的及时处理能力、数据存储能力和深度学习能力，从而促进物联网的进一步发展。

在应用方面，我国云计算应用正从互联网行业向政务、金融、工业等传统行业加速渗透。首先，政务行业是云计算应用最为成熟的领域。目前全国超过九成省级行政区和七成市级行政区已建成或正在建设政务云平台；其次，金融行业积极探索云计算应用场景。由于中小银行和互联网金融机构的系统迁移成本低、云计算应用需求强，使其更倾向于通过云计算改造现有业务系统。最后，工业云开始应用于产业链各个环节。通过与工业物联网、工业大数据、人工智能等技术进行融合，工业研发设计、生产制造、市场营销、售后服务等产业链各个环节均开始引入云计算进行改造，从而形成了智能化发展的新兴业态和应用模式。

（5）大数据发展情况

在《促进大数据发展行动纲要》等政策的指引下，我国已形成了以 8 个国家大数据综合实验区为引领，京津冀、长三角、珠三角和中西部四个聚集区域协同发展的格局。贵州、河北、内蒙古、河南等省正式印发了大数据相关行动计划，推动大数据的融合应用继续深化；同时，大数据成为省级机构改革一大亮点，目前广东、贵州、上海等 12 个省（区、市）均设立了省级大数据管理机构，有利于数据汇集，打破"信息孤岛"。

我国大数据核心技术研发加速突破。硬件关键技术逐步发力，阿里巴巴公司在 2018 年持续推进神经网络芯片研发，该芯片将运用于图像视频分析、机器学习等大数据计算和分析领域。数据仓库、大数据分析与云计算技术进一步融合，通过公共云基础设施提供在线服务。BAT、电信运营商等企业持续引领大数据应用技术创新与落地，覆盖制造、金融、政务、交通、医疗、能源等众多领域。

我国大数据产业不断成熟，持续向经济运行、社会生活等各应用领域渗透。受益于巨大的 IT 投入、良好的信息化基础、畅通的数据业务链条等有利因素，互联网、金融和政务等领域的大数据公司发展最快、体量最大、应用成熟度最高。未来 5 年，预计我国大数据市场年复合增长率将达到 17.3%。

2019 年，大数据技术将呈现出十大发展趋势："一是数据科学与人工智能的结合越来越紧密；二是机器学习继续成为大数据智能分析的核心技术；三是大数据的安全和隐私保护成为研究和应用热点；四是数据科学带动多学科融合，基础理论研究受到重视，但未见突破；五是基于知识图谱的大数据应用成为热门应用场景；六是数据的语义化和知识化是数据价值的基础问题；七是人工智能、大数据、云计算将高度融合为一体化的系统；八是基于区块链技术的大数据应用场景逐渐丰富；九是大数据处理多样化模式并存融合，基于海量知识仍是主流智能模式；十是关键数据资源涉及国家主权。"

（6）区块链发展情况

近年来，国家相关部委和地方省市相继发布区块链政策和具体措施，加快推进我国区块链产业布局。2019年1月，国家互联网信息办公室发布《区块链信息服务管理规定》，进一步规范区块链信息服务活动，促进区块链技术及相关服务的健康有序发展。

在技术研发方面，目前国内很多公司仍基于以太坊（Ethereum）等国外开源架构进行区块链平台开发和应用部署，同时，区块链底层技术和架构的自主研发日益受到重视，如中国银行、工商银行、蚂蚁金服、腾讯、百度、京东等企业已经积极开展区块链技术自主研发，加强区块链网络基础架构系统建设。

在企业数量方面，截至2018年6月，美国、中国、英国区块链企业数量分列前三位。我国共有298家公司活跃在区块链产业生态中，区块链企业数量排名前五的城市依次为北京、上海、深圳、杭州、广州，其中北京以175家区块链企业排名第一。

在应用落地方面，区块链技术在票据、电子存证、食品供应链、跨境支付、电子政务等领域取得一系列成果。2018年下半年，首张区块链电子发票在深圳问世，成为我国首个"区块链＋发票"的落地应用；北京互联网法院推出"天平链"平台，用于存储案件证据，保证数据真实性和隐私性；蚂蚁金服、京东相继使用区块链推出生鲜食品从生产到超市的溯源服务平台，以提升食品供应链透明度、保护消费者权益；中国银行通过区块链跨境支付系统，成功完成河北雄安与韩国首尔两地间客户的美元国际汇款；济南高新区上线试运行智能政务协同系统，利用区块链技术实现电子政务外网与各部门业务专网的互联互通、在线协同，提高政府工作效率。

（7）虚拟现实发展情况

2018年，虚拟现实（含增强现实、混合现实；Virtual Reality，VR）领域政策不断完善，产业形态初步形成，应用场景持续拓展。

我国政府出台相关政策，加速推动虚拟现实产业发展。2018年12月，工信部出台《关于加快推进虚拟现实产业发展的指导意见》，提出到2020年建成基本健全的产业链，初步形成技术、产品、服务、应用协同推进的发展格局。北京、青岛、成都、南昌等地纷纷出台专项产业政策，通过设立产业发展基地、推出专项补助计划等手段，促进虚拟现实产业发展。

虚拟现实产业生态初步形成，"VR+"渗透各个领域。我国虚拟现实产业主要分为内容应用、终端设备、网络通信平台等。在内容应用方面，虚拟现实与娱乐、教育、文化、健康等行业领域形成"VR+"的应用模式。在终端设备方面，智能硬件企业纷纷进入虚拟现实一体机市场，通过功能集成实现产品升级。在网络通信平台方面，5G技术将有助于增强现有的虚拟体验，Cloud VR6s为5G技术提供了广阔的应用场景。

增强现实（Augmented Reality，AR）企业以软硬件切入，构建开发者生态。2018年华为、商汤科技等企业通过开发支持AR技术的智能手机、发布AR Engine、开放AR SDK66、推出AR产品，搭建AR应用开放平台，吸引开发者入驻，拓展新的产品和服务生态。各类APP在娱乐、社交、购物、营销等场景下集成AR功能，塑造了全新的应用体验。智能手机有望成为AR技术主流消费应用平台。

混合现实（MR，Mixed Reality）研发渗透领域广泛，医疗实践应用成果显著。我国MR研发涉及教育、医疗、建筑、汽车、制造、航空航天等众多领域。其中，MR赋能医疗领域，在手术治疗、医学培训等方面带来变革性突破。未来，虚拟现实技术（包括增强现实、混合现实）将顺应产业变革的窗口期，带动原有产业以技术创新为支撑、以产业融合为主线、以开放平台为中心，构建"VR+"生态体系。

（8）超级计算发展情况

经过30年的快速发展，我国研制超级计算机系统的能力已经跻身世界先进水平行列。从单机性能来看，我国研制的"神威·太湖之光"超级计算机，以93PFlops的Linpack测试性能，位居世界高性能计算机排行榜TOP500季军。美国制造的两台超级计算系统"Summit"和"Sierra"分列TOP500排行榜第一和第二，其中"Summit"峰值性能达到200PFlops，Linpack测试性能首次突破100PFlops达到143PFlops，而"Sierra"以微弱优势超越"神威·太湖之光"获得亚军。

从总体数量来看，2018年11月公布的TOP500榜单中，我国以227台的数量远超第二名美国的109台。目前，中美日欧等国家和地区都已经公开发布了其未来的E级超级计算系统研制计划。从行业应用领域来看，2018年国内高性能计算主要应用在互联网大数据/深度学习、互联网服务/云计算、科学计算、超级计算中心和电力工业等领域。从中国TOP100超算机器数量上看，互联网大数据/深度学习领域的份额为27%，排名首位；互联网服务/云计算领域继续保持第二，其份额占比上升至20%，这与我国互联网公司的云计算应用快速崛起和大数据中深度学习算法的广泛应用有很大关系，互联网公司重新发现了超级计算机，特别是 GPU 加速的异构超级计算机在深度学习算法应用方面的价值，纷纷投入巨资建设新系统。科学计算、超级计算中心和电力工业领域分别以 17%、13% 和 7% 的占比位列第三至第五位。

（9）物联网标识技术发展情况

作为物联网的关键基础技术，标识在各种应用场景中衍生出多种异构体系。目前，常见的标识有域名、电子产品代码（EPC）、对象标识符（OID）、国家物联网标识体系（Ecode）、Handle 等。2018 年，《物联网标识体系 OID 应用指南》《物联网标识体系 Ecode 平台接入规范》和《物联网标识体系 Ecode 解析规范》等国家标准批准发布。通信行业标准《物联网异构标识服务技术要求》正式发布，该技术同时在物联网领域国际标准化组织（OneM2M）立项。

2018 年，在政府部门引导下，我国各标识应用和行业组织持续发展和壮大。6 月，工信部印发《工业互联网发展行动计划（2018—2020 年）》和《工业互联网专项工作组 2018 年工作计划》。

我国工业互联网标识解析国家顶级节点已先后在北京、上海、广州、武汉和重庆五地启动。中国工业互联网研究院组建，将承担国家工业互联网标识解析管理机构职能，研究制定工业互联网标识解析体系架构。全国信息技术标准化技术委员会传感器网络标准工作组向国家 OID 注册中心申请开通了传感器网络 OID 节点，已面向传感器网络领域企事业单位提供传感器网络 OID 的注册、审核和解析服务。

随着互联网、物联网向全球物联网全面演进，标识技术体系也随之发展。一是标识范围扩大，越来越多种类的物理对象和虚拟对象依托新的网络标识体系实现互联网接入；二是标识功能逐步增强，从简单身份位置标记逐步发展为网络对象间信息交互的入口；三是标识体系逐步融合，支撑人、机、物及内容和服务等海量对象相互交织形成新的互联网应用。着眼全球物联网协议体系发展，未来标识技术将作为各种新兴技术共存的基础，需要综合考虑标识体系的兼容性、高效性、安全性和互操作性。

本报告将在后面的专题研究及案例分析中，就这些最新技术在食品信息追溯领域的应用与推广进行深入探讨。

本篇撰稿人： 刘　谊　华北电力大学经济与管理学院副教授，企业管理与信息化研究所副所长
　　　　　　何继红　中国副食流通协会会长
　　　　　　刘　利　重庆科技学院资产与后勤管理处

专题研究篇

2 追溯价值链专题研究

2.1 追溯体系产业基础与价值链

2.1.1 追溯体系的产业基础是流通和供应链

追溯体系是对目标事物前向追踪与后向溯源的综合体。追溯的前提和基础是目标事物跨时间、空间和工艺过程的流通,没有流通,就没有追溯存在的必要性,也失去了追溯赖以生存的基础。流通体系现状与发展决定了追溯体系的今天与未来;脱离流通的追溯体系也必然没有市场、没有价值。因此,要找到追溯体系的价值定位,必须首先明确流通体系的结构与价值构成。

整体来看,商品流通体系结构如图2-1所示。

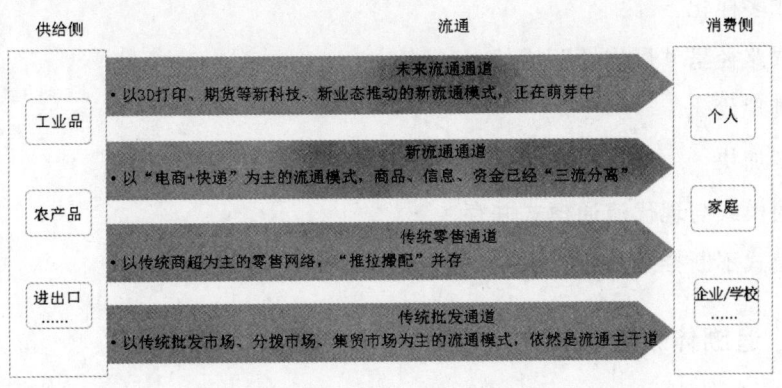

图2-1 商品流通体系整体结构

流通体系是从供给流通到消费者的通道,包括传统批发通道、传统零售通道、新流通通道以及未来流通通道这四大类。

1. 传统批发通道

以传统批发市场、分拨市场、集贸市场等业态及主体为主,目前仍然是流通的主干道。

2. 传统零售通道

以商超为主,具体来看又可分成"推拉撮配"等模式;产地龙头企业"推"、销地有实力企业"拉"以及经纪人、经销商的"撮合"与市场化"配置"。

3. 新流通通道

主要是"电商+快递"和新一代的零售实体店(如无人超市)的新流通模式,商品、信息、资金三流分离是其重要特征。

4. 未来流通通道

包括以3D打印为代表的流通模式和以期货交易、拍卖等为代表的模式。从流通角度看,3D打印的本质是供给侧的生产作业下沉至消费侧;期货、拍卖等交易模式则是先交易、后生产,而商品流通可有可无,可以交割,也可以不交割。

从微观看,商品的具体流通路径可能串联众多流通主体(如经销商、批发市场、超市等),流通路径选择极其多样。若有10个流通主体,在自由流通的市场环境中,理论上,可选路径多达(10!)条(约363万条)。与此匹配,追溯体系也必须对363万条路径进行数据采集和存储,才能实现对商品的无盲区跟踪和追溯。由此可见,追溯体系构建的复杂性以及其实施难度。

流通体系呈以下特征:

- 流通范围扩大:全球化大流通正在形成,"一带一路"……
- 流通模式多样化:
- 流通可选路径呈"爆炸性"增长
- 流通工具现代化
- 流通速度加快
- 传统流通模式与现代流通模式并存
- 新流通模式不断推陈出新

2.1.2 追溯体系价值链与存在的核心问题

追溯体系是通过跟踪和追溯商品完整生命周期中产生的信息来确保商品的质量、品质,最终保障消费者权益的完整体系。追溯体系是建立在流通体系基础上的一个附加体系，对流通体系存在依赖性。流通体系结构决定了追溯体系结构与模式。追溯体系价值链如图 2-2 所示。

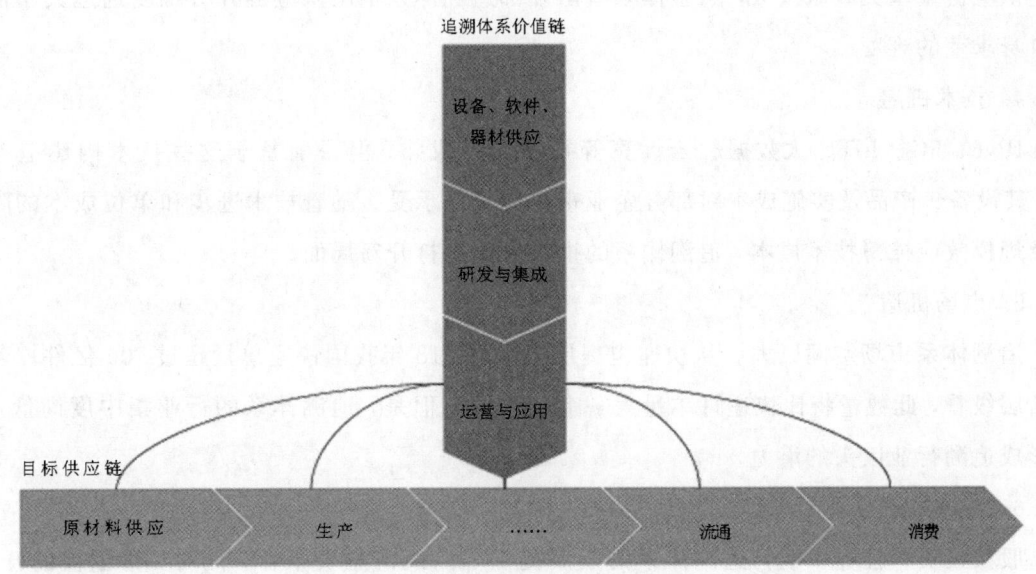

图 2-2 追溯体系价值链

追溯体系的价值链包括上游的元器件、设备、软件，中游的系统研发与系统集成和下游的运营与应用。

据《中国食品行业追溯体系发展报告 2017—2018》可知，中立运营的第三方追溯体系或平台较少，仅有的追溯平台运营情况差强人意，供应链落地难问题较为突出。

2.1.3 追溯体系面临的发展机遇

1. 社会机遇

近年来，食品药品安全事件给全社会造成了非常负面的影响。过期疫苗、不合格的食品……社会需求正在倒逼追溯体系建设。

2. 政策机遇

2011 年 10 月，商务部出台《关于"十二五"期间加快肉类蔬菜流通追溯体系建设的指导意见》；

2015 年 12 月，国务院办公厅出台《关于加快推进重要产品追溯体系建设的意见》；

2017 年 10 月，质检总局、商务部等十部门联合印发《关于开展重要产品追溯标准化工作的指导意见》。

国家政策对追溯体系的建设给予了紧锣密鼓的政策支持。

3. 行业机遇

供应链壁垒突破难度大,从整体来看由外部追溯体系推动供应链升级难度远远大于供应链自身求变的难度。

4. 技术机遇

IPv6、5G、IoT、大数据、云计算等技术均已成熟,但目前基于这些技术构建追溯体系,其设备、产品及实施成本对部分企业来说尚难以承受。随着技术进步和单位成本的降低以及规模效应摊薄技术成本,追溯体系的推广应用将打开新局面。

5. 市场机遇

追溯体系市场空间巨大。从快递包裹层级看,2018年我国快递总量超过500亿件;若从商品层级看,此数量将比快递订单量大一个数量级。但是,追溯体系的行业集中度尚低,存在形成追溯行业巨头的潜力。

6. 资本机遇

股权投资、证券市场为追溯体系的发展提供了广阔的融资平台,同时,科创板的开通,将进一步为追溯体系相关研发、建设、运营拓宽融资渠道。

2.2 追溯体系股市表现

2.2.1 追溯体系相关上市公司及其股市表现

截至目前,追溯体系相关的上市公司如表2-1所示。

表2-1 追溯体系相关上市公司清单

股票名称	上市板块	股票代码	上市时间	简介
天夏智慧	深证A	000662	199612	主营业务包括软件产品销售、系统集成建设与运营服务,包括智慧城管、智慧公安、智慧交通、智慧城市等软件平台开发和系统集成

续表

股票名称	上市板块	股票代码	上市时间	简介
农产品	深证A	000061	199701	主营农产品物流、食品批发业，和法国合作开发农产品二维码电子标签
厦门信达	深证A	000701	199702	主要经营光电业务和物联网业务，其物联网业务主要从事RFID电子标签、读写设备系列产品及安防视频监控产品的研发、制造及应用集成服务
华工科技	深证A	000988	200006	主营业务包括激光先进装备制造、传感器、光通信、激光全息防伪与材料和现代服务业务，其现代服务业务聚焦于食药农追溯信息化和智能制造信息化两大业务领域
新大陆	深证A	000997	200008	国内最早进入食品溯源领域的公司之一，食品溯源主要基于二维码和RFID两类技术
航天信息	上证A	600271	200307	公司与国家粮食局合作开发食物联网项目，承担了"基于RFID（射频识别）的区域粮食流通管理"，正向全国推广，试点城市有常州、无锡、巴彦淖尔、郑州等
远望谷	中小板	002161	200708	国内唯一一家以RFID业务为主业的上市公司，专业从事超高频RFID研究和发展，远望谷RFID技术优势明显，在畜牧业追溯和肉品质量安全追溯信息方面都有应用
劲嘉股份	中小板	002191	200712	主营业务为高端包装印刷品和包装材料的研究生产，主要产品有烟标、镭射膜等
达华智能	中小板	002512	201012	主要从事农业信息化及系统集成等，拓展基于RFID技术的农产品溯源、农业信息化服务等市场领域
久远银海	中小板	002777	201512	民生及军工信息化领域软件产品、运维服务、系统集成、互联网运营、大数据服务
银江股份	创业板	300020	200910	第二家中标试点城市食品溯源项目的上市公司，其宁波项目现在只面向肉类和蔬菜的溯源，后续会推广到海产品
中元股份	创业板	300018	200910	主营业务包括智能电网、医疗健康
易联众	创业板	300096	201007	公司拥有医疗卫生领域业务、公共服务业务、产业金融业务、大数据业务等业务

续表

股票名称	上市板块	股票代码	上市时间	简介
东富龙	创业板	300171	201102	为制药企业提供制药工艺、核心装备、系统工程整体解决方案的制药装备服务商
飞利信	创业板	300287	201202	大数据与人工智能业务、智慧城市业务、互联网教育
楚天科技	创业板	300358	201401	主营业务为水剂类制药装备的研发、设计、生产、销售和服务
信息发展	创业板	300469	201506	主要从事面向食品安全全程追溯、档案行业、政法行业等领域的信息化系统开发与服务,向客户提供规划咨询、软硬件产品开发、大数据和SaaS服务、系统集成以及运维服务等
优博讯	创业板	300531	201608	提供以智能移动终端为载体的行业智能移动信息化应用解决方案,协助物流快递、电子商务、零售、生产制造及金融等行业客户构建基于智能移动应用的实时信息采集、传输、追溯及业务管理平台

资料来源:根据相关资料整理。

追溯概念股有2010年之前上市的老企业,也有近几年上市的新企业。2010年之后上市的多在中小板、创业板。这些企业的追溯体系已涵盖了食品、药品、水产、肉类、蔬菜等领域。部分企业从事追溯体系IT研发,也不排除个别企业进行概念包装炒作。

以上公司的股市表现(2019年2月18日收盘数据)如表2—2所示。

表2—2 追溯体系相关上市公司股市表现

股票名称	上市板块	股票代码	上市时间	PETTM	PBMRQ	毛利率	净利率	ROE	负债率	总市值亿元
天夏智慧	深证A	000662	199612	12.2	1.09	49.58	31.69	2.40	18.29	63.84
农产品	深证A	000061	199701	151.9	1.86	39.42	5.76	0.99	66.21	91.81
厦门信达	深证A	000701	199702	69.9	0.78	2.34	0.19	1.30	76.77	25.41
华工科技	深证A	000988	200006	40.5	2.41	24.00	6.18	4.71	34.72	135.04
新大陆	深证A	000997	200008	28.5	3.08	28.73	12.00	9.32	50.64	169.15

续表

股票名称	上市板块	股票代码	上市时间	PETTM	PBMRQ	毛利率	净利率	ROE	负债率	总市值亿元
航天信息	上证A	600271	200307	37.7	4.89	16.24	6.74	8.24	37.88	501.58
远望谷	中小板	002161	200708	—	2.75	33.05	−30.41	−5.28	37.26	43.57
劲嘉股份	中小板	002191	200712	19.5	2.10	43.88	25.70	8.59	16.43	138.12
达华智能	中小板	002512	201012	—	2.03	9.90	−18.73	−16.25	62.54	51.48
久远银海	中小板	002777	201512	43.6	4.73	44.63	15.89	6.19	40.68	46.24
银江股份	创业板	300020	200910	162.0	1.40	25.95	0.64	0.38	45.60	47.15
中元股份	创业板	300018	200910	47.7	1.79	49.92	4.23	0.21	9.01	27.57
易联众	创业板	300096	201007	88.9	6.72	46.52	−2.53	−2.42	59.26	48.68
东富龙	创业板	300171	201102	55.2	1.43	31.54	5.23	2.18	31.87	44.49
飞利信	创业板	300287	201202	16.8	0.90	28.62	12.34	4.08	30.74	56.84
楚天科技	创业板	300358	201401	30.4	1.54	34.09	5.69	2.74	42.15	37.89
信息发展	创业板	300469	201506	57.8	5.30	40.82	1.31	1.72	66.59	23.70
优博讯	创业板	300531	201608	43.4	6.72	34.56	15.10	14.33	39.03	47.99

资料来源：根据相关资料整理。

整体来看，追溯概念股股市总市值为1600亿元（按2019年2月28日收盘价计算），市场整体规模尚可。由于大部分追溯概念股的主营业务并非追溯业务，因此，纯粹的追溯体系的市值规模将低于上市公司的总市值。同时，这些追溯概念股普遍存在净利率低、ROE低等现象，股市表现并不够理想。

2.2.2 追溯体系相关上市公司涉及的技术领域

根据追溯概念股财报，追溯体系涉及的技术领域包括：

- 硬件层：包括PC、数据、RFID、二维码、条码等。
- 网络层：包括4G、TCP/IP互联网、WSN、CDN、卫星通信等。
- 数据层：包括集中式大数据、分布式区块链、人工智能（AI）、商业智能（BI）、数据智能（DI）等。
- 应用层：包括云计算、MIS、边缘计算等。

随着5G技术的推进和人工智能（AI）、商业智能（BI）、数据智能（DI）的普及应用，追溯体系的建设和应用将取得新突破。

2.3 追溯体系在资本市场的表现

2.3.1 追溯体系股权投资整体情况

如图2-3所示，2018年追溯体系股权投资整体情况如下。

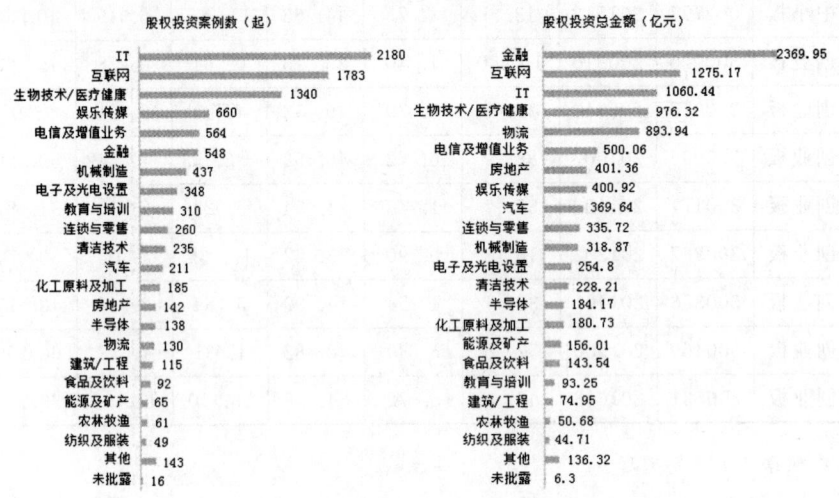

图2-3 2018年追溯体系上市公司股权投资统计

从资本市场看，IT、互联网、生物技术/医疗健康仍然是投资的热点领域。据清科研究中心统计，2018年全年，我国以上三大领域发生的股权投资共5303笔，占全年投资总笔数的53%。追溯体系以其特有属性，可以归入IT、互联网、生物技术/医疗健康等多个"赛道"，而且"骑手"云集，可以说追溯体系已经坐拥天时与地利。

2.3.2 典型投资案例分析

1. 案例一：北海石基对追溯云的1亿元股权投资

（1）投资方：北海石基信息技术有限公司（以下简称北海石基）

（2）融资方：上海中信信息发展股份有限公司子公司追溯云信息发展股份有限公司

（3）投资类型：股权投资

（4）投资金额：1亿元

(5) 投资内容：据公司公告，北海石基拟以 2000.00 万元的价格受让追溯云现有股东张曙华所持追溯云 300 万股股份，以 2250.00 万元的价格受让追溯云现有股东上海中信电子发展有限公司所持追溯云 337.51 万股股份；同时以 5750 万元的价格认购追溯云新增的注册资本 862.49 万元，其中，862.49 万元计入追溯云注册资本，剩余 4887.51 万元作为溢价进入追溯云资本公积。

(6) 投资价值：

①推动战略升级、加速行业整合

"追溯云"定位于食品安全第三方服务平台。以"让人人都能吃上安全、放心的食品"为使命，为政府、企业、消费者提供专业的区块链追溯、第三方 SaaS 服务、食品安全信用认证及大数据增值服务。

推动战略升级：基于此次合作，追溯云将加大区块链、大数据、人工智能等技术在食品安全追溯领域的研发应用，加快市场拓展、渠道建设以及品牌权威性建设，继续围绕"追溯＋"战略，推动食品安全信用、金融科技等衍生业务的快速全面落地。

加速行业整合：追溯云将基于整体战略发展目标，加速推进公司在第三方食品安全服务全产业链的布局与整合，推动公司在食品安全信用、第三方检测服务、生物芯片等领域的布局与合作，构建"信息技术＋生物技术"相结合的整体食品安全服务平台，打造成食品安全领域的"米其林"。

②发挥协同效应，实现资源整合

追溯云具备云计算、区块链、物联网、大数据等核心技术能力，着力于打造食品安全标准、食品安全信用体系，为企业、政府和消费者提供食用农产品全产业链追溯服务。

投资方北海石基是深交所上市公司北京中长石基信息技术股份有限公司（以下简称石基信息）的全资子公司。石基信息成立于 1998 年，经过近 20 年的发展，目前已成为中国酒店信息系统专业服务的领导者，也是餐饮与零售业领域主要信息系统服务商之一，其客户占据中国星级酒店或规模以上零售业超过 60% 的市场份额，在中国餐饮市场居优势地位。

追溯云与石基信息在业务上互为补充，通过此次合作，有助于追溯云在食品安全追溯领域的相关技术与石基信息在酒店、餐饮、零售等行业的应用。加快在大数据、区块链领域实现技术协同和产品应用，促进食品安全追溯领域信息技术的发展。

通过双方的紧密合作，打通整个酒店、餐饮零售等行业供应链的前后端，探索实现从农田到餐桌全流程管控，同时实现对供应链的优势资源进行资源整合，共同构筑"食安供应链生态圈"。

③增强经营实力,加速业务发展

通过本次引入战略投资者,追溯云在业务、资本等方面将获得战略投资者的全面支持,进一步增强其经营实力,加速业务的发展。

一句话总结:供应链主动出击拥抱追溯体系,易实现追溯体系供应链落地。

2. 案例二:创世资本等机构和个人对溯源链发起700万元天使投资

(1) 投资机构:创世资本、星耀资本、先知资本等机构和个人

(2) 融资方:北京诚品快拍物联网科技有限公司(新三板,快拍物联,835101)

(3) 投资类型:天使轮股权投资

(4) 投资日期:2018年2月21日

(5) 投资额:700万元

(6) 投资价值:搭建全球化区块链平台。公开资料显示,溯源链计划打造落地最快最广泛的溯源防伪区块链。基于以太坊协议的溯源链,继承了区块链分布式存储、记录数据不可篡改、加密隐私等特性,从算法层面为商品的信息流、物流和资金流提供透明机制,对于受假冒伪劣商品影响的"重灾区"行业有着很大的吸引力。这些领域包括医药、食品、化妆品、服装、农资产品、汽车农机配件、音像制品、软件电脑芯片等出现造假、侵权较多的行业。

然而,美好的愿望却遭遇骨感的现实:企业上链难、消费者扫码率低等。

一句话总结:资本寻求追溯体系技术突破,难以与供应链有效融合。

2.3.3 追溯体系领域投资障碍

实际考察追溯体系相关企业的融资情况发现:追溯体系领域的融资并不"火",初步判断可能是营利模式不完善、行业壁垒难突破、追溯体系的供应链附属地位难改变等阻力所导致的,这些因素导致有投资价值、成长性高、营利能力强的追溯"赤兔乌骓(追)马"尚未出现。随着以上问题的改进或突破,追溯体系的投资热度或将逐步升温。

2.4 追溯体系未来展望

2.4.1 产业互联网将为追溯体系建设夯实供应链基础

如图2-4所示,现有的追溯体系主要是商品从生产端出来到消费端,以商品为基本单位进行追溯。我们把商品到商品的追溯称之为追溯1.0,依赖的网络基础主要是人到人的互联

网。追溯1.0的缺点是：难以向上游延伸到生产环节，向下游深入到消费环节。因为其网络基础还不足以支撑实现这么大跨度的监控。未来的产业互联网，特别是基于物到物的产业互联网的出现、完善和成熟，将会使追溯体系监管跨度向上游向下游进一步延伸，最终实现追溯体系2.0。

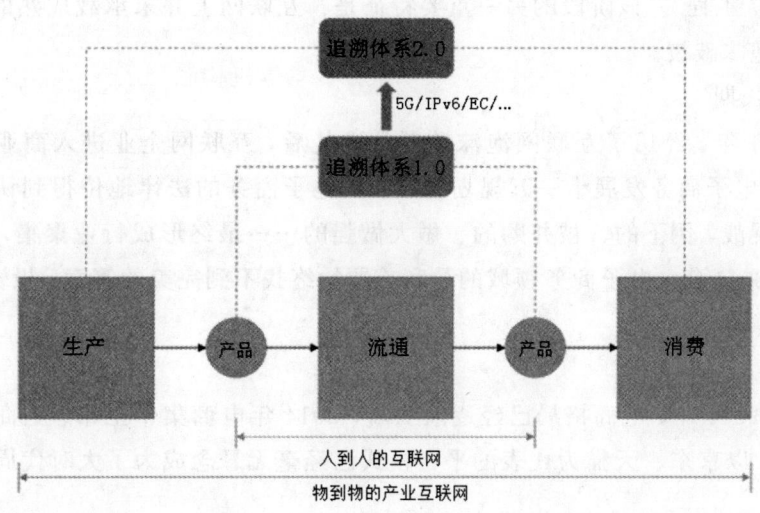

图2-4　追溯1.0向2.0升级

在追溯1.0向追溯2.0升级的过程中，预计将依赖的关键技术有5G、IPv6、边缘计算、大数据、云计算等。

2.4.2　第三方平台模式将是追溯体系发展的主流方向

如图2-5所示，借鉴互联网20多年的发展历程，对追溯体系未来发展做出初步判断。

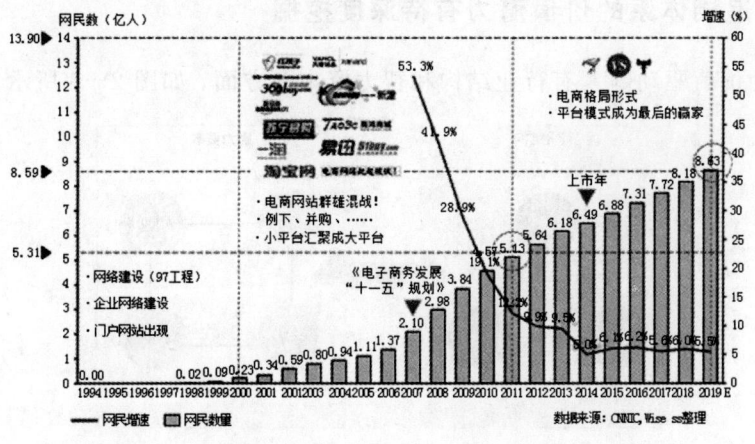

图2-5　互联网/电子商务第三方平台模式演变历程

1. 互联网建设的起点

1994 年，互联网建设以 CERNET 示范工程建设为起点。

2. 建设期

1994—2000 年，企业纷纷建设局域网、企业网站，电信运营商则建设 TCP/IP 网络，典型的工程如"97 工程"。该阶段的另一重要特征是：互联网上并未承载成熟的商业模式，最终导致互联网泡沫破裂。

3. 商业成长期

2001—2011 年，经历了互联网泡沫破裂的洗礼后，互联网企业进入商业成长期。直到 2007 年 6 月，《电子商务发展十一五规划》出台，电子商务的法律地位得到认可。在此阶段电商网站群雄混战，倒下的、被并购的、做大做强的……最终形成行业聚集，行业集中度越来越高。直到 2011 年，电子商务领域的盈利难题始终找不到完美的答案，投资趋冷，于是电商进入"资本寒冬"。

4. 成熟期

2011 年到 2014 年，电商格局已经逐渐明晰，2014 年电商集中上市，电商格局形成且趋于稳定。至此，以京东、天猫为代表的平台模式已经毫无悬念成为了大时代周期的赢家。

5. 稳定期

2014 年至今，这段时间电商整体格局稳定。

互联网的成长历程证明：企业单打独斗、关门做生意的模式有较大局限性，将制约企业规模的快速做大，开放才是硬道理。小平台模式必将走向聚集，行业集中度随竞争的深化将不断提高。最后的赢家是第三方中立的大型平台模式。

与互联网以及电子商务发展的历程相比较，追溯体系现在相当于处在互联网的 2000 年左右的时间点上。未来还有漫长的路要走，最终将走向第三方平台模式。

2.4.3 追溯体系的价值潜力有待深度挖掘

追溯体系的价值驱动因素有行业结构和智力资本两方面，如图 2-6 所示。

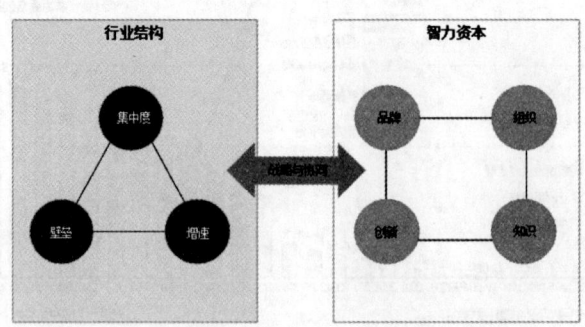

图 2-6 追溯体系价值驱动因素

在行业结构方面，随着行业集中度的形成、供应链壁垒的突破和行业增速的加快，追溯体系将得到越来越多的资本青睐。

在智力资本方面，追溯领域的企业应该重视对品牌、组织、创新以及知识相关价值的挖掘。

在资本、技术和供应链协同的共同推动下，追溯体系将迎来高速发展期。

3 基于追溯技术的产业链研究

3.1 追溯产业发展及现状

3.1.1 追溯概念及政策标准

追溯的概念目前已经深入人心,从技术层面来看,《ISO22005:2007 饲料和食品链的可追溯性体系设计与实施的通用原则和基本要求》中给出了受到国际标准和各国标准的认可的定义。追溯既包括从供应链的上游至下游跟随追溯单元运行路径的能力,也包括从供应链的下游至上游识别追溯单元来源的能力。追溯源于质量管理,当质量管理发展到一定程度或社会对产品质量要求达到一定程度时,才有了对追溯的要求,在 HACCP、GAP、IFS、ISO9000 等质量管理标准体系中都涉及追溯。

从追溯的技术应用来看,可以分为外部追溯和内部追溯两个方面。内部追溯是一个组织在自身业务操作范围内对追溯单元进行追踪和(或)溯源的行为,主要针对一个组织内部各环节的联系;外部追溯是对追溯单元从一个组织转到另一个组织时进行追踪和(或)溯源的行为,是供应链上组织间的协作行为。无论是外部追溯还是内部追溯,正在逐渐被政府、企业和消费者所认可和使用,向产业链的方向发展。从政府监管角度看,追溯可以提升政府的质量监管和食品安全治理能力,健全食品风险预警制度和召回制度,确保出现食品安全质量问题时,产品可召回、原因可查清、责任可追究,切实保障食品质量安全,履行政府责任。从企业的角度看,建立追溯体系,有助于帮助企业进行供应链可视化、产品鉴别和防伪等管理,提升食品安全管理水平;快速定位问题产品,精准召回,最大限度减少食品安全事件带来的负面影响和损失；支持市场营销策略，提高品牌竞争力；突破国际贸易壁垒，满足出口目标市场食品追溯法律法规要求，扩大国际市场。从消费者角度看，企业实施追溯可以提高消费透明度，满足消费者的知情权，提升消费信心。这也是实施追溯的目的。

国外发达国家高度重视食品追溯体系的建设。从 21 世纪初开始，欧盟、美国、加拿大、日本、澳大利亚、韩国等国家纷纷出台法规、标准，对追溯提出了明确要求。我国也出台了一系列的各级政策法规和标准，鼓励各个领域的信息追溯体系建设。国内外具有代表性的信息追溯政策、法规及标准如表 3-1 所示。

表 3-1 国内外信息追溯的政策、法规及标准

国家/地区	政策、法规及标准
中国	《食品安全法》《关于加快推进重要产品追溯体系建设的意见》《关于推动食品药品生产经营者完善追溯体系的意见》《关于推进重要进出口产品质量信息追溯体系建设的意见》《关于加快推进农产品质量安全追溯体系建设的意见》《关于开展重要产品追溯标准化工作的指导意见》
欧盟	(EC) No1760/2000《新牛肉标签法规》、(EC) No178/2002《食品安全法规》、(EC) No1830/2003《转基因食品和转基因饲料产品的可追溯性和标签法规》、(EU) No931/2011《动物源食品的追溯实施条例》、(EU) No208/2013《豆芽和用于生产豆芽的种子追溯实施条例》
美国	《生物反恐法案》《食品安全跟踪条例》
日本	《食品安全基本法》《国内牛肉可追溯导则》《关于米谷等交易信息的记录及产地信息传递的法律》

3.1.2 追溯产业技术发展及现状

可追溯系统的效率取决于在每一个操作和物流单元的追踪能力，从而使从初级生产直到消费者的整个过程能得到持续监测。可追溯性计划可以分为两类：物流追溯（它只跟踪产品的物理运动，并将食品作为一种普通商品）和定性追溯（与产品质量、消费者安全相关的额外信息，如预收获和收获后的操作、存储和物流条件等）。

特别是在追溯技术最为典型的食品供应链追溯领域，为了应对日益复杂的食品供应链，研究人员提出了很多食品供应链可追溯性框架和模型。

例如针对奶酪产品，一种基于产品识别、数据跟踪、产品路线以及可追溯性食品追溯工具的通用框架被开发出来。这种可追溯性系统，使用字母、数字代码和射频识别（RFID）来跟踪奶酪产品，并能够应用于可能的快速反应召回策略。该系统还允许用户通过在网站上输入代码查询所购买奶酪的产品历史。针对牛肉产品供应链，一个基于RFID的框架可用于从农场到屠宰满足全球标准的牛肉的追踪。将RFID用于识别个体牛的集成系统，以及对牛身份认证的生物识别标识（例如视网膜扫描）作为对耳朵标签丢失、可追溯性记录无法访问以及在某些情况下可能发生欺诈的解决方案。该框架还可以在ISO标准格式中使用RFID，可以将其转换为EPC数据结构，以方便使用全球网络来交换可追溯性数据。一种支持RFID的供应链跟踪系统被应用于活鱼的追溯。活鱼的完整供应链由水产养殖农场、检查人员、物流中心和餐馆组成。RFID标签被贴在每条活鱼上，并链接到活鱼供应链的各个阶段。为了保证活鱼的安全和增强消费者的信心，可追溯性信息被设计在一个基于网络的系统上，供农民和消费者使用。

新一代信息技术的发展使信息追溯领域很多新功能得以实现。这些新技术包括：先进的数据处理系统基于RFID和无线传感器网络（WSN），位置跟踪系统、全球定位系统（GPS）和决策支持系统使用智能软件代理等。例如，在食品召回领域的信息追溯应用，通过合理的预防措施，包括使用HACCP和RFID系统，可以减少产品召回。可追溯系统可以帮助确定缺陷产品的产生原因，并提前发现潜在的缺陷产品，进而减少召回成本。

随着消费者对食品供应链的信息需求越来越强，可追溯系统的功能和技术要求也越来越高。将来，可追溯性将成为一种新的质量指标和未来贸易的基础。客户购买和使用产品时对实时信息的需求也将增强，产品追溯信息将成为食品行业新的营销竞争优势。此外，智能手机的出现加速了时代的发展。通过使用智能手机扫描带有RFID或条形码标记的产品，使消费者在手中就能实现食品安全检查。今天的智能手机具有便携性、移动性、可上网性和应用软件支持，未来可以成为用于追踪的手持设备。消费者可以使用手机摄像头或嵌入式移动RFID阅读器扫描商店中的代码，这样他们就可以在自己的指尖找到产品的历史信息，并购买到安全优质的食品。他们甚至可以直接向农户提供反馈信息。

在不久的将来，RFID和基于传感器的系统将被广泛使用，不仅用于跟踪货物，而且用于监测产品和供应链本身的质量。这将有助于监测食品的变质情况，提高食品供应链的连续性。生物传感器将极有可能被用于各种用途，如真菌毒素的检测、过敏原和微生物污染等。

气相色谱和电子鼻等先进技术将越来越多地应用于食品质量管理领域。

互联网将有望成为实现食品可追溯性的重要工具。基于 Web 的可追溯系统将根据消费者身份识别系统的访问控制权限，实现产品到个人计算机和智能手机的可追溯性链。这将向消费者提供产品质量和安全状况的实时信息，并在产品质量和安全出现问题时允许快速召回。未来更大的趋势是智能手机与物联网的融合，智能手机等设备将成为传感器和 RFID 阅读器，使消费者能够以更详细的方式与真实世界的对象进行交互。

3.1.3 追溯产业存在问题

我国的信息追溯产业在促进监管方式创新、提升企业质量管理能力、保障消费安全等方面取得了积极成效，但同时也存在一些问题。

追溯法规制度不完善。国家层面欠缺全国统一的、覆盖全程的追溯法规。虽然新《食品安全法》在追溯制度立法方面取得了突破，但是对应的管理细则尚未颁布，在规范性和可操作性等方面还需要完善；追溯制度尚未形成一套完整体系，导致追溯工作开展缺乏强有力的法制保障。此外，产品生产销售的全国性和全球性，决定了可追溯制度是一项全国性的系统工程，需要国家统一管理和规划。而目前国家各个部委、各地方监管部门已建立了众多追溯系统，这种区域分割、各成一体的追溯制度存在难以共享信息、难以全程追踪、追溯成本高等问题，很难实现全国乃至全球的追溯。

追溯标准化程度低。我国产品追溯标准体系尚未形成。截至目前，虽然有关肉菜、果蔬、酒类、水产品、中药材等追溯标准（包含国标、地标、行标、团标等）已达近百项，但标准之间存在内容交叉、标准不统一、质量参差不齐等问题。标准体系重叠混乱，顶层设计和统筹管理不足，导致各类各层级标准尚未形成协调发展的局面，难以为追溯体系建设提供有效指导，亟须统筹规划。

追溯编码混乱。追溯标准化最大的问题是追溯编码不统一问题，这也是制约追溯系统互联互通的最大瓶颈。目前我国追溯工作存在管理部门多、平台多、种类多等诸多问题，各个部委乃至地方政府监管部门都各建追溯平台，采用不同的追溯编码，如质检总局采用商品条码开展产品追溯；全国多地食药监采用商品条码进行食品追溯监管；农业部采用 OID 编码开展农产品追溯；商务部采用自己制定的行业标准对肉菜、中药材和酒类进行追溯等。编码的不统一形成万"码"奔腾的混乱局面和一个个的"信息孤岛",导致系统互不兼容、追溯信息不能共享和互联互通,使得生产销售中各节点的追溯信息无法真正形成完整的追溯链条,实现全过程的追溯。另外,产品包装上多码并存,不仅使企业成本增加,还不利于追溯系统的互联互通,更让消费者无所适从。

追溯平台众多。近年来,我国相关部门、行业协会以及企业相继建立众多追溯系统,如商务部"肉类蔬菜流通追溯平台"、工信部"食品工业企业质量安全追溯平台"、农业部"农垦农产品质量追溯平台"和"国家农产品质量安全追溯信息平台"等,地方政府建立的地方追溯平台等,多头管理导致国内追溯各自为政,缺乏统一的管理和规划,重复建设严重。此外,这些平台在追溯编码、追溯精度、追溯模式等方面具有较大差异,有的平台侧重于责任主体的监管;有的侧重于产品的追溯监管,有的侧重于企业生产管理的监管。有的是追溯到产品批次,有的追溯到单品。企业面对各级政府部门不同的监管需求,在不同的无法互联互通的追溯平台上填报不同的追溯信息,导致无所适从。

追溯数据质量差。当前,我国存在追溯数据量少、数据质量差、数据关联性弱等问题。其形成原因主要有以下几方面:其一,我国生产、流通过程复杂,标准化程度低(特别对于农产品行业),产品品类多,经营主体规模小,技术水平低,产业化、标准化程度低,难以标准化作业和管理,分散的主体和经营对采集全面完整真实的追溯数据带来了巨大挑战,增加了追溯体系建设的成本和难度;其二,目前有关追溯数据的法律法规尚不完善,可追溯数据的录入主要凭借企业的自觉自律,数据质量难以保证。

追溯成本居高不下。追溯成本高昂是导致追溯很难实施的一个重要原因,追溯本身是复杂的,需要追溯系统的支持,需要采集各环节追溯信息,涉及企业采购、生产、销售、流通等各部门,涉及与上下游企业的沟通与协调,因此实施追溯会使企业人力、物力等成本增加。此外,各级政府部门,出于自身监管需要,要求企业填报追溯信息,而不同部委、不同地域的追溯平台由于无法实现互联互通,导致企业需要在多个追溯平台上重复填报追溯信息,给企业带来极大的负担。

企业积极性不理想。作为追溯的主体,企业参与的积极性不高,主要原因有:一是相关部门纷纷建立追溯平台,而且平台多,从监管角度出发,与企业内部经营管理和质量控制结合不紧密,在帮助企业优化供应链流程、提升经营管理水平、品牌提升等方面发挥的作用不大，短期内企业看不到效益；二是追溯系统可行性与可操作性差，追溯系统设计未充分考虑实际应用场景复杂性和需求多样性，满足不了企业个性化需求；三是缺少持续的运作模式，过于依赖政策资金推动，一旦没有政策资金支持，考虑到持续运营会增加企业成本，导致企业积极性不高；四是企业相关业务数据安全及商业秘密问题，追溯信息会涉及企业上下游供应链信息及企业经营数据等，如相关信息得不到保密，或多或少会对企业实际经营带来影响，从一定程度上降低企业的积极性；五是追溯数据价值尚未充分挖掘，缺乏统一的、方便的查询方式，导致追溯数据查询率较低，不能有效地发挥倒逼机制，从而影响企业的积极性。

3.2 追溯产业应用——药品行业

3.2.1 药品信息追溯现状

随着经济全球化的发展，药品供应链日趋复杂，安全问题日趋严峻。根据 WHO 的统计，假劣药品的销售量占全球药品总量的 10%；美国从 2005 年至 2010 年，其假劣药品销售额增长了 92%，达到 750 亿美元。从药品流通过程看，假劣药品主要是从供应商（原材料或部件）、生产制造商、批发商/分销商、第三方物流/运输商、药店、医疗服务机构提供者（医院、诊所），最终到达患者手中。药品盗窃、非法倒卖、缺陷产品召回等因素都对供应链的安全产生威胁，不仅影响了制药企业的利润、品牌信誉，最关键的是患者用药安全得不到保障。为此，世界各国监管部门相继出台了一系列政策法规，实施产品序列化、标准化监管，不断完善药品追溯制度，确保整个活动中各个接触点的可追溯性。

如表 3-2 所示，从 2015 年 1 月 1 日开始，处方药品供应链上的生产商、分装商、批发经销商需要对批产品进行详细的交易信息（TI）记录，记录详细的传递交易历史（TH），确保可以追溯到生产制造企业；除此以外，还需要提供 7 项交易声明（TS），企业需要对 TI、TH、TS 建立标准规范。从同年 7 月 1 日开始，供应链上的所有分销商（主要是针对药房）需要提供上述信息。

表3-2　FDA对于交易信息（TI）、交易历史（TH）和交易声明（TS）的具体规定

交易信息（TI）	交易历史（TH）	交易声明（TS）
•专有名称或产品名称 •产品的剂型和剂量 • NDC编号 •包装容器尺寸 •包装容器数量 •产品批号 •交易日期 •出货日期在交易日期后24小时以上，需要记录 •交易双方的姓名和地址	每笔交易的历史记录，可以追溯到生产制造企业的交易记录，可以以纸质或者电子形式保存记录	需要提供以下声明： •交易的客户符合DSCSA要求并被授权认证 •从符合DSCSA要求并被授权的供应商手中收到产品 •根据法律规定，收到产品供应之前所有人的交易信息和交易声明 •没有故意运送非法产品 •制定了符合法律规定的验证要求制度和流程 •没有故意提供虚假交易信息 •没有故意改变交易历史

注：数据来源为FDA的Overview of Product Tracing Requirements。

3.2.2 美国和欧盟药品追溯产业应用

药品追溯体系是通过记录产品的具体流通过程，比如位置、批号、生产日期等有效信息，使得流通中的药品可以被追踪。不同的学者和国际组织对于可追溯性的定义略有不同。Jansen-Vullers等认为，药品追溯性主要由4个要素组成：批次的完整性、批生产记录的重要数据、产品识别和过程链接、报告和数据归档。（Globe standard 1）国际物品编码协会对于医药行业可追溯性的定义：医药产品供应链中的活动都可以追溯，通过产品去追溯生产的最初过程、转移、位置的历史记录等。

对于产品的识别，主要是通过序列化管理来实现。序列化是指药品各级包装上唯一的标识码（序列号编码，即药品"身份"代码）。序列化主要包括4部分：国家药品编码（NDC）、序列号、批号和有效期，其中NDC和序列号组成了最多长达20个字符的标准化数

码标识（SNI），SNI 可以支持数十亿个不重复的产品序列号。企业可以将 SNI 与产品信息数据相关联，比如批号、有效期、交易历史等相关信息。SNI 还可以与全球贸易项目代码（GTIN）实现兼容，使用应用标识（AI）可创建出一个序列化的全球贸易项目代码（sGTIN），以适应药品全球化流通的需要。与此同时，在产品包装上，企业可以打印二维码作为信息携带，还可以在二维码里加入其他信息，比如批号和截止使用日期等。

根据 DSCSA 法案要求，供应链上各个环节的主体企业都应该针对产品建立一个可以确认、可以验证的体系，对于有潜在危险或非法的产品进行识别。例如，从制造商到批发商的交易如果是电子数据交换（EDI）格式，公司要把 EDI 信息以可调用的形态储存。当 FDA、联邦政府或州政府需要调查可疑产品、非法产品或者发生召回事件时，生产制造商、批发供应商和分包装商在接受调查要求后，必须在 1 个工作日或不超过 48 个小时内提供 TI、TH、TS 信息；药品分销商（主要是药店）需要在 2 个工作日内提供 3T 信息。

美国对于医药供应链的可追溯监管不仅侧重于交易信息的传递，对于供应链上所有的利益相关者也提出了门槛要求，必须经过联邦或者州的授权或者获得证书，其中生产制造商和分装商必须持有 FDA 的有效注册证明；批发经销商和第三方物流供应商必须持有州或联邦的授权证明，并且要向 FDA 递交年度报告；分销商需持有效的州证书。

随着"药物供应链安全法"（DSCSA）和相关计划的实施，美国确定了新的要求，旨在提高供应链中处方药物的可追溯性。DSCSA 法案更多地关注药品供应链中的每一步，已经能够做到处方药每批次 TI、TH、TS 可追溯，并计划用 10 年时间对于处方药追溯系统进行完善，于 2023 年实现产品最小包装可追溯，具体的计划安排见表 2。同时，FDA 对于执行 DSCSA 法案进行了多个试点，利用序列化的产品识别手段对产品进行跟踪验证，协调生产商、分装商、批发商和分销商，探索提高药品供应链安全的方法。

2011 年，欧盟通过 2011/62/EC 指令，又称反伪造药品指令（FMD）；2016 年，欧盟颁布 2016/161 指令《为人用药产品包装上的安全特征制定详细规则》，主要针对大部分处方药和一部分造假活动严重的非处方药，明确要求为欧盟境内流通的每一份药品建立"可供验证其真实性"的唯一标识，并建立一个欧盟国家通行的数据库，储存药品安全信息，并可以验证供应链上的产品信息。

欧盟和美国一样，对于产品各级包装进行了序列化管理，欧盟采用的是药品唯一标识码（UI），该编码符合 ISO 要求（ISO15418、ISO15434），主要包括 5 个部分，具体情况见图 3－1。

——产品编号：符合 ISO 15459标准，小于50个字符，全球范围内独一无二，申请代号为01；
——序列号：随机的不超过20个字符，申请代号为21；
——国家报销号（可选择）：申请代号为710；
——批号：申请代号为10；
——有效期：申请代号为17。

```
    产品编号              序列号              批号         有效期
(01) 09876543210982  (21) 122345ZRQF1234567890  (10)AIC2E3G4I5  (17)180531
```

图 3-1　药品唯一标识码图

药品的单盒包装上除了 UI 具体的 5 部分信息外，还印有二维码（数据矩阵），该二维码将携带完整的唯一标识信息（UI），根据《欧洲药品包装编码指南》的要求，二维码的编码结构必须符合 GSI 标准。

欧盟药品验证系统的主要特点是强制验证和自愿验证相结合，主要验证类型分为 3 种：生产端至药品发放端的验证、随机验证、基于风险分析的验证。生产端至药品发放端的验证系统属于强制性的，药品生产商必须在药品出厂前将储存药品信息的二维码印在每盒药品包装上。生产商要通过扫描二维码完成药品与序列号的相互关联，并将编码信息上传至国家级的药品验证信息数据库。此外，根据规定，应在包装上设置防篡改装置（ATD），当医院、药店给患者分发药品的时候，首先检查 ATD 的完整性，然后扫描印在每盒药品上的二维码，扫描信息将会发送至药品验证信息数据库；如果发现有相同的编码或该二维码信息不能在数据库中找到，将立即触发验证系统警戒。

欧盟各国依据国情建立的国家级药品验证信息数据库，需要将数据上传至欧盟数据库。在药品供应链的中间其他环节，涉及其他利益相关方，如批发商、第三方物流等，可以根据风险评估结果，自行决定是否对产品信息进行验证，如产品不是由生产或销售许可证的持有者直接提供（或由其他代表人提供），产品被其他经销商或药店退回等。

3.2.3　区块链在药品追溯中的应用

近年来，区块链（Blockchain）的研究与应用呈现爆发式增长，作为一种加密的分布式记账技术，被认为是继大型机、个人电脑、互联网、移动网络之后的第五次颠覆性计算范式创新，被评为未来十年间最有颠覆性的十大技术之一。

区块链主要具有下述 4 个特征：

(1) 分布式架构：区块链是在对等网络中，多节点共同维护的数据分类账，可以有效减少个别节点数据缺失或损坏的风险；

(2) 共识机制：区块链中节点的货品权属转移不需要经过数字身份认证，能有效保护隐私，采用共识形成算法，允许分类账间的关联信息保持同步；

(3) 去中心化、透明：区块链网络中各节点通过共识算法协调，任何节点都可以在区块链上进行信息传递和验证，并且按时间顺序在各节点上保留所有信息传递的历史记录；

(4) 不可篡改：区块链采用哈希函数及非对称加密技术，能够有效保护数据安全。

基于上述特征，将区块链应用在基于物联网的药品供应链中，理论上可再现药品供应链全过程，追溯到任一节点，并确保药品供应链中交易的真实性，减少假药或者劣药的危害。目前，已有许多企业试图将区块链应用在药品供应链中。例如，美国国立卫生研究院的Patrick Sylim 等开发了基于区块链平台的分布式应用程序（DApp），在受控网络中模拟了受监管机构管理下的药品流向。针对供应链中药品温湿度的实时监控，瑞士公司 Modum.ioAG 与苏黎世大学合作基于 SAP 的区块链平台推出了 MODsense 平台，所有仓储物流等信息都可供区块链平台中的用户查看。MediLedger 项目正是基于 DSCSA 法案的要求产生的，同时这也是美国首次将区块链技术应用于药品供应链的重点项目。2017 年，辉瑞制药和基因泰克公司联合，在摩根大通的区块链平台 Quorum 支持下，宣布推出 MediLedger 项目；区块链公司 Chronicled 和供应链咨询公司 LinkLab 取得了 MediLedger 的开发权。MediLedger 网络中除客户端应用外，还包括区块链节点、药企公共体、政府，如图 3-2 所示。其中区块链节点涉及制药公司、分销商、零售商及有资质的技术服务商。药企公共体在区块链网络中主要负责访问权限管理、节点运营商管理、客户端认证/软件版本管理、财务管理等。政府则负责确定软件标准、共同遵守和执行的业务规则，并做好对药企公共体的监督，持续审查和批准合约。MediLedger 的 2017 年度报告表明，该网络符合 DSCSA 法案的规定，可以实现药品可追溯中真实性和快速反馈。另外，MediLedger 中节点能容纳众多药品供应链上的独立实体，确保其数据分类账的隐私，保护敏感交易信息不被篡改，创建了公平的竞争环境。目前，MediLedger 正在进行退货药品验证项目的第二期测试，并将于 2019 年后期部署区块链应用商业化的相关事宜。MediLedger 的区块链网络设计思路涵盖了政府监管模块，对中国药品信息化追溯有借鉴作用。

区块链技术可能是未来药品供应链追溯的实现途径之一，然而目前还没有一个较为成熟的项目出现。此外，将区块链技术应用于中国药品信息化追溯体系建设中还将面临下述挑战：

(1) 政府法律法规的认可程度；
(2) 药品供应链中各环节共同参与程度；
(3) 企业的信息化能力；
(4) 区块链网络内在的欺诈行为；
(5) 产生技术性节点垄断等。

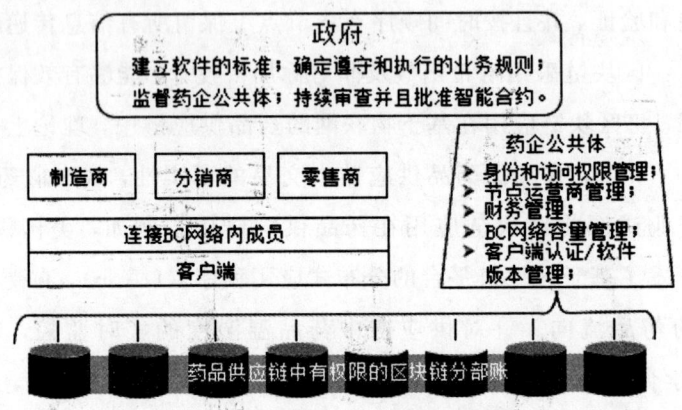

图 3-2　MediLedger BC 药品供应链网络结构

为解决中国药品信息化追溯中存在的问题，区块链技术具有巨大潜力。在国务院发布的《"十三五"国家信息化规划》中，明确指出要加强区块链研发并促进前沿布局，正式从国家战略层面肯定了区块链的技术与社会价值。但是，目前区块链技术在药品供应链中的应用还处于早期阶段，大多数基于区块链的药品追溯方案仍然是以白皮书，或仅有少数特定用户群的项目为代表的概念形式。然而，该领域发展十分迅速，我们预计在解决法律合规性、获得公众支持、排除技术和安全障碍等挑战后，区块链在未来药品信息化追溯体系中可能扮演重要角色。

4 食品追溯产业链研究

4.1 概述

4.1.1 关于追溯的概述

追溯是人们了解产品、事物"因果关系"的一个关键技术手段,追溯的根本目的是安全保障、责任界定。

在信息科技高度发达的今天,现代追溯采用的核心技术是唯一对象标识(当前也叫作对象码),这种技术被大家俗称为一物一码。追溯对象(物品、节点、责任人)间的唯一标识发生关联关系时,对其标识码、时间、行为的记录就是追溯的信息,在商品的全生命周期内的供应链上的每个节点发生的关系记录,就是商品的全生命周期的信息追溯。如图4-1所示。

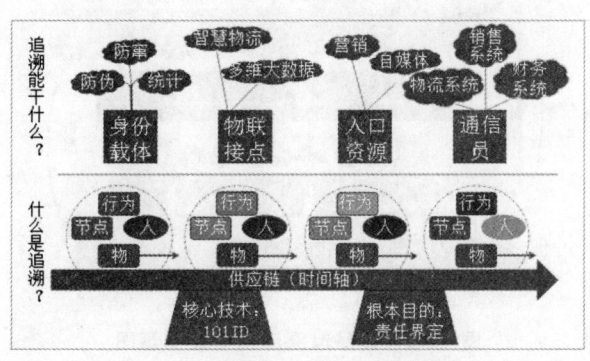

图4-1 现代追溯系统示意图

基于现代信息科技的追溯体系，在商品供应链的各个环节中为其提供了相应的技术支撑。以追溯体系为支撑的应用包括智能制造、流通管理、智慧物流、自媒体、多维度大数据分析、营销、数据翻译等。信息追溯正在成为供应链的一项基础服务。

4.1.2 食品追溯应用场景描述

食品安全问题是民生之本，食品从生产到流通的各个环节产生庞大的数据，如何对食品有效跟踪和追溯，是社会普遍重视的焦点问题。随着物联网技术产业的快速发展，自动识别技术、感知技术、海量数据存储与处理技术等追溯核心技术日渐成熟，能够保障追溯信息的采集、传输、智能化处理和综合应用，为食品追溯系统建设提供了有力的技术支撑。

物联网技术借助二维码识别设备、射频识别（RFID）装置、红外感应器、全球定位系统和激光扫描器等信息传感设备，把物品与互联网相连接，实现智能化识别、定位、跟踪、监控和管理。相较于传统的通过手工记录建立台账、通过肉眼识别物品、通过人工逐项校对检验的追溯模式，物联网技术可以使用信息化手段快速识别物体并准确采集、记录、传输、存储信息，极大地提高了追溯效率，减少了信息差错，使得追溯不再烦琐困难，企业也可以减少人工等投入，为企业参与追溯体系建设创造了良好条件。

如图4-2所示，通过追溯将各类海量的食品数据聚合起来，并通过数据融合将离散的数据需求聚合成数据长尾，将会为政府、食品相关企业的运营管理提供高效、稳定、专业的数据检索和建模分析服务，为食品安全监管、食品运营效率、风险和成本控制及行业经营决策提供直观、精确、实时的数据支撑。因此，已有越来越多的食品产业链中的相关企业参与到食品追溯体系建设和应用当中来。

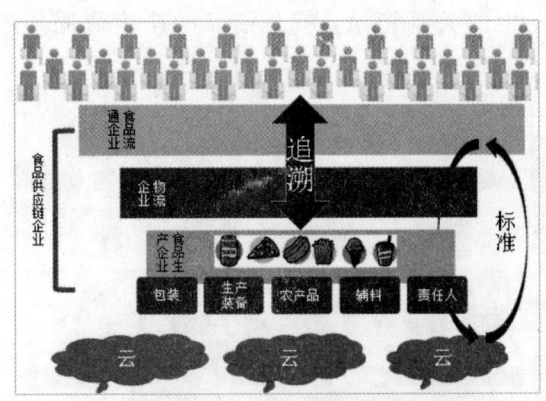

图4-2 食品追溯应用场景示意图

食品追溯体系的第一梯队用户为食品生产企业，其次为食品物流企业、食品商贸流通企业、食品供应链企业、金融机构、政府和广大消费者。

4.1.3 食品追溯产业链描述

追溯是多种技术的综合应用，食品追溯涉及机械、自动化、光学、无线电、传输、计算机、食品科学、包装材料、印刷等多门学科相关技术的综合应用，需要标准协同、专利保障、传输和大数据存储的支撑，需要供应链上下游的协同、共享。因此食品追溯产业链的上游企业为上述技术支撑的行业企业。

食品追溯产业链的中游企业主要是指依托上游支撑技术，针对下游企业的用户需求设计、开发、实施、运营追溯体系的系统服务商、集成商等。

食品追溯产业链的下游企业主要包括食品生产企业、食品供应链企业、物流企业、食品商贸流通企业等直接使用追溯体系的机构。

食品追溯产业链的周边企业还包括基于追溯大数据进行研究、分析的咨询机构、科研机构、供应链金融服务机构、知识产权服务机构、第三方数据服务机构等。

4.2 追溯行业分析

4.2.1 追溯行业概况

追溯体系早在我国古代时期就已经开始应用，皇帝、王公们的饮食是由哪里进贡的、谁经手的、什么时间做的、谁试吃的等都有严格的管理制度和详细记录，如图4-3所示。

图4-3 古代皇帝膳食追溯

随着科技、经济的发展，人民生活水平的整体提高，追溯体系逐步走入了老百姓的日常生活。从2008年北京奥运会的食品追溯为标志开始,到2018年底我国从事追溯相关业务的企业已经接近4000家(基础数据来源于企查查、天眼查,作者整理),其中包括上市公司、国有企业。

近年来大型食品龙头企业,如贵州茅台、五粮液、泸州老窖、盼盼食品、伊利集团、中粮集团等众多食品企业已经进行了多方面、多维度的食品追溯尝试应用。从整个行业来看,各类食品企业在与追溯供应商的支持配合下,追溯体系在食品供应链的多个方面取得了显著的成绩。以食品追溯为代表的追溯行业整体发展趋势较好,随着5G技术的普及、中国制造2025的到来,追溯行业将迎来新历史机遇。

4.2.2 追溯行业特征

1. 处于行业发展的初级阶段

经过近10年的政府引导、行业推广,追溯体系已经开始被食品、农产品、危化品、药品等重点领域的企业及广大消费者接受认可。追溯技术在食品、药品、危化品、农产品等行业取得了一定的成绩和实施经验,但是在行业普及、应用深度、标准协同等方面还有很大的上升空间,追溯体系处于行业发展的初级阶段。

2. 潜在市场规模巨大

我国潜在追溯市场规模巨大。以食品行业为例,我国各类食品生产相关企业约65.4万家,物流企业110.3万家,食品流通企业(含个体户)1797.5万家,食品供应链企业3.58万家(基础数据来源于企查查、天眼查,作者整理)。随着5G、智能制造、新零售、供应链、金融、大数据等新技术、新模式的应用和发展,以及人们对食品安全、消费体验的不断升级,都将为追溯提供巨大的应用市场。

3. 追溯专业供应商企业少

追溯属于新兴行业,到2018年底我国从事追溯相关业务的各类企业快速增长到近4000家。但是面对未来巨大的市场需求,当前追溯供应商企业数量相对较少,未来几年追溯企业应该会如雨后春笋般快速地涌现到市场当中。

4. 行业分工尚不清晰

由于新兴行业的缘故,追溯行业内各企业在产业链、市场分工上尚不清晰,出现了不少大而全、小而全的企业。追溯技术涉及专业领域较宽,一个企业从编码、赋码(制作标签、打码)、采集、数据处理,到各种相关应用的开发(如仓储系统、营销系统、预警系统、订单系统),与之配套的硬件以及系统运营维护等都在做,导致了企业的人力成本高、项目运营周期长、服务效果差、营利能力不足等问题。追溯行业内的产业链分工尚不清晰，需要通过市场竞争、标准协同去逐步完善企业间的市场分工。

5. 行业龙头还未出现

追溯行业经过近10年的发展，涌现出大量的企业和品牌，目前行业发展还处在百花齐放的阶段，尚未出现引领行业发展或市场占有率很高的企业或品牌。

6. 标准体系不完善

追溯行业的发展对标准的依赖程度很高。概念、方法的一致性理解，对象的识别、共享，数据的传输、共享，接口的标准化以及不同行业间的协同等，都需要标准体系的支撑。目前，面对百花齐放的市场竞争，相关标准管理机构也处于观望或者利益选择的状态，追溯标准体系需要一定的时间去逐步完善。

4.3 应用场景（产业）分析

4.3.1 食品加工业

4.3.1.1 行业概述

2014年之后，中国食品工业主动适应经济发展新常态，在刚性需求和消费升级的推动下稳中求进，由高速增长转向中高速增长。2014年食品工业发展速度由2013年的14.95%降低到7.33%；2015年和2016年维持在5.5%左右。2016年41623家规模以上食品工业企业主营业务收入11.97万亿元，同比增长5.4%，高出全部工业0.4个百分点，在制造业中占比居全国第一，达到10.4%。食品工业已经成为国民经济的第一大支柱产业和基础产业，在国民经济、食品安全、国民营养健康、推动供给侧结构性改革、促进一二三产业融合发展等方面扮演着举足轻重的角色。

4.3.1.2 发展趋势

1. 向安全、健康方向发展

2014年中国人均GDP达到7485美元，恩格尔系数31%，城乡居民对食品的消费已由生存型消费加速向健康型、享受型消费转变，由"吃饱、吃好"向"吃安全、吃营养、吃健康"转变。习近平总书记指出："没有全民健康，就没有全面小康。要把人民健康放在优先发展的战略地位。"2015年以来，党中央、国务院相继出台《健康中国2030规划纲要》《国民营养计划（2017—2030）》《中国食物与营养发展纲要（2014—2020）》等规划，对营养健康产业发展进行系统部署，绿色有机食品，低糖、低盐、低脂"三低"食品，方便食品，营养补充食品等营养健康食品发展迅速。

2. 向高效、智能制造方向发展

在产业结构上，绿色制造、智能制造能力大幅度提高，新旧动能转化加快，推动食品产业从注重数量增长向提质增效转变、从粗放增长向更加注重集约发展转变、从开放引进向更加注重自主创新转变、从高污染高消耗向更加注重保护环境和节约资源转变。

在产业形态上，工业云、大数据、互联网、物联网、智能机器人等新一代工业革命的技术在食品工业研发设计、生产制造、流通消费等领域深度应用，食品工业与教育、体育、文化、健康、养生、生态、科普、农业、医药、养老、社区与农村建设等行业深度融合。

4.3.2 物流业

4.3.2.1 行业概述

经过30多年发展，物流业已经成为国民经济的支柱产业和重要的现代服务业。2013年，中国物流市场规模首次超过美国，成为全球第一。2017年，全国社会物流总额达到252.8万亿元。2017年，全国铁路货物发送36.89亿吨，公路货运量368.69亿吨，水路货运量66.78亿吨，民航货邮运输量705.80万吨。全国铁路货物周转量26962.2亿吨公里，公路货物周转量66771.5亿吨公里，水路货物周转量98611.3亿吨公里，民航货物周转量243.5亿吨公里。规模以上港口货物吞吐量126.72亿吨，全国规模以上港口集装箱吞吐量为2.38亿TEU（标箱），全国规模以上快递服务企业业务量完成400.6亿件，快递日业务量突破10974万件。铁路货物发送量、铁路货物周转量、公路货运量、港口吞吐量、集装箱吞吐量、快递量均居世界第一，民航货运量居世界第二。

在规模快速扩大的同时，物流能力有很大提升。2017年，全国铁路营业里程达到12.7万公里，其中高速铁路运营里程达到2.5万公里，居世界第一位；全国公路总里程达到477.35万公里，其中高速公路通车里程13.65万公里，居世界第一；全国内河航道里程达到12.7万公里，其中高等级航道1.25万公里；全国规模以上港口万吨级泊位达2366个；全国民航机场达到229个。截至2016年底，全国营业性通用（常温）仓库面积达10亿平方米，各种类型的物流园区不断涌现。物流基础设施的大发展为物流能力的提升奠定了坚实的基础。

2018年，我国全年社会物流总额为283.1万亿元，同比增长6.4%，增幅较上年回落0.2个百分点。全年单位与居民物品物流总额7万亿元，可比增长22.8%，远高于社会物流总额平均增速。全年工业品物流总额256.8万亿元,占社会物流总额的90.7%,可比增长6.2%。2018年,全年社会物流总费用为13.3万亿元,同比增长9.8%,增速较上年提高0.7个百分点。

中国已经成为有全球影响力的物流大国和全球最大的物流市场。中国物流业规模虽大,但绩效并不理想。大而不强、全球连接能力弱、现代化程度不高,物流成本偏高、质量效益不佳,中高端、体系化、集约式物流服务与供应链服务等严重不足,传统运作模式难以为继等问题突出。"十三五"及未来更长时期,中国的工业化、信息化、市场化、城镇化、全球化、绿色化进程将深入推进,物流业发展的需求、技术供给、制度、资源环境以及国际格局会发生重大变化,要求中国物流业朝着安全、高效、便利、自动化、信息化、数字化、网络化、智能化、精细化、绿色化、全球化等方向发展。

4.3.2.2 发展趋势

1. 向智慧物流方向发展

物流互联网全面链接物流资源,推动物流"在线化"发展。2018年,全国动态监控货运车辆超过570万辆。菜鸟启动物流物联网(IoT)战略,推动物流数据化转型。物流大数据加快应用,顺丰联合多家公司成立供应链大数据平台,深度挖掘行业数据价值。物流无人技术逐步推广,部分城市开展无人驾驶货车道路测试,"无人机、无人车、无人仓、无人配送、无人码头"等创新应用走在世界前列。"语音助手、单证识别、深度学习"等人工智能技术得到应用,区块链技术应用在物流行业开始启动。物流企业"数字化"转型提速。提高流程可视化、操作自动化和决策智能化水平成为重点。"互联网+"物流促进"协同化"模式创新。无车承运试点企业取得积极成效,骨干物流信息平台加快发展,产业"平台化"趋势显现。以中国外运为代表的物流企业开启智慧物流战略,以全面数字化转型为基础开展运营模式、商业模式、组织模式的全方位重构,推出"运易通"等一批社会化物流平台,推动产业智慧化转型之路。越来越多的物流企业加入智慧物流行列,"数字驱动、协同共享"的产业生态体系逐步完善,产业互联网迎来快速发展期。

2. 经济规模与贸易扩张、结构转换与升级给物流业发展带来深刻影响

中国未来一二十年将成为世界第一大经济体,由此将成为物流需求增量和物流市场规模最大的国家。未来一二十年,中国将基本实现工业化,工业化推进过程中工业体系仍将有较大发展,大宗能源、原材料和主要商品的大规模运输方式和物流需求仍将旺盛。同时,产业结构将从"二、三、一"进入到"三、二、一"阶段,服务业和工业一道共同推动中国经济增长。产业结构的变化和逐步升级,生产方式的变化,将带来"短、小、轻、薄"商品以及

小批量、多频次、灵活多变的物流需求快速增加。2030年,中国将成为全球贸易巨人,中国与主要经济体、新兴经济体、发展中国家的贸易会进一步提升,中国的国际物流规模会有更大扩张。中国从中等收入国家迈向高收入国家,中产阶级规模的进一步扩大,广大居民消费的水平、心理、方式和结构的变化,要求物流发展更加注重服务质量、效率、品牌、特色、个性和体验,基于更高时间和空间价值的物流需求会越来越大。初步估计,2020年、2030年电子商务产生的日快递量将分别突破1亿件和2亿件。向工业化后期迈进将使综合物流成为时代潮流。

3. 供应链将会加快发展

供应链创新与应用,有利于加速产业融合,深化社会分工,提升产业集成和协同水平;有利于加强从生产到消费各个环节的有效对接,降低企业经营和交易成本,促进供需精准匹配和产业转型升级;也有利于交通物流企业更深更广地融入全球供给体系,成为推进"一带一路"建设落地,打造全球利益共同体和命运共同体的全新动能。2017年10月,国务院办公厅印发了《关于积极推进供应链创新与应用的指导意见》,部署供应链发展有关工作;十九大报告中又重点指出,要在现代供应链领域培育新增长点。中国物流业将加快向现代供应链发展的步伐。

4.3.3 食品流通业

4.3.3.1 行业概述

我国食品商贸流通业主要包括超市、农贸市场、电商销售平台、小卖部等业态。

超市在我国已有40多年的发展历史了,被广大消费者长期喜爱和关注。随着越来越多的泛"90后"开始组建家庭、拥有孩子,其成为主要的消费群体,用户体验、效率、食品安全、生鲜、一站式将成为超市未来的关键词。

过去简陋、粗放式的农贸市场正逐渐地从我们的城市中、周边消失,取而代之的是现代化、整洁、电子化的新式便民市场。追溯已经成为这些市场中的一种现象,未来还会有更多的想象空间。

从2012年开始至今,各家电商平台都投入巨资打造生鲜体系,食品安全、冷链、效率是电商平台发展包括生鲜产品在内的食品电商关键字。

京东、阿里抢线下终端。新零售、电商网络下沉……2017年阿里与三江购物、百联集团、高鑫零售、银泰商业达成合作;2017年腾讯与永辉超市联手开设"新零售"实验;2017年京东与沃尔玛、永辉超市合作零售体验店;2017年苏宁进军终端零售推出"苏先生"。阿里入局大润发,腾讯联手家乐福、华润万家……未来街边的各类小卖部将会逐步品牌化,成为某些平台、品牌的线下终端店。

4.3.3.2 发展趋势

无论是上述哪种类型的食品流通企业,未来都将会走向优化供应链、增强用户体验、信息化、安全可信的方向。

4.3.4 追溯大数据

4.3.4.1 行业概述

现在的社会是一个高速发展的社会,科技发达、信息流通,人们之间的交流越来越密切,生活也越来越方便,大数据就是这个高科技时代的产物。"大数据"是需要新处理模式才能具有更强的决策力、洞察发现力和流程优化能力来适应海量、高增长率和多样化的信息资产。追溯大数据是企业在日常经营中自然行成的结构化、半结构化大数据,经过专业研究分析后可用于企业决策、产品设计、市场规划、营销管理、供应链金融等多个方面,对企业发展起到事半功倍的效果。

4.3.4.2 发展趋势

随着追溯体系的进一步普及和升级,追溯大数据将成倍地增长。依托标准体系行成大量的、有价值的结构化、半结构化大数据。这些追溯大数据将会被行业越来越多地关注和加以应用。如:

1. 企业决策
2. 供应链优化
3. 营销管理
4. 市场规划
5. 供应链金融

……

4.4 技术支撑（产业）分析

4.4.1 标识

标识（zhi）是指记号、符号或标志物。用以标示，便于识别。在追溯体系中，标识是指为追溯对象赋予的唯一识别符号。目前常用的追溯标识手段有产品或包装物上直接赋码（激光、喷码等）和物理附着码（印刷码、RFID电子标签等），生物识别技术正在研究实验中。

1. 喷码

随着经济的迅速发展，国内对喷码机的需求越来越多，消费者对产品信息的标注和要求越来越高，一些法律法规也有相应的规范和管理。喷码技术作为标识及识别技术的一种，可用于喷印生产日期、批号、条形码及防伪标记、中文字样、商标图案，具有标识清晰、不易磨损、适合高速生产等优点，可应用于食品、饮料、酒类及医药、车辆等行业，对生产和管理具有促进和发展的作用，同时也会增加产品的附加值，树立产品形象，提高产品市场竞争力。国外品牌如美国伟迪捷公司、英国多米诺公司、法国依玛仕公司、日本日立公司等企业生产的喷码机已广泛应用于食品、饮料等行业。欧洲的喷码机市场在进入20世纪90年代以后便保持着每年15%～50%的年增长率，最近几年也保持着10%左右的高速发展水平，而中国近年来的喷码机市场年增长率也在30%左右。目前国内规模较大的喷码机公司有北京科诺华、北京金诺、上海镭德杰等，高校研究和企业自主研发将会为国产喷码技术的发展带来新的机遇。随着中国信息产业发展，中国的标识行业将会继续迅猛发展，喷码机的应用将会拓展到更多行业。

喷码技术效率高、成本低等优点为企业的发展和人们生活水平的提高带来很大方便，随着喷码技术的广泛应用、市场需求的不断提高和市场竞争的加剧，给喷码技术的发展既带来机遇也带来挑战，随着新产品、新技术的出现，当前喷码技术的发展主要有以下趋势：1) 操作简单，稳定可靠；2) 维护简单，运行成本低；3) 新技术、新材料的应用；4) 绿色环保。

2. 激光码

激光赋码技术相对于油墨赋码来说是一种更先进的技术。据调查，激光赋码技术近年的发展非常快，应用范围也越来越广。除了普通标识信息标注功能外，激光赋码技术的防伪功能较为显著。激光赋码设备在中国市场上发展迅猛。激光赋码设备正以其高速、高可靠性、运行成本低廉、安装操作简便和条码印制精密的特点而日益赢得广阔的市场。

激光赋码相对于喷墨赋码来说，喷印的字迹不可擦除，除非破坏产品的表面，这是激光赋码机的长处，激光赋码具有一定的防伪功能。

3. 可变信息印刷标签

可变信息印刷标签在物流、食品追溯、票证、奖券等领域已经有了大量的应用，技术成熟，产业链成熟、稳定。

可变信息标签不仅具备传统标签的功能，同时它还可以给每一件产品标示一些唯一的信息，用来跟踪每一件产品生产、管理、运输和流通。这些唯一的产品标示信息主要有产品的批号、序号、条码等。可变信息标签常用于前置赋码，与在线赋码的激光或喷码相比，其质量稳定、美观、有效存储信息量大、成本相对较高。

4. RFID 电子标签

射频标签是产品电子代码（EPC）的物理载体，附着于可跟踪的物品上，可全球流通并对其进行识别和读写。RFID（Radio Frequency Identification）技术作为构建"物联网"的关键技术近年来受到人们的关注。RFID 技术最早起源于英国，第二次世界大战中被用于辨别敌我飞机身份，20 世纪 60 年代开始商用。RFID 技术是一种自动识别技术，美国国防部规定 2005 年 1 月 1 日以后，所有军需物资都要使用 RFID 标签；美国食品与药品管理局（FDA）建议制药商从 2006 年起利用 RFID 跟踪造假的药品。Walmart、Metro 零售业应用 RFID 技术更是推动了 RFID 技术在全世界的应用热潮。RFID 技术应用分布在身份证件和门禁控制、供应链和库存跟踪、汽车收费、防盗、生产控制、资产管理等领域。

RFID 技术在食品追溯中有较好的应用，贵州茅台、五粮液在酒类防伪、追溯、物流管理中大量使用 RFID 技术，取得了较好的效果。

5. 生物识别

所谓生物识别技术，就是通过计算机与光学、声学、生物传感器和生物统计学原理等高科技手段密切结合，利用人体固有的生理特性（如指纹、脸相、虹膜等）和行为特征（如笔迹、声音、步态等）来进行个人身份的鉴定。生物识别技术比传统的身份鉴定方法更具安全性、保密性和方便性。生物特征识别技术具有不易遗忘、防伪性能好、不易伪造或被盗、随身"携带"和随时随地可用等优点。

每个追溯对象都有其唯一生物纹理特征，目前有一批科研人员正在研究将生物识别技术应用到追溯体系中。

4.4.2 传输

追溯的标识数据赋码、识别需要通过专属网络或互联网传输到指定位置。近几年来的通信网络技术服务行业市场规模稳步增长,数据显示,2010年中国通信网络技术服务行业市场规模已达664亿元,2012年中国通信网络技术服务行业市场规模突破1000亿元。2015年,中国通信网络技术服务行业市场规模增长至1914亿元,到了2016年中国通信网络技术服务行业市场规模超2000亿元,截止到2017年中国通信网络技术服务行业市场规模达到了2669亿元,同比增长16%。预计,未来5G的发展和普及会促使通信网络技术服务行业市场规模继续扩大。

4G时代,满足了人与人、人与物之间的通信需求;而5G时代,除了对用户体验速率、连接数密度、流量密度、时延、峰值速率、移动性等方面均提出更高要求之外,连接需求正在从人与人之间的通信扩展到人与物、物与物之间。万物互联将创造一个前所未有的万亿级新市场。

5G将大幅度推动我国追溯体系的快速发展。

4.4.3 安全

追溯技术的安全主要涉及编码体系知识产权风险、数据传输过程中的风险、追溯数据存储安全等方面的问题。

1. 编码安全

信息追溯对象的编码规则标准化是其追溯系统互联互通、追溯数据共享识别的基础,是其市场竞争力的前提保障。随着追溯体系的发展,编码的相关标准将被越来越多的系统使用,编码标准为追溯体系编码提供了基础和安全保障。

2. 身份安全

数字证书是网络世界中的身份证。可以在网络世界中为互不见面的用户建立安全可靠的信任关系,这种信任关系的建立则源于PKI/CA认证中心,构建安全的PKI/CA认证中心是至关重要的。数字证书是一个经证书授权中心数字签名的包含公开密钥拥有者信息以及公开密钥的文件。最简单的证书包含一个公开密钥、名称以及证书授权中心的数字签名。数字证书还有一个重要的特征就是只在特定的时间段内有效。

数字证书具有安全性、唯一性、方便性等特点。数字证书技术已经成熟,在银行、第三方支付、电子商务、电子合同等领域大量应用。数字证书可以为食品供应链中的信息追溯提供身份确认、数据保真等保障服务。

3. 存储安全

第三方专业云服务为数据存储提供安全可靠的存储环境，区块链为数据存储提供了进一步的技术保障。

4.4.4 存储

云计算（Cloud Computing）是分布式计算（Distributed Computing）、并行计算（Parallel Computing）、效用计算（Utility Computing）、网络存储技术（Network Storage Technologies）、虚拟化（Virtualization）、负载均衡（Load Balance）、热备份冗余（Hot Backup Redundancg）等传统计算机和网络技术发展融合的产物。

云计算特点如下：

1. 超大规模

"云"具有相当的规模，Google 云计算已经拥有 100 多万台服务器，Amazon、IBM、微软、Yahoo 等的"云"均拥有几十万台服务器。企业私有云一般拥有数百上千台服务器。"云"能赋予用户前所未有的计算能力。我国本土化的阿里云、腾讯云、百度云、金山云、华为云等规模巨大，专业实力强大。

2. 虚拟化

云计算支持用户在任意位置、使用各种终端获取应用服务。所请求的资源来自"云"，而不是固定的有形实体。应用在"云"中某处运行，但实际上用户无须了解也不用担心应用运行的具体位置。只需要一台笔记本或者一部手机，就可以通过网络服务来实现我们需要的一切，甚至包括超级计算这样的任务。

3. 高可靠性

"云"使用了数据多副本容错、计算节点同构可互换等措施来保障服务的高可靠性，使用云计算比使用本地计算机可靠。

4. 通用性

云计算不针对特定的应用，在"云"的支撑下可以构造出千变万化的应用，同一个"云"可以同时支撑不同的应用运行。

5. 高可扩展性

"云"的规模可以动态伸缩，满足应用和用户规模增长的需要。

6. 按需服务

"云"是一个庞大的资源池,你按需购买;云可以像自来水、电、煤气那样计费。

7. 使用成本较低

由于"云"的特殊容错措施可以采用极其廉价的节点来构成"云","云"的自动化集中式管理使大量企业无须负担日益高昂的数据中心管理成本,"云"的通用性使资源的利用率较之传统系统大幅提升,因此用户可以充分享受"云"的低成本优势,经常只要花费几百美元、几天时间就能完成以前需要数万美元、数月时间才能完成的任务。

4.5 总结

食品追溯体系发展势头良好,随着5G的普及信息追溯体系必将迎来新的跨越式发展。传统食品加工业、物流业、食品流通业的产品、服务、业务模式升级都需要信息追溯的支撑服务,用户基数大,潜在市场需求规模巨大。当前追溯专业技术服务商规模小、数量少、行业分工尚未形成、行业龙头尚未出现,食品追溯行业机会多、想象空间大。追溯大数据的应用需求已经初现端倪,随着食品追溯行业的快速发展,基于追溯大数据供应链金融服务、供应链优化咨询服务、产品设计服务等各类专业服务将接踵而来。

参考文献

[1] 张嘉伟. 基于大数据的食品追溯平台的设计与实现 [J]. 数字通信世界, 2019 (03): 146.

[2] 安晋静, 郑立荣. 基于物联网技术的食品质量安全追溯体系 [J]. 食品安全导刊, 2018 (03): 30.

[3] 樊留强, 惠延波. 喷码机的研究与应用 [J]. 电脑知识与技术, 2016 (24): 219-220.

本篇撰稿人：禚连春　北京维赛思咨询有限公司CEO、原京东集团战略投资总监
　　　　　　　郭炳晖　北京航空航天大学大数据与脑机智能高精尖中心研究员
　　　　　　　高海伟　中国副食流通协会食品安全与信息追溯分会秘书长

案例分享篇

5 大型啤酒行业全产业链追溯及数字营销生态体系建设案例

5.1 公司简介

北京爱创科技股份有限公司是一家国际化物联网企业,长期专注于医药医疗、食品快消等领域,基于食品、药品、快消品等传统产业环境下,以一物一码为核心,运用区块链、产业互联网等新型技术,以"云+管+端"为整体架构,为集团企业提供"全产业链+一站式"数字化服务。为每一件物品标识唯一"身份证"二维码,让每一件物品二维码都成为一个互联网入口。

产业链数字化应用从某一节点开始,向上下游价值链延伸,数字化信息贯穿全产业链各环节,通过物品标识唯一"身份证"定义数字化场景,形成人与人、人与物、人与企业等充分连接的全产业链数字化生态圈。为政府构建监管体系,打击假货建立信用社会,重构社会秩序;为产业链企业提供:数字化包装、数字化制造、数字化供应链、数字化门店、数字化营销、数字化服务等能力,提高数字化运营效率,降低成本、减少差错……为跨产业融合、精准营销、跨界营销等提供数字化综合服务。

爱创科技优势如下:

1. 技术优势

拥有100多项自主知识产权和40多项专利技术,AI人工智能图像识别技术、大数据并发处理技术(12万次/秒)等多项技术属中国首创,国际领先。

2. 客户资源优势

拥有 4000 多家药厂数据和过万家大型企业客户资源，挖掘企业产业链数据，对将来企业实现工业互联网的应用、精准营销、跨界营销及企业大数据服务具有重要价值。

3. 数字化商业模式

形成了"云＋管＋端"数字化商业模式，对客户形成了黏性和"长尾效应"，保证企业长期持续发展。

4. 领先的行业解决方案

在食品药品快消品行业形成了"业务专家＋架构专家＋服务专家"一体化的运作模式，树立了行业龙头典型案例，成为行业领先的标准化方案，可以不断复制到其他企业。

5. 团队优势

核心团队价值观高度一致，高素质高学历，经验丰富，极具创新能力、领导力和执行力。

6. 领先的企业管理体系

公司经历了创业板上市，各项管理体系规范化、制度化，建立了 IPD 和增量绩效管理体系，达到很高的内控管理水平，可支撑百亿规模企业的发展。

7. 服务优势

建立了全国性的营销、实施、服务体系，覆盖中国 30 多个城市，及时响应客户服务，满足客户的要求。

8. 市场地位和品牌优势

行业市场占有率居国内领先地位，为市场推广及各方合作树立了良好企业诚信和品牌价值。

5.2 技术方案主要内容

5.2.1 方案拟解决的问题

1. 啤酒产业在生产和营销方面有着自身诸多不足

随着互联网应用的不断升级完善，越来越多的快消品想要借助互联网思维，实现传统产业升级、转型。啤酒产业是我国最大快消品行业，在生产和营销方面有着自身诸多不足。

（1）企业内部：内控能力不足

①解决在较大价差下窜货销售的监管问题；

②解决兑奖管控,费用成本居高不下的问题;

③提出消费者激励与促销的更好办法,同时降低费用;

④实现数字营销(地域、场所、档次、时间、情境等)。

(2) 企业外部:渠道及营销监管不足

①掌控营销环节中的每个节点的流量、流速和流向;

②掌握渠道进销存情况,推动促销、营销策略准确落地;

③促销、营销的大量资金投入,对市场活动效果做出正确评估,掌握竞争态势,提升市场竞争能力。

传统的生产管控和营销模式,已经无法打通全产业链的数据衔接,不能为商品的市场营销情况进行数据分析,无法通过对消费行为和消费习惯的分析,实现对不同地区消费者人群的精准投放。为了在竞争激烈的市场环境下得以生存,啤酒行业就必须借助互联网手段进行产业升级。

2. 解决啤酒行业的管理痛点,促进产业升级

针对以上啤酒行业管理痛点,爱创一体化平台就是要紧跟并利用"互联网+"技术为快消品行业创造新机遇,完成啤酒行业的三个转变:第一,实现供应链管控从过去的数据断裂和缺失,向全程透明化和全程可链接转变;第二,实现溯源防窜工作从过去的高成本、事后被动补救方式,向低成本、常态化转变;第三,实现市场营销从过去的多层级、不精准,向直营化、数字化转变。从而解决啤酒行业管理难题和痛点,促进行业转型升级。

5.2.2 方案建设过程

北京爱创科技股份有限公司通过科技创新和实践摸索,逐步建设完善了"大型啤酒行业全产业链追溯及数字营销生态体系"平台,为啤酒行业融合"互联网+"提供了一体化信息管理平台和实操落地方案。该方案克服了以往啤酒行业使用的"一物一码"数字营销手段具有的易破坏、可复制等缺点。公司攻克多项技术瓶颈,在华润雪花啤酒建成国内第一条"一罐双码"听装啤酒全产业链追溯及数字营销工程,成功解决了啤酒企业渠道营销的痛点。其中,"一罐双码、明暗关联"技术满足了国内外啤酒生产线设计要求,实现12万听/小时啤酒赋码、采集关联和在线识别等功能,获得多项国家专利资质。欢乐扫数字营销平台可运用利益刺激、情感关联等互动方式,获取流量、粉丝及消费数据,落地消费促销、门店管理、会员搭建、流量应用、大数据分析等营销功能。除此以外,该成果的亮点还包括:纵向串联、横向关联,全线贯通。

1. 大型啤酒行业全产业链追溯及数字营销生态系统总体框架

爱创科技从2012年开始与华润雪花啤酒合作，建设实施大型啤酒行业全产业链追溯及数字营销生态系统，以二维码为入口，以一物一码（一物多码）为产品标识，通过纵向串联、横向关联，打通啤酒行业供应商、生产企业、渠道商、物流供配、终端、促销员等全部环节，实现全产业链的生态管控，以及市场营销活动的策划和落地执行。帮助啤酒企业掌握供应链环节状态、渠道销售量、库存、终端销售量，以及对促销活动效果的即时评估等，进而实现对销售费用的有效监控；利用物联网技术和互联网营销理念，借助微信红包、积分、商品互换、打折赠予、游戏娱乐、荣誉排名等手段，以快乐消费为引导，建立起啤酒产品与消费者、产品与企业、商品与商品之间的互动互通桥梁，逐步建设形成以快消品为核心、以消费者为原点的"互联网＋啤酒"产业生态圈。追溯生态系统及其内部逻辑结构如图5－1、图5－2所示。

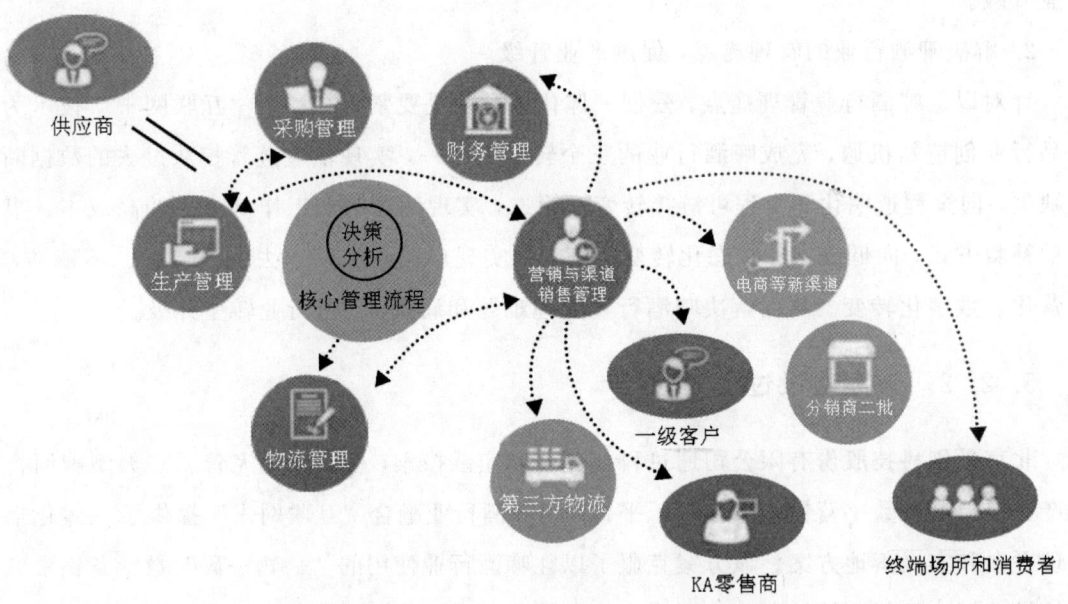

图5－1 大型啤酒行业全产业链追溯及数字营销生态系统

图5-2　全产业链追溯及数字营销生态系统逻辑关系图

2. 全产业链追溯及数字营销生态系统主要功能

爱创科技——大型啤酒行业全产业链追溯及数字营销生态系统具体功能如图5-3所示。

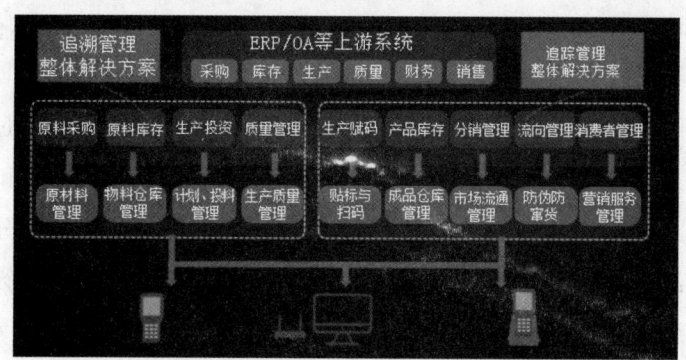

图5-3　全产业链追溯及数字营销生态系统主要功能

该系统以二维码为入口，创新利用物联网/互联网技术建设的一体化管理平台，共有五项大的功能点：防伪、防窜货、终端管控和激励、国家监管、供应链管控。

（1）发码

使用CDS（数据协同管理系统）在啤酒生产企业的上游，提供瓶码、箱码的编码标准制定，以及按需、按企业采购订单进行发码工作（永不重复的唯一编码）。

（2）制盖

在啤酒生产企业的上游制盖厂，进行皇冠盖、拉环的内外双码喷印刻写，同时"食品级油墨+油墨"与商品物理隔离，双重保证食品安全。内外码采用加密算法，确保数据安全。

（3）采集、关联

在啤酒生产企业产线进行实时采集,并建立瓶、层、箱、托多层包装层次关联关系;确保瓶盖和包装物的采集率不低于99%。

(4) 工厂入出库

与啤酒企业 ERP 建立接口,进行销售出库 PDA 扫描操作;按销售出库单关联啤酒流向、数量等追溯节点信息。

(5) 经销商核注核销

与供应链系统建立接口,使用 PDA 进行核注核销,完成经销商至终端的流向和数量信息采集。

(6) 防窜稽查

使用微信稽查公共账号,通过扫大箱、扫瓶内码、输入瓶盖明码等多种方式进行产品流向追查和防窜货稽查工作。

(7) 营销

以数字化奖盖回收、兑奖、红包、实物兑付、互动游戏、一店一策等营销模式,助力啤酒行业营销活动落地。

(8) 大数据统计分析(BI 展现)

根据生产、仓储、物流和营销环节定义主题分析及指标数据项目,通过直观的图表统计结合多维度分析,来展现各业务环节的分析统计数据,按不同粗细粒度和维度进行挖掘钻取,给不同监管部门提供决策辅助数据增值服务。这部分属于定制研发部分。

基于食品、快消品(包含啤酒)产业环境下,爱创科技——大型啤酒行业全产业链追溯及数字营销生态系统充分运用区块链、大数据、云计算、二维码等新型技术,以"云+管+端"为整体架构,提供全产业链追溯一站式生态数据服务。爱创云整体框架如图 5-4 所示。

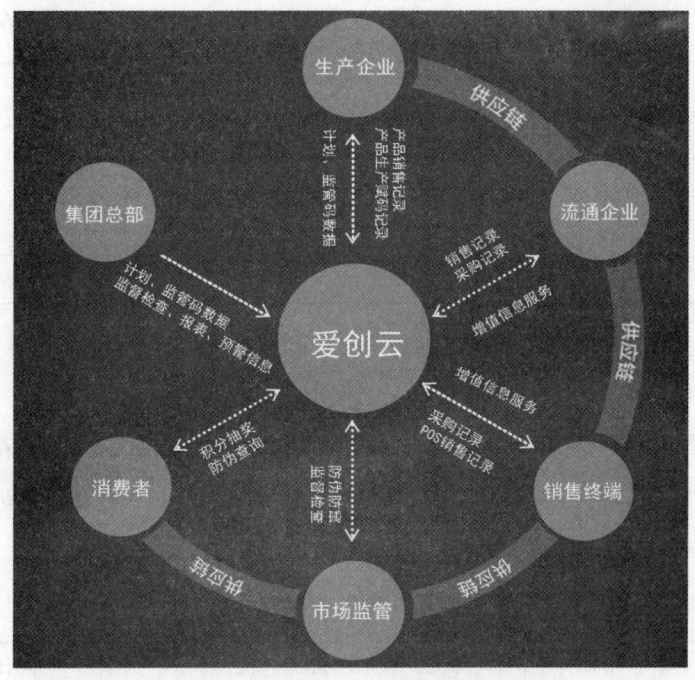

图 5-4 爱创云整体框架图

通过提供全产业链追溯云服务，从产业链某一节点开始向上下游价值链延伸，一物一码信息贯穿全产业链各环节，形成人与人、人与物、人与企业等充分连接的生态圈。为政府构建监管体系，打击假货、建立信用社会，重构社会秩序；为啤酒全产业链企业提供生态管控能力，提高运营效率、降低成本，减少跑冒滴漏带来的管理缺失；为跨产业融合、精准营销、跨界营销等提供数据服务。

5.3 技术实施效果

5.3.1 效益指标分析

1. 通过打击防窜货节约成本

以沈阳大区雪花干啤 500ml×12C 单店单议每箱最高最低政策差异 8 元为例，2016 年 3 月在沈阳大区雪花干啤 500ml×12C 产品上节约费用大约为 368864 元。2016 年 3 月用于 TTS 技术的费用为 10 万元（瓶盖采购），由此可得出，仅 2016 年 3 月在沈阳大区销售的雪花干啤 500ml×12C 一种产品，就为辽宁区域公司节省了 26 万余元的销售费用。如表 5-1 所示。

表 5-1 雪花干啤 12C 防窜货产品销量分析

大区（产品）	2016年3月销量	2015年3月销量	同比增幅	与大区间比增幅差	2016年2月销量	环比增幅	与大区环比增幅差
沈阳大区90个TTS经销商总计	345120	370435	-6.83%	-13.36%	302450	14.11%	-3.36%
大区总计	609825	572435	6.53%		519122	17.47%	

2. 通过打击防窜货保护经销商利益

从 TTS 项目中获益的还包括窜货的"受害者"：由于沈阳工厂上线雪花干啤 500ml×12 无奖防窜货产品，从根本上控制了外区域向新民地区产品流动的现象，使新民当地经销商销量显著上升，如表 5-2 所示。

表 5-2 新民地区雪花干啤 500ml×12 无奖产品销量对比

2015年3月销量（箱）	2016年3月销量（箱）	同比增幅
6400	14400	125%

辽宁区域公司上线 TTS 项目以来，同新民地区相同的案例不在少数。除此之外，还有更多无法估计的收益，例如兴城大区、锦州大区向秦皇岛地区的窜货情况得到了控制等。所以，TTS 为辽宁区域公司带来收益的同时，更使得周边地区获益，从另一方面也体现了华润雪花啤酒作为一个负责任企业的担当。

5.3.2 对创新模式的影响

1. 供应链实现全流程透明化管理

（1）扫描唯一身份证条码，了解各环节库存、货龄及销量；

（2）跟踪到每一瓶、每一箱、每一个托盘、每一批次；

（3）可及时了解每次活动后的营销变化；

（4）及时了解每个渠道商、区域、时间段的销售情况；

（5）提供了营销管控、发现窜货假货的新手段；

（6）解决了瓶盖前置投奖带来的奖盖制作，需要混盖、需要均匀、需要保存、中奖瓶盖被盗取、瓶盖物流存储管理难度大和废盖处理带来的浪费问题。

2. 数字营销、有的放矢

改变原来按整个包装物（如整批皇冠盖）批次与一个营销活动绑定的模式，可按实际生产批次、销售出单、地域进行精准激活及绑定营销策略。以数字化奖盖回收、兑奖、红包、实物兑付、互动游戏、一店一策等营销模式，助力啤酒行业营销活动落地。

3. 兑付方式的革命

(1) 数字化兑付，杜绝假盖、重复兑换等问题；

(2) 消费者直接兑付；

(3) 终端兑付；

(4) 奖品包及其兑现；

(5) 可以实现虚拟物品兑换（跨行业绑定）。

5.4 技术应用及未来发展规划

5.4.1 技术应用

1. 标识方案严谨完善

采用爱创科技自行研发的刻码平台，配合具有多项发明专利的辅助机构，可实现在瓶盖内外侧赋码高速的生产，内码喷墨，外码激光，喷刻清晰稳定。

2. 满足全品类包装和产线形式

支持三维裹包机、抓箱机、塑料周转箱和听装等全品类包装形式产品的赋码方案，满足全品类包装形式产品的生产内控和数字营销需求，且均有建设完成的实际案例。

3. 一线多品方案

采用自主专利技术，满足一条产线可识读采集不同品类的瓶盖，攻克行业技术难点。在切换啤酒品类（即切换瓶盖）时采集设备无须更换和调整，同时保证各种产品瓶盖识读率不低于99%。实现"一线多品情况"对产线不做改动，不给操作工增加工作量，从而确保了工作效率和计划产能。

4. 产品功能设计

基于完善的产品化平台功能，准确把握用户通用需求与个性化需求的完美结合，打造用户最佳体验的系统功能。一切从需求和体验出发，加强接口研发和便捷性操作的改进和完善，让用户体验到不仅仅有监管，更有便捷、效率和监管能力的提升。

5. 数据安全

通过全过程加密、封闭式管理的技术手段，实现了啤酒生产、营销数据的全过程安全管控。一方面，使用爱创自主研发的CDS（数据协同管理系统），将包材供应商、制盖厂、设备供应商、软件集成服务商和啤酒生产企业等聚合在一起搭建一个全封闭的数据管道，数据流转全过程加密、防盗取，且在流转过程中操作人员接触不到数据，从而保证了数据安全；另一方面，二维码营销数据从云安全、准确激活、防攻击、防篡改和营销策略一箱多锁等方面进行了数据安全管控，确保企业用户安全开展二维码市场营销活动。

6. 自动化工艺标准

通过不断地总结和完善，爱创广州工厂逐步实现啤酒行业项目的全过程机加工艺标准化。包含支架、保护罩、工控机柜、配电箱等设备都已经形成标准加工和现场安装实施规范，确保了设备牢固稳定和维护简单方便的同时，大大缩短了安装实施周期，增强了项目的快速复制能力。

5.4.2 未来发展规划

1. 利用区块链技术提高追溯平台的公信力

本系统已经建设为一体化综合管理体系，在质量追溯的技术采用上可以考虑应用区块链技术来提高追溯体系的公信力。通俗一点地说，区块链是一个收录所有历史交易的总账，每个区块中包含若干笔交易记录。如果说区块链是账本，那么区块就是账本的每一页。交易的细节都被记录在一个网络里任何人都可以看得到的公开账簿上。具体特征和优点如下：

（1）去中心化

由于使用分布式核算和存储，不存在中心化的硬件或管理机构，任意节点的权利和义务都是均等的，系统中的数据块由整个系统中具有维护功能的节点来共同维护。

（2）开放性

系统是开放的，除了交易各方的私有信息被加密外，区块链的数据对所有人公开，任何人都可以通过公开的接口查询区块链数据和开发相关应用，因此整个系统信息高度透明。

（3）自治性

区块链采用基于协商一致的规范和协议（比如一套公开透明的算法）使得整个系统中的所有节点能够在去信任的环境中自由安全地交换数据，使得对"人"的信任改成了对机器的信任，任何人为的干预不起作用。

（4）信息不可篡改

一旦信息经过验证并添加至区块链,就会永久地存储起来,除非能够同时控制住系统中超过51%的节点,否则单个节点上对数据库的修改是无效的,因此区块链的数据稳定性和可靠性极高。

(5) 匿名性

由于节点之间的交换遵循固定的算法,其数据交互是无须信任的(区块链中的程序规则会自行判断活动是否有效),因此交易双方无须通过公开身份的方式让对方对自己产生信任,对信用的累积非常有帮助。

2. 物流信息化建议

本系统将会运用现代信息技术对物流过程信息进行采集、分类、传递、汇总、识别、跟踪、查询等一系列数据处理,以实现对货物流动过程的控制,从而降低成本、提高效益。旨在通过物流信息化以最小的成本带来最大的效益,逐步完善分销、配送网络服务体系,完善系列产品线和增值数据服务,来满足更大的市场需求。物流信息化建设包括两大内容:第一,依据现行物流信息化规划和相应的法规和制度,指定平台的标准和服务规范(即数据采集、管理和输出规范),平台将采用关键技术的研发和应用模式的探索,以及通信、网络等基础设施建设;第二,建设资源共享服务的信息平台。具有整合供应链各环节物流信息、物流监管、物流技术和设备等资源,面向社会用户提供信息服务、管理服务、技术服务和交易服务。

6 中钞区块链食品防伪溯源平台

6.1 公司简介

中钞信用卡产业发展有限公司杭州区块链技术研究院（以下简称中钞区块链技术研究院）是中国印钞造币总公司下属单位的科研机构，作为国内金融领域最早研究区块链技术的单位之一，对分布式账本、密码学、云计算和大数据等技术持续深入研究，积极跟踪研究数字货币相关核心技术，致力于推动区块链技术落地金融应用及社会各领域的创新应用。截至2018年底申请区块链相关发明技术专利数量在全国名列前茅。公司主要研究方向如下：

1. 法定数字货币技术研究

配合央行开展密码学、钱包技术、支付清算技术等数字货币相关核心技术的研究，探索全新的支付体系架构。

2. 人民币数字化服务

在中国人民银行建设数字央行的大背景下，基于区块链技术和大数据技术掌控现金流在银行业金融机构中的运转轨迹，促进金融行业创新发展。

3. 区块链创新应用

络谱区块链登记开放平台是中钞区块链技术研究院基于在区块链领域的多年技术研究成果推出的区块链开放登记平台。这也是国内首个基于区块链技术打造的数字世界新型协作生态环境，面向社会各行业应用提供基础平台与增值服务。络谱通过联合各合作方对数字身份、可信数据、数字凭证进行可信登记，向调用这些信息的第三方提供存在性、完整性、身份、时间戳、数据关系和凭证登记等信息。（本技术案例以络谱技术成果及中国印钞造币总

公司防伪技术积累为依托，有坚实的理论和应用基础）

6.2 技术方案主要内容

6.2.1 技术方案总体目标

区块链作为一种全新方案体系，是金融科技领域热点之一。它采用的具体技术包括密码学、共识协议、博弈论、数据存储、P2P通信等，是多种已有技术的创新融合。新技术与金融业务交叉渗透，需要深度融合才能防范复杂多变的潜在风险。中钞区块链技术研究院针对食品行业应用现有的架构体系和业务流程，对区块链底层、应用层多个核心技术点进行了深入研究。

本技术方案的目标是以区块链技术为核心，基于食品防伪溯源业务，建设中钞区块链食品防伪溯源平台（以下简称平台），总体目标如下：

（1）实现数据在平台上采集、数据存证生成、存储、认证等，保证数据的合法性、防伪性、追溯的时效性等；

（2）实现平台参与方可将信息和凭证进行跨机构认证和流转，实现互信协作；

（3）实现监管机构能对信息数据进行调取和验证，无须担心平台方、参与方隐瞒或者伪造业务数据；

（4）实现操作简单但数据完备的平台接入方式，使参与方可以在实时获得全量区块数据的同时透过中间件进行简单的接口调用，实现本地业务。

6.2.2 技术方案总体架构

为了实现上述目标，公司构建了如图6-1所示的总体架构。

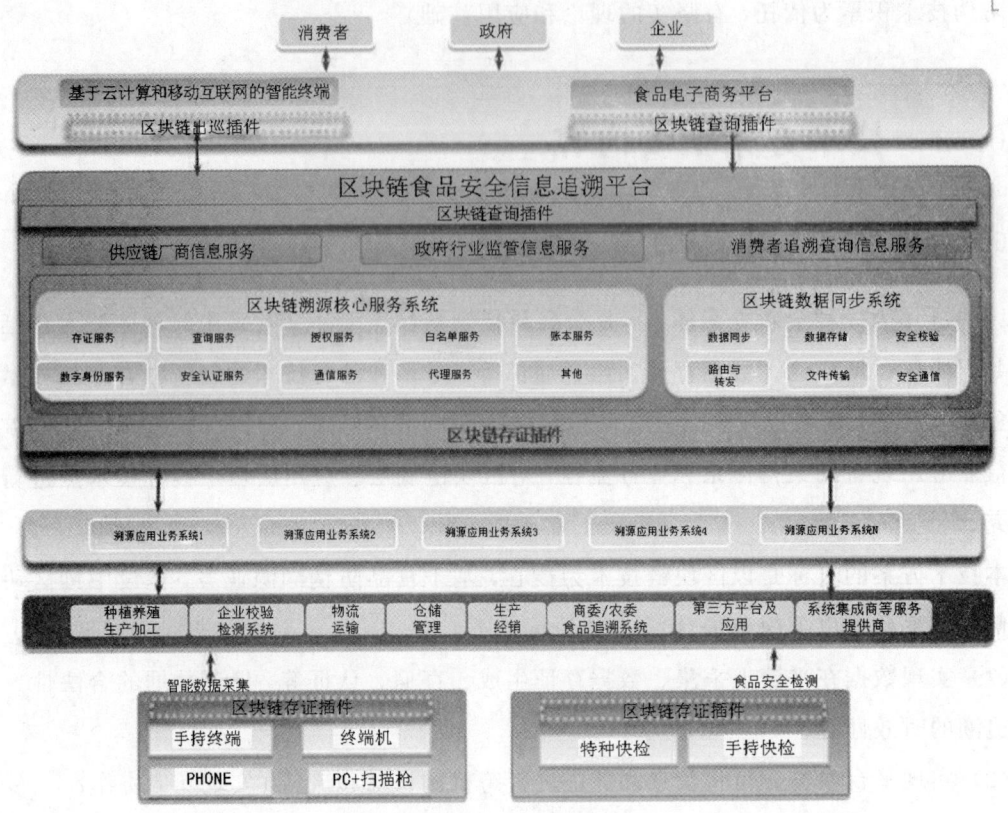

图 6-1 总体架构

本平台包括：区块链可信核心系统、数据同步系统、溯源应用业务系统、区块链插件服务系统。

1. 区块链可信核心系统

区块链可信核心系统主要包括核心服务以及中间件服务两部分，核心服务主要包括**数字身份、溯源数据可信记录、存证、查询**等，保障溯源数据的产生时间确定、**数据内容未被篡改、具有法律效力**。中间件服务主要包括与平台系统连接开展业务的中间件，服务于**区块链存证业务的区块链存证插件**，以及其他用户管理、数据处理等功能模块。

区块链核心服务系统以底层许可链为核心，联合平台接入的参与方对数字身份、溯源数据进行可信记录和存证，为企业、监管部门、消费者用户提供可查询、可验证、可监督、可追溯、不可篡改的溯源信息存证和查询服务。

该系统提供接口和组件用以溯源信息的存证与查询验证。不仅包括存证与查询验证业务，还包括区块链上的各要素之间实施互动的服务，如身份与数据相互关系的认证与写入授权。其技术原理框架如图 6-2 所示。

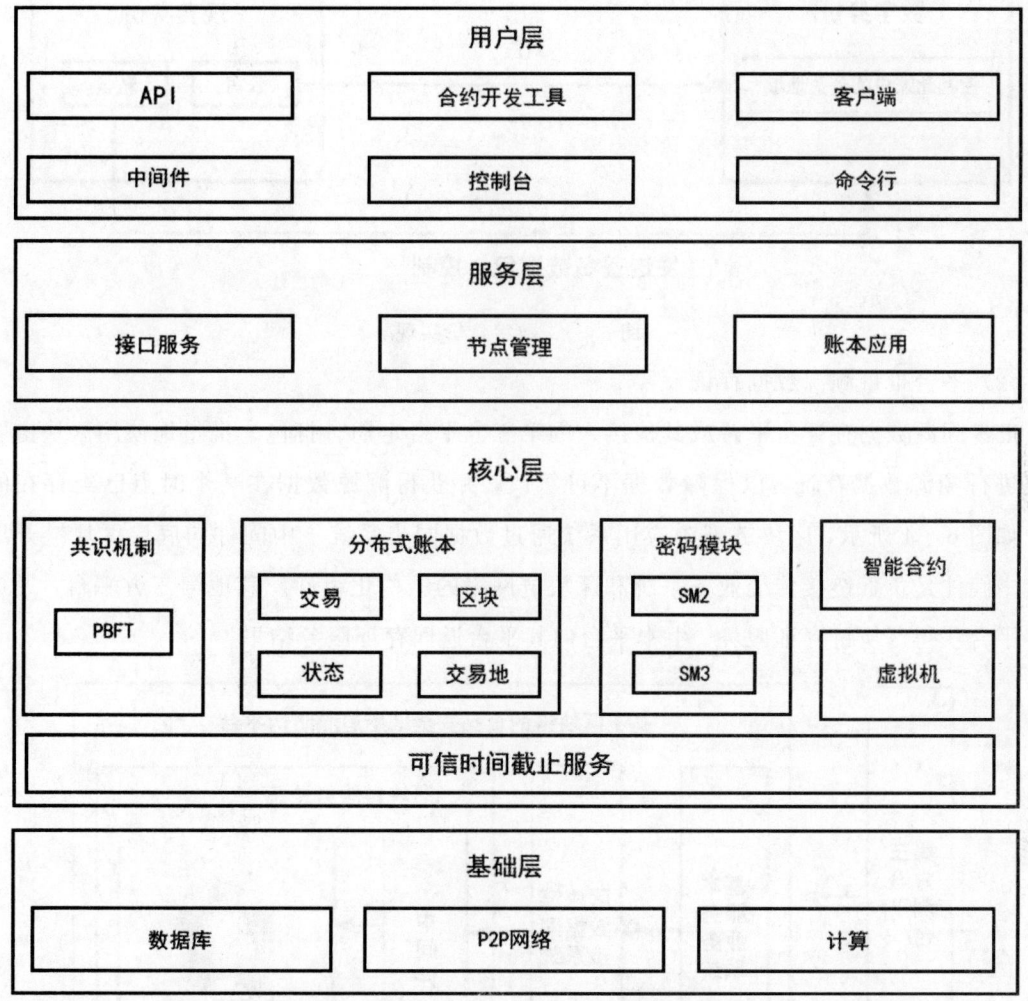

图 6-2 区块链核心服务技术原理框架

（1）数字身份认证

数字身份在平台上是一个状态对象，记录了数字身份上传的数据信息，是数据来源可追溯的基础。

区块链核心服务系统中数字身份受到实体的控制，通过一对公私钥来确定。私钥由实体自己保存，代表调用数字身份的权利。以发送由私钥签名的签名数据包到数字身份的方式，实现对数字身份的控制和操作，保证了外部账户对数字身份的唯一控制，如图 6-3 所示。

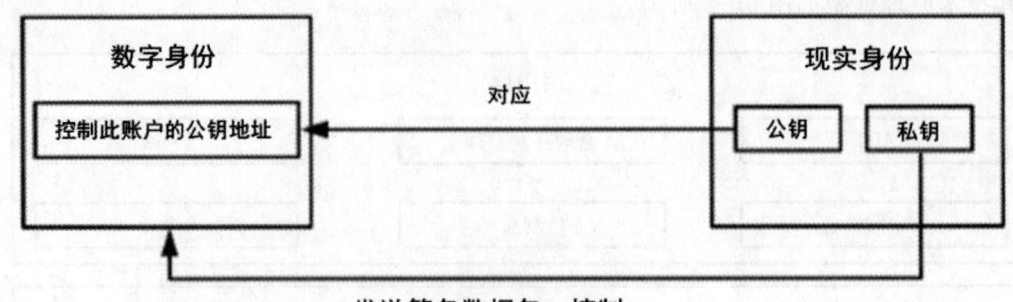

图6-3 数字身份实现

(2) 平台批量溯源数据存证

批量溯源数据存证指平台或其他接入的第三方平台定期、打包、批量地使用区块链服务系统进行溯源数据存证，以保障数据不可篡改，并获得溯源数据在某个时点已经存在的证明。如图6-4所示，区块链溯源应用系统通过数据同步系统、中间件向底层区块链开展业务。中间件是负责链接传统业务系统和区块链网络的结构化组件。其他第三方平台，通过接入本平台获得区块链存证服务，由本平台向其平台返回存证服务结果。

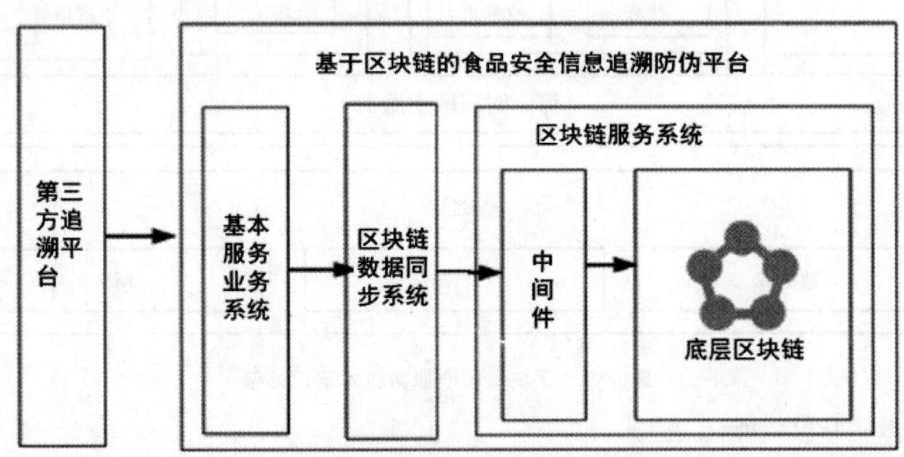

图6-4 存证实现

批量溯源数据的存证采用默克尔树的形式如图6-5所示。将一批溯源数据，按照消费者查询的最小单位为单位，如"产品+批次"，分别计算哈希值后，再计算这批数据的默克尔树根哈希。默克尔树根哈希即这批数据的数据摘要值。基本服务业务系统需在数据库保存完整默克尔树。

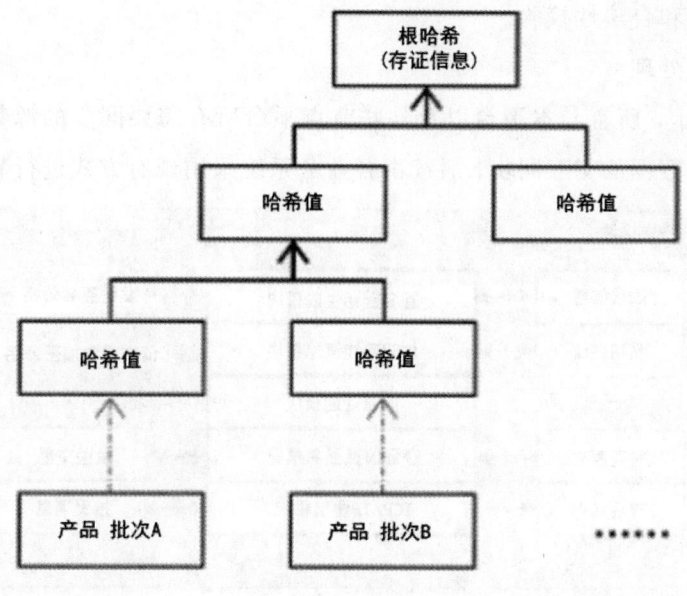

图 6—5 默克尔树

(3) 网关高频溯源数据存证

网关高频溯源数据存证是指物联网信息服务网关上传溯源数据与区块链存证并行,为每一条溯源数据进行区块链存证。区块链核心服务系统在该业务中的作用是:通过共识机制,对存证数据进行全网共识并记录在底层链上。

存证信息对溯源数据进行固化,使电子文件具有稳定性。存证用户表明溯源数据的来源。存证所在的区块高度具有可信时间戳,证明溯源数据上传的时间。自定义字段将存证与保存在平台的溯源数据关联,以备后续查验。

(4) 存证查验

存证查验服务指消费者、监管部门通过平台用户端查询溯源明文信息后,区块链系统返回溯源信息的存证信息,进行比对匹配,确认溯源信息未被篡改。区块链核心服务系统在该业务中的作用是:通过中间件,根据用户端提交的溯源码,返回与溯源码相关的食品安全信息存证数据。

2. 数据同步系统

区块链数据同步系统负责食品行业系统与本平台间的交易路由、通信转接、报文转换、交易转发以及文件传输、安全处理等服务。

(1) 路由及报文处理

系统间的联机交易,通过数据同步系统进行统一的报文格式转换与转发,并可根据系统参数配置进行安全和合法性校验。

（2）数据同步处理

如图6-6所示，所有与本平台以及外联节点平台所有需要同步的源数据、存证数据等采用文件形式进行数据的交互同步，后续由各业务系统采用现有方式进行数据存取、保存。

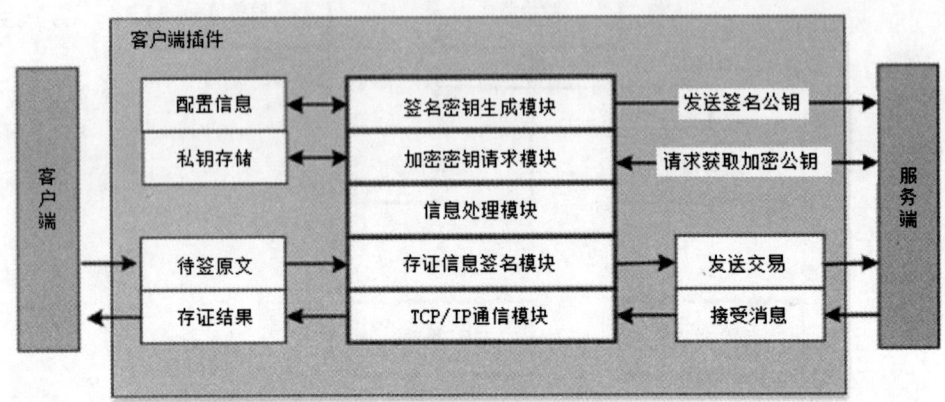

图6-6 数据同步处理逻辑实现图

（3）核心交易处理

针对来自不同参与方、请求方包括数字身份请求、数字身份认证、数据查询请求、存证查验等交易的逻辑控制服务。

（4）安全通信处理

该部分服务功能主要提供应用系统间的网间通信、交易处理等过程中敏感数据已经交易的安全控制，确保在系统间文件数据同步、交易转发等敏感数据的安全性，所有通过安全的SSL或者签名方式进行安全防护。

3. 溯源应用业务系统

溯源应用业务系统提供标签管理和溯源码管理服务，作为关联上下游溯源信息的基础；提供数据接口服务、溯源流程管理服务，提供高等级数据中心的数据存储服务，建立标准企业库、标准产品库、标准产地库等数据库，存储溯源数据；提供信息展示服务、防伪追溯服务、企业管理服务、产品管理服务，相应食品安全信息防伪溯源的查询和验证，并为参与方进行供应链和销售网络的管理提供数据支持。

4. 区块链插件服务系统

区块链插件服务（存证/查询）系统：主要负责提供客户端权限校验、存证信息处理、存证数据上链以及存证数据查询等区块链相关技术支持。

(1) 构造上链数据

基于区块链报文数据处理机制,对溯源信息按摘要规范进行本地处理,生成待上链哈希数据值。

(2) 生成签名公私钥

签名公私钥,用于服务端存证交易信息确认。

客户端插件内部生成签名公私钥,使用私钥对待上链交易信息进行加密,发送存证交易时一同发送公钥至服务端,服务端使用公钥进行存证信息解密确认。每个客户端插件仅需在第一次存证时携带一次公钥,后续上送存证交易无信公钥。

(3) 生成加密公私钥

加密公私钥是客户端权限验证的关键手段。

客户端插件通过区块链服务接口,请求中间件服务生成加密私钥,生成后,中间件服务返回公钥,客户端使用公钥对交易存证信息进行加密,服务端使用私钥对存证信息进行解密以确认信息来源及权限。

(4) 生成存证交易

使用签名私钥对待签原文信息进行签名,生成待上链存证交易上送信息。

(5) 发送存证交易

如图 6-7 所示,通过区块链服务接口,向服务端发送存证交易,完成存证信息上送,服务器处理存证后,返回存证结果至客户端。

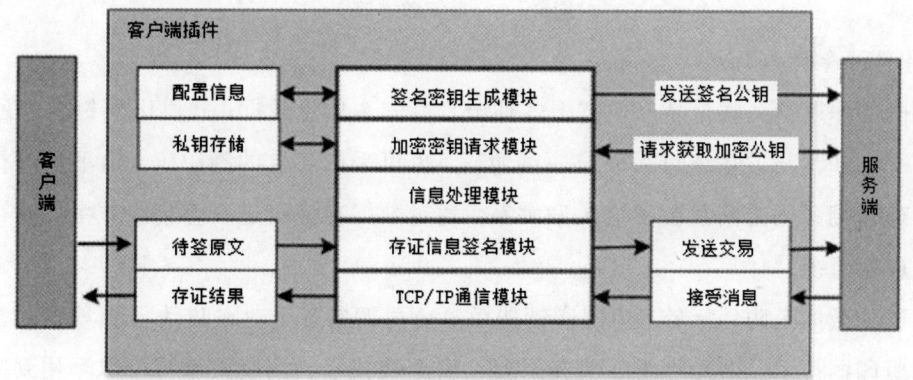

图 6-7 发送存证交易

6.2.3 技术方案逻辑架构

本平台不仅包含内部的区块链溯源应用系统、区块链数据同步系统、区块链核心服务系统,而且会对接参与方已有平台系统(其他跨区域、跨行业的溯源企业或者第三方平台的溯源平台系统)。各系统间发生数据关系主要包括追溯码管理、数据存储流、数据存证流、数据查询流。系统数据流如图6-8所示。

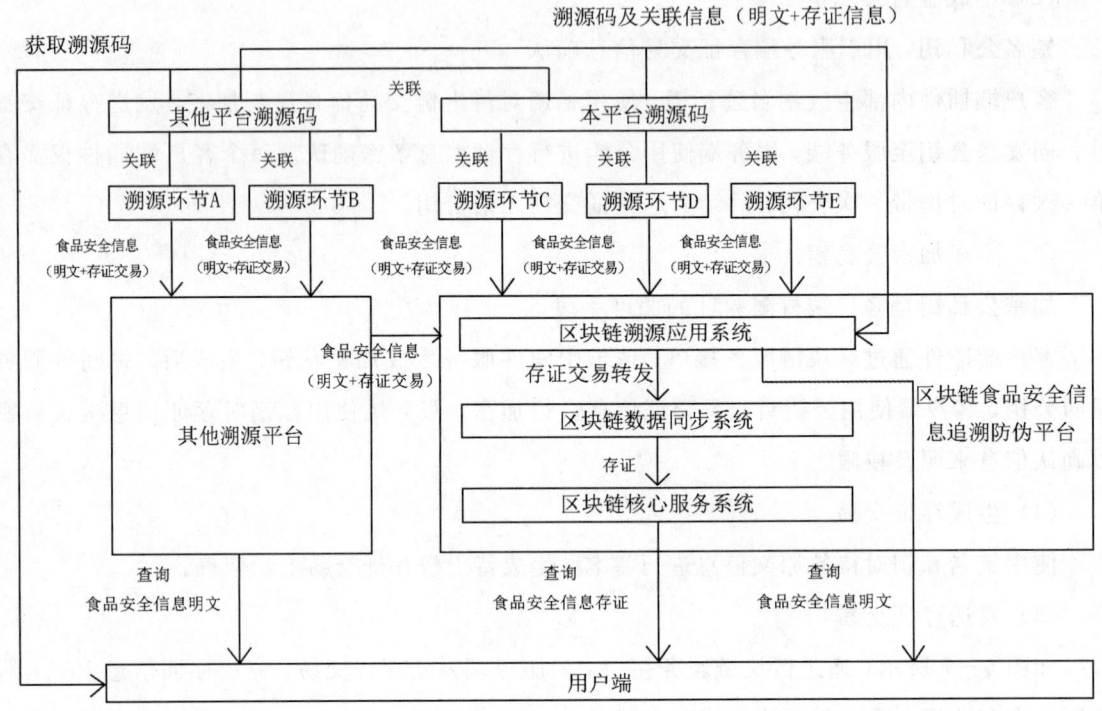

图6-8 系统数据流

1. 追溯码管理

溯源码的作用是关联食品产业链上各环节食品安全信息数据,并供区块链核心服务系统识别。本平台和参与方系统可采取统一溯源码,也可采取各自的溯源码,由平台进行赋码等溯源码管理。溯源码之间需要形成关联关系,通过数据存证流进行存证,并将关系存储至区块链溯源应用系统。

溯源码的载体是防伪标签,中国印钞造币总公司下属各企业在防伪行业具有的领先独特的雕刻凹版印刷技术、防伪纤维、荧光材料、安全线技术、油墨技术都可以运用到防伪标签的制造中去,并且根据这些物理防伪特性而专门开发生成的加密算法也位于国内领先地位。同时,中国印钞造币总公司下属各企业还具有先进的企业防伪信息在线检测与录入系统,将防伪标签的防伪要素在线检测识别、录入、存储,即在生产现场中安装一套检测设备对防伪标签中的信息进行在线抓拍,并且实现标签表面的随机特征采取、赋码验证、版纹提取,上传到数据分析服务器，对该批次的生产数据进行存储。

2. 数据存储流

各溯源环节采集食品安全信息数据，并上传至本平台进行数据存储。本平台接入的溯源环节的食品安全信息由区块链溯源应用系统进行存储。其他参与方平台接入的溯源环节的食品安全信息由其他平台自行存储（即本平台在不干涉合作方系统的前提下为合作方提供数据的可信证明，并在此基础上促进各合作方之间的协作）。

3. 数据存证流

本平台各溯源环节上传食品安全信息的同时，上传存证交易。由区块链溯源应用系统收到后，通过区块链数据同步系统进行存证交易报文转发，至区块链核心服务系统进行食品安全信息存证。

其他第三方平台收到溯源环节上传的存证交易后，先发送至本平台区块链溯源应用系统，由区块链溯源应用系统按上述流程进行食品安全信息存证。

4. 数据查询流

用户端通过各类方式和设备读取到溯源码，通过溯源码向本平台区块链溯源应用系统和其他溯源平台请求食品安全信息明文。通过溯源码向本平台区块链核心服务系统请求食品安全信息存证数据。在用户端将明文信息与存证数据进行匹配，确认明文信息未被篡改、确认明文信息的产生时间、产生来源。

6.2.4 技术方案安全体系

1. 平台准入

平台采用许可链架构，具有权限准入机制，接入权限由平台管理方认证维护。

共识节点认证：新接入节点将基本信息以及公钥证书提交给平台，统一进行准入审核；若审核通过，平台将新接入节点公钥证书向全平台广播，平台上节点知晓可以与该节点连接和进行握手；节点之间用私钥签名，用公钥验证签名，以判断是哪个参与方的节点发起的连接，是否允许继续通信；平台将检查节点证书的有效期，若超过有效期将其向全平台广播，则节点拒绝与其连接。

2. 黑白名单

参与方可以为存证合约设置黑白名单，只允许信任的数字身份调用存证智能合约。若启用白名单，则默认所有数字身份没有权限，只有白名单中的数字身份具有权限；若启用黑名单，则默认所有数字身份有权限，只有黑名单中的数字身份没有权限。

3. 数据安全认证

如图 6－9 所示，本系统采用以公钥算法为核心，根据具体场景结合安全硬件数字摘要、数字签名的安全认证流程。

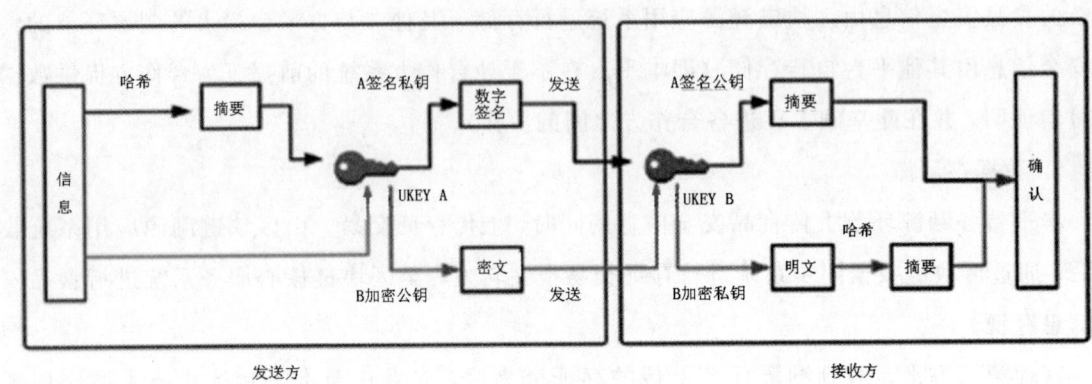

图 6－9　数据安全认证

4. 看穿式监管

在监管机构设置监管节点，监管方可随时对业务数据进行调取和验证，无须担心平台方隐瞒或者伪造业务数据，并在必要的时候进行引导或干预。

6.3　技术方案的优势

1. 实现大数据量存储

区块链作为分布式账本的一种典型实现，具有多冗余、高存储成本、高可靠、高可用等特点，使得区块链技术在推广中遇到了相应的技术挑战。

本平台考虑到大规模数据的长期证实和存储。采用分账本将为数据容量带来强大的扩展性，并以内部账本为单位，提供灵活的归档能力。整个平台内不再只为一个账本进行公示，而是同时为多个账本进行公示。当账本完成业务周期后，允许通过归档操作成为历史数据，支持查询、验证的操作，但极大地降低沉淀数据给账本带来的负担。

2. 实现高并发写入

在实际业务场景下，大部分数据的实时性写入要求并不很高，客户端、移动端的网络状况也不能保障，因此需要针对这样的特性，允许参与方根据网络情况对写入数据操作进行调度。考虑到行业的实际情况，可能会出现每天某个时间段数据写入高峰的情况。根据这样的场景,本平台设定了 1500 TPS 的目标。

目前真实有效的交易规模,单个区块链通常在几千笔交易的规模,但这个规模在实际应用中对网络稳定性要求较高,对分布式系统的实际约束很多,比如,当长期处于超过每秒 1000 笔交易的压力时,很多区块链系统会出现大范围交易失败等场景。本平台借助分账本设计,提高底层区块链服务的稳定性;当网络情况出现波动时,通过服务降级甚至限流等机制,尽量提高服务可用性。通过底层链、中间件、运维工具等研发和实施工作的配合保证系统对于高并发请求能提供稳定的服务。

3. 实现多链查询、监控

在真实业务场景下,业务系统和底层链共同作用,为数据提供灵活、可靠的追溯能力,区块链层虽然为数据提供了见证的能力,但也需要保障关键业务信息不被泄露出去。因此,本平台采用多个账本隔离的方案。

通过多账本的隔离,可以实现不同参与方之间,在不了解业务情况下对已经写入的数据进行见证。进一步地,为了帮助采用溯源体系的不同行业的诚信体系建设,提供可靠的监管能力,本平台将监管机构对数据的全局监控和管理能力纳入考量范围,为监管机构设计对全部账本数据的查询和检索平台,以满足行业发展的需要。

6.4 技术实施效果

如图 6-10 所示,平台上线运行后,将形成完整的区块链食品防伪溯源生态。

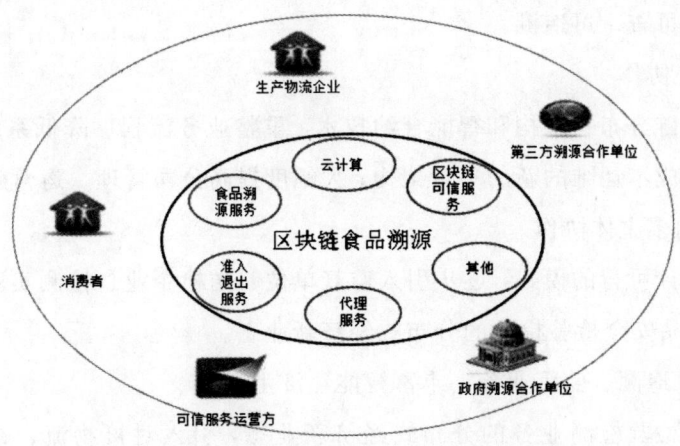

图 6-10 基于本平台的食品溯源生态图

消费者可采用各类终端入口查证食品的出厂、流通、质检等真实可信的信息状态。

生产、流通、终端企业可依托平台向不同行业如农业、肉类、水产等生产企业提供各个环节信息登记、审核、认证、查询等服务，确保信息的准确性和时效性。

第三方溯源合作单位可依托平台面向各类数据采集单位提供可信互联共识接入服务、可信认证查询服务等，确保在授权共识前提下，打造互通可信数据共享服务通道。

政府溯源合作单位可依托平台，基于平台可信、数字身份、共识等开放服务，实现面向政府溯源数据的共享、认证、查证等互通，进一步提升跨行业食品溯源互通效率、最小成本的目标。

综合来看，本系统实施以后将取得以下成果。

1. 实现食品检验检测证书的可信电子化管理

利用区块链上数据不可篡改的技术特性，将实现检验检测报告安全、可信的存储、查验的能力，以提高产业链企业、管理机构对检验检测报告的认可度，避免纸质检测报告在实际流通中产生的多种问题，同时，保障检验检测报告的安全、隐私。

2. 实现产品抽检业务过程的可信管理

利用区块链上数据难以篡改等技术特性，完善、优化产品抽检业务中，样品取样、预处理、检测过程等环节连续形成数据的可信存储、查验。对检测机构低价中标产品抽检业务的情况，实时监督其检测过程，及时发现、纠正检测样品数量不足等违规问题。以经得起时间检验的方式保质保量地完成国家市场监督管理总局及其下属机构下达的产品抽检工作。

3. 实现实验室数据的可信管理

利用区块链上数据难以篡改等技术特性，完善、优化实验室管理工作，保障实验室开展检测业务的安全、可查、可追溯。

4. 实现跨系统协作

探索通过区块链分布式架构和智能合约技术，重整业务流程、降低系统间的耦合度，建设可高效升级、低成本运维的新的平台架构，大幅度提高公司管理、运营效率。

5. 创新行业内多主体协作

基于区块链设计可行的模式，逐步引入监管单位、送检企业、检测实验室、销售企业等不同主体，构建食品安全检验检测的分布式经济新业态。

6. 完善检测、追溯、监管业务、丰富智能经济生态

基于食品安全检验检测业务的分布式经济新业态，引入对接物流、销售市场、餐饮服务、包装、设备生产等环节，链上打通业务流程，完善食品检查抽查、认证追溯、监管处罚等业务，共建共享食品行业具有自体循环能力的分布式智能经济生态系统。

7. 建设企业征信体系

基于构建的食品行业分布式智能经济业态积累的大量真实的、可验证的数据，借助大数据技术，打造新生态内部企业的征信体系，助力信誉好的企业的融资需求以及其在生态内、外的业务扩张，遏制信誉差的企业的生产经营，实现生态系统内企业的优胜劣汰。

8. 推动建设食品安全国家标准专业技术机构

借助构建基于区块链平台的食品行业分布式智能经济生态系统的领先优势，可在食品基础标准、配套检验方法标准、生产经营卫生规范、监测抽检数据库和食品毒理学数据库、食品认证追溯等方面推动建设产业发展和监管急需的技术标准、规范，助力"十三五"国家食品安全规划中的重点任务落地。

6.5 技术应用及未来发展规划

6.5.1 技术应用

本平台可应用到食品行业中烟酒、生鲜食品等对时效性、安全性、验真性要求较高的细分领域。配合中国印钞造币总公司防伪鉴定的全产业链，包括防伪标签的制造、信息防伪溯源平台的技术开发、赋码及读取设备制造（防伪标签激光喷码设备、机构防伪检测终端）以及参与客户生产线的改造等，提供全方位集成服务。

以酒类行业应用为例，如图6-11所示。

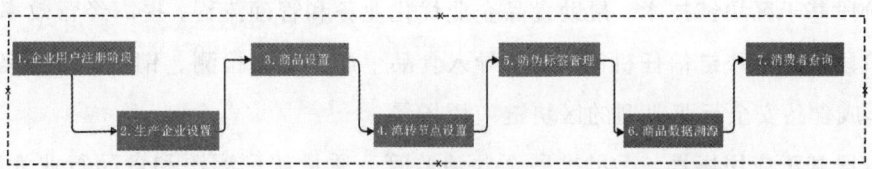

图6-11 平台业务流程

1. 企业用户注册阶段

主要作用是为生产企业提供准入机制，用户开通后，通过平台生成身份合约，一个企业用户有且只有一个身份合约，用于标识注册企业在区块链上的唯一身份。

2. 生产企业设置

在实际业务场景中，一个注册企业可下挂多个生产企业，需要设置生产企业的层级结构。

3. 商品设置

商品与企业对应关系在实际业务中为多对多关系,即一个商品对应多个生产企业,或一个生产企业生产多个商品的情况存在,主要作用为确认商品与企业之间的关系,生成存证合约,每一个商品的溯源信息在上链时存放在该合约中。

4. 流转节点设置

一个商品从生产到流通领域往往经过采购、生产、质检、物流等过程。主要作用为生产企业对每一个商品的实际情况设置流转节点,做到溯源业务的闭环。(如该企业只需要生产节点信息溯源,则不需要设置)

5. 防伪标签管理

包括防伪标签制作、收货,防伪标签数据管理等主要功能,是线下防伪标签与线上业务关联的核心节点。

6. 商品数据溯源

主要功能是将商品溯源信息上传到防伪溯源平台,分为商品信息溯源和流转信息溯源两大业务。

7. 消费者查询

消费者购买商品后对该商品的防伪溯源信息进行查询、验证。

6.5.2 未来发展规划

平台基于食品行业业务特点及区块链技术阶段性发展特点,制定三阶段性发展目标。

第一阶段基于区块链技术,帮助食品企业优化业务和管理流程,提高经营效率。

第二阶段依托区块链信任机制,逐步导入食品生产、检验检测、销售、监管等环节的业务主体,形成食品安全行业典型的区块链应用场景。

第三阶段基于应用场景,逐步扩展至共治监管、质量认证溯源和食品行业大数据平台,最终构建集生产、检测、运输、销售、监管等于一体的多方共建共享的食品行业分布式智能经济生态系统。

7 合肥友高助力沙漠之花实现一物一码应用（追溯、防伪防窜）

7.1 公司简介

合肥友高物联网标识设备有限公司自1999年成立，迄今已有20年发展历程，立足物联网标识行业，友高一直致力于物联网标识技术的研发和应用推广，在产品研发专利、知识产权方面，先后共取得各类专利证书约有50项，并荣获国家级高新技术企业殊荣。

20年积累沉淀，友高已成为一物一码现场标识系统（赋码、采集、关联）的领导品牌，并在食品、药品、白酒、婴幼儿配方奶粉、农药、兽药、种子、日化、化工、建材等行业都有大量丰富的一物一码现场标识系统案例客户。

7.2 方案背景介绍

早在2015年国务院办公厅下发的《关于加快推进重要产品追溯体系建设的意见》（国办发〔2015〕95号）文件中就明确要求，到2020年，食用农产品、食品、药品、农业生产资料、特种设备、危险品、稀土产品等重要产品，必须建立规范的追溯体系，对产品要做到"来源可查、去向可追、责任可究"。也就是说，未来没有追溯体系所保障的产品，将要逐渐退出市场。

2018年底农业农村部发布的《关于农产品质量安全追溯与农业农村重大创建认定、农产品优质品牌推选、农产品认证、农业展会等工作挂钩的意见》，进一步要求农产品生产经营者落实主体责任，提升农产品质量安全水平，这将追溯体系建设提升到企业核心战略的高度，直接关乎到企业的高质量发展。因此，溯源平台的搭建成为企业进一步发展升级的必然选择。

如图7-1所示，沙漠之花产品依托内蒙古沙棘、杏仁等独特资源优势，成为中国沙棘产业领域的知名绿色品牌。经过十几年的发展壮大，沙漠之花生产自动化已经全面升级改造，年均生产能力可达到5万吨（约1.6亿瓶），巨大的产销量也面临着防伪、营销、窜货、数据分析等各方面需求与压力。

图7-1 沙漠之花生产流水线

2018年，基于IDcode国际标准建设的内蒙古沙漠之花产品追溯平台已经正式投入运营，该平台全程实现"来源可查、去向可追、责任可究"，既提升了企业精细化管理水平和产品质量安全追溯水平，也为政府监管部门提供了可控、便捷的监管途径，更为消费者提供了一个全透明的追溯窗口，让消费者买得放心吃得安心。合肥友高作为该项目的解决方案供应商，以沙漠之花沙棘汁饮料为案例，以点带面，向更多食品饮料企业进行一物一码案例推广。

7.3 技术方案内容

合肥友高物联网标识设备有限公司为沙漠之花提供了全套的一物一码解决方案，实现了沙漠之花系列产品最小销售单元（单瓶）的溯源、防伪和防窜功能；做到了对产品生产关键节点的质量把控；实现产品的全生命周期追溯，做到了产品的来源可查、去向可追、责任可究；在快消品产业中树立了一面产品质量控制追溯体系旗帜。

7.3.1 需求分析

1. 利用追溯系统实现产品的一物一码溯源、要求，通过产品二维码查询，精确定位产品流向。

2. 客户共计两条生产线，一条生产线生产礼品箱产品，另一条生产线生产对开箱产品，其中对开箱生产线包装形式又分为手动人工包装和机器人自动包装。需要完成2条生产线的瓶箱之间的对应关联以及箱垛之间的对应关联。

3. 最小追踪单元为单瓶（玻璃瓶）的产品，采用离线使用激光机对瓶盖雕刻二维码，保证在沙漠之花集团内所有瓶装产品身份码不出现重码。

4. 最小追踪单元为单罐（易拉罐）的产品，客户采购时，罐体生产商已在易拉罐底部印刷二维码，客户会要求罐体生产商所赋罐体身份码不出现重码。

5. 在线使用打印贴标机和标签打印机对包装箱贴二维码，保证在沙漠之花集团内所有箱装产品身份码不出现重码。

6. 生产过程中可以采集及录入的数据：产品名称、追溯码（二维码）、生产批次、生产日期、产品规格、有效期、生产数量、车间信息、产线信息、班组信息等。

7. 与客户追溯平台对接，将生产过程中的瓶箱关联数据、罐箱关联数据和箱垛关联数据通过软件平台对接发送至追溯平台上。

8. 配合追溯系统（软件商）实现产品的一物一码追溯防伪要求。

9. 追溯码信息来源由追溯系统平台提供，我司设备将现场生产产品追溯信息数据包提供至追溯系统平台。

7.3.2 方案设计架构

考虑到沙漠之花现有的组织架构以及一物一码系统建设要求，方案设计架构如图7-2

所示。

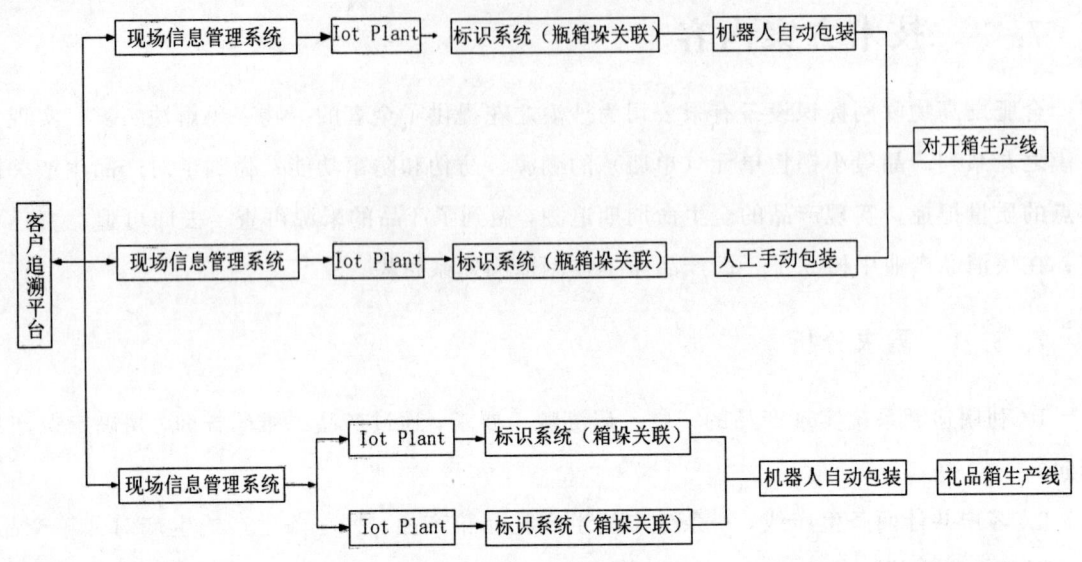

图7-2 方案设计架构

项目落地主要模块包含产品追溯码赋码、生产现场包装关联、一物一码追溯防窜平台三部分。

1. 产品追溯码赋码

通过赋码设备、标识系统、发码平台等软硬件实现产品的离线赋码。

2. 生产现场包装关联

通过 Iot Plant 一物一码智能物联平台、现场标识系统、在线打印贴标机等设备实现产品的在线检测和关联。

3. 一物一码追溯防窜平台

根据抓取相关的产品生产数据和订单信息,一码实现产品全生命周期管理。

7.3.3 产品赋码样式及赋码方案

1. 单瓶包装赋码样式及赋码方案

单瓶包装赋码样式如图7-3所示。

图7-3 单瓶包装赋码样式

(1) 赋码实现方：离线激光雕刻。

(2) 赋码内容：二维码，字符：55~60个。

(3) 发码：Iot Plant 一物一码智能物联平台把最小销售单元的追溯码（由追溯平台提供）发送至赋码设备，由激光打标机给最小销售单元赋码（追溯码）。

(4) 运行流程：人工将整包产品放入理盖机内，理盖机将产品成单个分开输送至真空吸附赋码输送段进行赋码（激光机赋码）；赋码完成后产品进入检测输送段，产品在检测输送段完成产品的检测，如产品合格，则经过剔除段，进入后面输送线体或收料装置（客户）内。具体如图7-4所示。

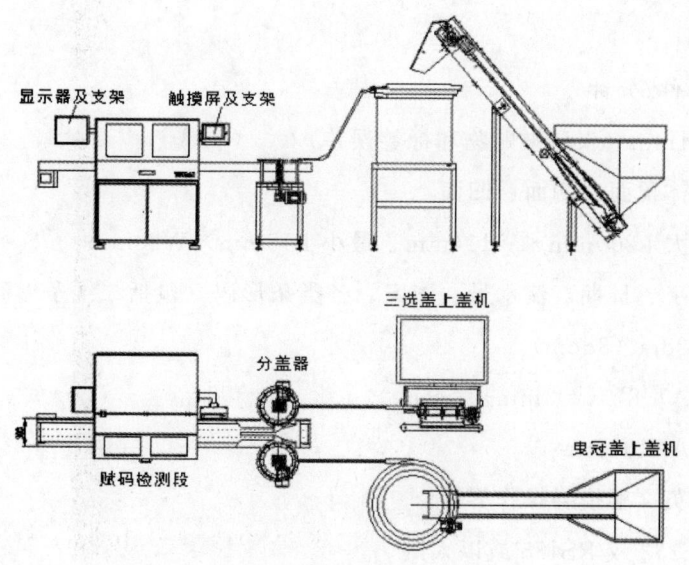

图7-4 运行流程图

（5）设备配置清单

以上为1套方案配置，现场共需1套方案配置。

（6）适用工况

①产品：瓶盖。

②规格：三旋盖：φ42×9.5mm，φ42×12mm

皇冠盖：φ32×6.5mm

③生产速度：15000个/线/小时

④其中三旋盖共用一台三旋盖提升理盖机，皇冠盖单独使用一台皇冠提升理盖机，生产时，按盖子种类启动其中一台理盖机。

⑤产线设备安装处需要布设有企业内部局域网络接口并分配有网内固定IP地址（最好配两个接口，其中一个为备用口），配有380V的三相四线电源，电压波动幅度±5%；电源总负荷约为7kW。

2. 大箱赋码样式及赋码方案

（1）大箱赋码样式

①赋码实现方案：自动线使用自动贴标机在线贴标；手动线使用打印机人工在线贴标。

②赋码内容：二维码＋生产日期。

③客户标签尺寸：40×40mm。

（2）赋码设备：打印贴标机。

贴标机参数如下：

贴标速度：30件/分钟

贴标精度：±1mm（未计被贴物和标签误差）

贴标部位：物体顶面、侧面、凹面

标签尺寸：最大 L200mm×W114mm、最小 L15mm×W20mm

打印内容：文字、日期、流水号、图案、各类条形码（包括二维条形码）等

打印精度：203dpi（8dpm）

打印速度：MAX 8"（203mm）/sec

打印宽度：MAX104mm

用户界面：中英文触摸屏操作界面

通信端口：RS232或RS485或以太网

电　源：220VAC±5% 50/60Hz

气　源：4～6bar

7.3.4　现场方案配置

1. 现场信息管理系统的功能

用于追溯平台（客户）与 IotPlant 之间的对接。

2. Iot Plant 一物一码智能物联平台

（1）礼品箱机器人自动线瓶箱关联（Iot Plant）组成部分

Iot Plant 关联组成部分如图 7-5 所示。

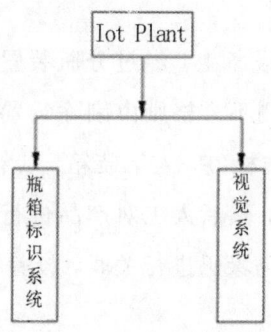

图 7-5　Iot Plant 组成

（2）礼品箱机器人自动线瓶箱关联软件

　　产品由前端设备输送至公司设备，经过视觉检测区域，通过 YOUGAOSEE 检测产品追溯码的合格性，检测合格的产品进入封箱工位，不合格产品进入剔除工位剔除。产品按照先入先出的原则，最小销售单元的追溯码和大箱追溯码由 Iot Plant 智能物联平台自动关联，并把关联好的数据上传至现场信息管理系统，其关联软件界面如图 7-6 所示。

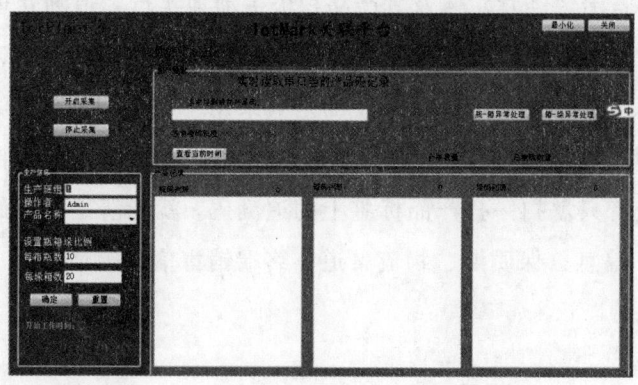

7-6　Iot Plant 关联软件界面示意图

(3) 对开箱手动生产线瓶箱/箱垛关联

产品（易拉罐）由人工摆放至设备前端，经过分瓶装置将产品等间距分离出来，经过视觉检测区域，通过 YOUGAOSEE 检测产品追溯码的合格性，检测合格的产品进入装箱工位，不合格产品进入剔除工位剔除。然后经过分流装置定向分流，人工装箱完成后，人工手动将标签贴至指定位置放置滚筒线上，滚筒输送机将产品输送至箱垛关联段，将箱码与垛码进行关联。当产品为瓶装产品时，人工将装完箱的产品贴好标签后，放置滚筒线上，滚筒输送机将产品输送至瓶箱垛关联，扫描合格则由 Iot Plant 智能物联平台自动关联，并把关联好的数据上传至现场信息管理系统。

3. 流程说明

产品从客户链板机输送至友高设备上，经过分瓶装置将产品拉开间距，进入检测段，相机对产品顶部二维码进行检测，检测不合格则由剔除装置进行剔除，合格产品则由分流装置定向分流，系统后台关联，打印机出标签，人工装箱，装箱完毕后，撕下标签贴至指定位置，人工将产品推至标识系统滚筒线上，然后人工对产品进行封箱处理，封箱完毕后进入箱码校验，校验合格则系统后台自动对箱码垛码进行关联，校验不合格，则由人工手动拿走。

7.4 方案实施效果

沙漠之花是内蒙古自治区饮料行业内首家使用符合国际和国家标准二维码进行产品防伪追溯的企业，由内蒙古赤峰市食药监部门监制，产品防伪追溯更具权威性，对当地饮料产业具有良好的示范作用。这既契合了农业农村部等行业主管部门开展的"追溯挂钩"工作的要求，为企业参与行业主管部门组织的重大示范创建认定、品牌推选、展览展会及认证等奠定了基础，也为内蒙古自治区经营主体及其产品积极主动地实行"追溯管理"树立了典范。

本方案的成功之处，不仅仅是将沙漠之花产品从育苗、种植、加工、包装、销售等全过程进行信息采集录入、传递和汇总，更重要的是其采用一物一码标识技术，每一个沙漠之花的饮料产品上都被赋予符合国际标准 IDcode 体系的二维码标识，可精准实现防伪溯源和内控管理。如今，消费者只需扫一扫产品标签上的追溯码，就能清楚地了解到沙漠之花各类产品的生产日期、加工信息、保质期、物流渠道、终端销售信息等情况。

8 江苏鼎昌科技公司关于快消品行业低成本窜货管控技术方案

8.1 公司简介

江苏鼎昌科技股份有限公司专业致力于为企业提供基于产品变码应用的整体解决方案，利用一物一码技术为各类品牌企业实现产品仓储、防伪、追溯、渠道管理、精准营销等功能，为企业建立自有数据库，帮助企业掌握产品全生命周期的生产、营销及运营数据，有效利用并激活数据，实现品牌企业和消费者的直接互动，为企业打造数字化营销运营体系，同时提供全面的营销、运营落地活动的增值服务，完成产销运营一体的生态闭环，辅助企业进行经营决策。

公司主营产品涵盖软硬件，主要有产品数字化运营云平台（数链云 DChain）、物联网标识打印设备、智能采集设备、智能 PDA 等。其中产品数字化营销运营云平台为客户提供产品赋码、仓储管理、信息防伪、产品追溯、产品营销、大数据分析等一站式产品营销运营服务。

公司拥有核心技术和专业研发团队，有软硬件开发、信息安全、数据算法等专业人才，并拥有一支经验丰富的实施团队。取得国家发明专利 4 项，实用新型专利 5 项，各类软件著作权 8 项，获得国际软件产品成熟度质量体系 CMMI3 认证、国际信息安全体系 ISO27001 认证等。公司是国家级高新技术企业、双软认证企业、中国包装联合会会员单位、中国民营科技促进会溯源与应用分会起草参与单位、IMU 物联网标识行业联盟理事单位。公司先后服务于维维豆奶、A2 奶粉、卡倍多、百威英博、欧波管业、普健生物、杨氏果业等多家知名品牌企业，产品及技术广泛应用于食品、饮料、酒水、日化、医药等多个领域。

8.2 背景介绍

由于快消品行业存在体量巨大、市场广阔等特点，生产品牌企业一般采取代理商经销模式，销售物流网络大多存在多个层级，经销商数量多且分布广，造成商品流通复杂、管理难度大、效率低、成本高。同时品牌企业依据综合运营目标，针对品质产品会在不同地区、不同消费终端制定不同的定价策略，造成同一产品在不同地区的最终销售价格存在很大差异，在利益的驱使下，经销商违反与品牌企业的商业协定，私自将货物跨区域销售以赚取中间差价，造成"窜货"（跨区域、跨终端消费场所销售）的现象。

我国类似啤酒行业的快消品生产企业一般多采用条码流转，无法及时跟踪、监控产品的流通情况，因此极易发生窜货现象。对企业来说，窜货行为干扰破坏了原有的市场价格体系，降低了企业品牌信誉。对没有窜货行为的经销商来说，由于其他经销商的窜货行为而造成利益受损，于是对企业产品失去信心而不愿再经销，这样给企业造成进一步的损失。对消费者来说，由于窜货造成市场价格混乱，会担心自己是否买到了假货，对企业产品产生不信任，从而直接影响产品销售量。因此，存在严重窜货情况的企业，也会采取各种方式避免损失，但因为采用传统方法进行流货的监察和遏制，往往投入大量的人力、财力，但收效甚微，每年仍有大量流货存在，导致企业每年依然有大量的损失。据百威英博啤酒公司介绍，每年由于窜货造成的经济损失超过数亿人民币。

因此，品牌企业对于能通过技术手段及时有效监管并遏制大量流货，有着迫切的需求。为此，鼎昌以啤酒行业作为试点，打造快消品行业低成本的追溯防窜解决方案，为企业建立产品信息的追溯链条，使企业及时有效掌握产品生产和物流信息，掌控产品的流向，可有效控制流货和仿冒行为，这种通过为产品赋予唯一标识码作为信息载体的追溯系统的方案也渐渐成为受窜货影响的企业的广泛选择。系统以赋码、采集、关联、查询建立数据关联，综合运用各类赋码技术和新型加密防伪技术，实现了产品在生产、包装、物流、销售过程的全链可溯，实现对窜货现象的遏制。

目前可以实现商品追溯的常用标识技术有以下几种：（一）射频识别（RFID）技术；（二）条码+激光防伪技术；（三）可变二维码技术。其中，射频识别技术具有耐久性和抗污染能力，RFID标签因成本相对较高，不适用于低附加值产品，所以不太适用于单品价值较低的快消品。条码技术成熟、激光防伪技术成本较低，但条码在供应链中主要起物流流转作用,无法实现追溯功能,而激光防伪技术无法实现防窜货功能,同时又均不具备抗破坏、防干扰等必备功能,也无法应对人为破坏行为。而可变二维码既可以为产品赋予唯一标识码,价格又低廉,还可以采用码的相关专利技术如隐形码等各种手段进行加强,并有效防止破坏,比较适宜于快消品行业使用。

鼎昌公司通过可变二维码技术结合工业化技术、信息化技术,提供一套低成本防窜货追溯解决方案,本文即以百威啤酒为例,详细讲解方案及核心环节的技术应用。

8.3 百威啤酒溯源防窜项目建设情况

8.3.1 项目背景

百威英博啤酒有限公司在之前的防窜货方案中,采用条型物流码作为物流防窜码,优点是条码技术成熟、成本低,可以全面应用在厂内管理和市场窜货查询中。但不足是未考虑到生产、运输中的条码会被折皱、损坏,因而影响采集取证;另外不能完全防止人为破坏。若运用RFID等定制防伪标签,则因快消品企业出货量极大的特点,会造成成本的快速增加,不利于快消品的成本控制。因此,设计一种既可以解决绝大部分防窜需求,又不会因此大幅增加成本的高性价比防窜追溯系统,成为百威公司的基本要求。

8.3.2 项目目标

鼎昌公司根据百威公司的需求,确定项目实现目标:

1. 解决企业供应链基层的基础数据采集问题,使生产数据可以被准确统计,达到数据的准确性及实时管理目标;

2. 建立防伪防窜及经销渠道的平台,每一件产品都可以通过扫描设备等随时随地准确追溯到产品的指定经销商,实现窜货查询;

3. 建立产品数据库,逐步实现产品销售管理的数字化、自动化管理,整合企业已有信息系统,有效和企业管理平台互联互通,避免企业"信息孤岛",提高企业管理效率;

4. 规范分销市场,保证竞争的公平与有序,使企业市场良性发展。

8.3.3 项目需求

按照上述项目目标，分解成具体需求如下：

1. 产品唯一标识的解决方案，需解决原有标识码用于防窜时易损坏、被人为破坏及赋码成本高等难题；

2. 确保数据采集识别高效稳定，需解决识别、采集标识码过程复杂且稳定性低的问题；

3. 确保追溯信息准确，需解决箱与垛数据关联率低和累计误差导致追溯信息不准的问题；

4. 软件平台应具备从生产管理到成品出入库管理、仓储运输管理、经销商管理追溯的功能，针对产品的具体批次流向可控可查（渠道管理及区域防窜货），并对过程中出现的异常进行记录并预警；

5. 软件平台可与百威原有 Barcode 系统进行无缝对接，且平台要具备很好的开放性（留数据接口）和灵活性，各环节业务流程根据发展需要可自定义设置；

6. 同时需满足以下三个重要指标：

（1）赋码与采集率：99.99%；

（2）箱垛关联率：99.9%；

（3）流通查询成功率：99%。

8.3.4 项目方案

8.3.4.1 整体方案

总体设计思想是通过百威啤酒的现场调研，确定产品包装形式、生产加工线的工作情况，明确客户的需求点以及实际情况，设计确定项目中的软硬件配置需求，从而提供整体解决方案。该方案贯穿企业包装生产赋码、各级包装数据采集关联、出入库管理、渠道流通等多个环节，使企业各个环节协调联动、高效运转。方案旨在帮助企业通过防窜追溯系统的实施，实现产品流通以及对经销商出货的精准管控，实时进行窜货预警、有据稽查，从而帮助客户减少企业损失。整体架构如图 8-1 所示。

·· 案例分享篇

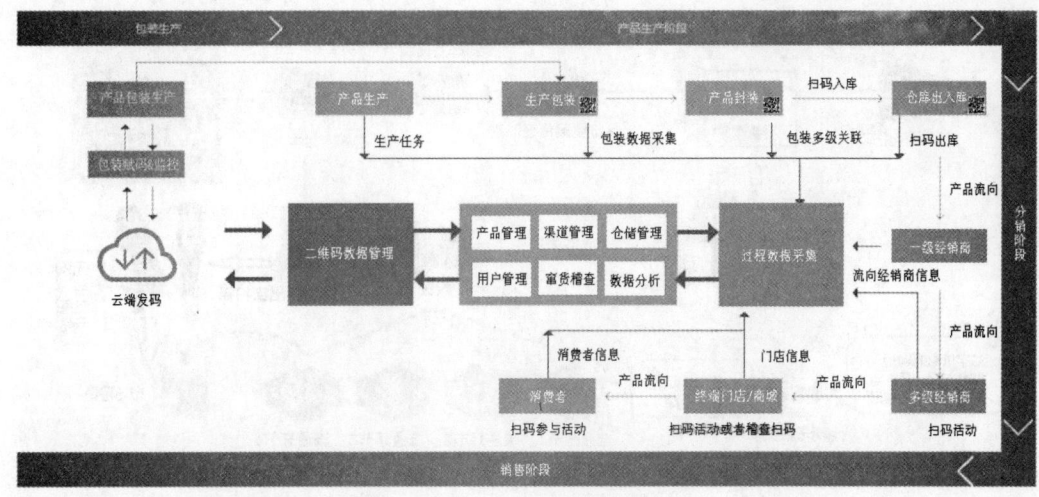

图 8-1 整体架构图

8.3.4.2 具体方案

项目方案如下：

1. 利用在线或离线赋码方式提前对每件产品进行赋码，保证每件产品唯一赋码。提高赋码效率，降低赋码成本，提高码的防破坏性。

2. 实现给不同工厂的箱码、垛码的自动采集与关联。采集器架设在码垛机入口前，进行每件产品条码读取，建立准确的采集序列。

3. 生产线架设条码扫描器、PLC、主控等设备，建立准确的箱垛关联。

4. 仓库发货员通过 PDA 中的提货单利用 PDA 扫描任意箱码/垛码，建立垛码与经销商关联。

5. 实现各工厂的产品追溯，并有效解决渠道流通中的窜货乱象，为稽查部门提供强有力的处罚证据。

6. 产品通过网络、短信、电话查询防窜货信息。

7. 有效加强货物流向的管理，有效实现集团统筹管理。

该方案流程图如 8-2 所示。

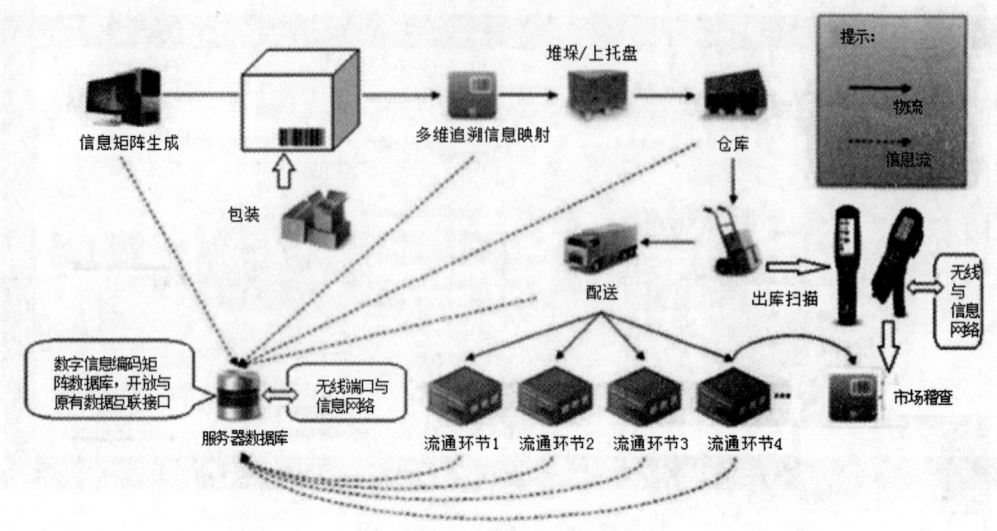

图 8-2 方案流程图

以下是 2 个详细方案。

1. 方案 1

（1）工厂端

　　在线加装喷码设备，纸箱在线喷码

　　外箱加喷二维码和防破坏专利码

　　码生成＋发码＋在线采集＋箱垛关联＋后台管理

　　渠道防窜管理及数据分析

　　产品仓储管理及数据分析

　　产品物流管理及数据分析

　　产品经销商管理及数据分析

（2）查询端

Web 及手机端查询

2. 方案 2

（1）包材厂

　　离线喷码设备，纸箱预喷码

　　内外箱码＋防破坏专利码

（2）工厂端

　　码生成＋发码＋在线采集＋内外码关联

箱垛关联＋后台管理

渠道防窜管理及数据分析

产品仓储管理及数据分析

产品物流管理及数据分析

产品经销商管理及数据分析

（3）查询端

Web及手机端查询

8.3.4.3 核心环节技术应用

为了满足低成本、高防破坏性、实用性以及系统稳定性等多方面的要求，在为客户提供防窜货整体解决方案的核心环节，鼎昌公司使用了一些专有技术。

1. 码专利技术应用

要解决码的易损坏及被人为破坏的问题，要同时从性能、成本、易实现、实际使用性能等方面考虑，鼎昌公司为此专门设计了发明专利码，结合其他技术码使用，使破坏成本提高，更难被破坏，防窜效果更明显。

针对客户痛点和现有技术存在的缺陷，鼎昌发明了一种名为《可纠删字符串编码及解码方法》的技术。这是一种可纠删字符串生成及复原的方法。该技术具有成本低廉、防破坏能力强、易于喷涂、易于稽查等优点，且能够对多达 1.15×1018 个身份信息字符串进行编码，可适应快速消费品市场的需要；对于任意破坏方式，当外包装上编码字符串仅剩余四分之一时，本方法也能够对商品身份信息准确恢复，从而达到利用破损的溯源信息进行稽查的目的。

2. 赋码环节技术应用

一般酒水饮料需要通过以托为单位向经销商发货，而经销商之间窜货则以箱为单位进行发货，所以需要满足在箱和托上实现可变二维码。因此，赋码是方案中的一个重要环节，码的实现形式有多种，因此需要选择一种快速、高效且低成本的赋码方式以满足客户需求。

酒水饮料季节性特征明显，在销售旺季，对于快速生产出货有较高的要求，所以，在赋码环节对系统和设备的速度和稳定性要求非常高，绝对不能影响客户生产线的正常运行。因此，在赋码环节对赋码方案有三大要求：一是赋码速度，赋码速度要跟上出货的需求；二是墨水速干，包装上的码需快速干燥，保证码的完整性和后期的采集；三是稳定性，赋码设备和软件系统都要有高度稳定性，才能保证赋码环节顺畅，降低对生产出货的影响。为了同时满足这三大要求，鼎昌公司依据多年来丰富实施经验，对市场上各类关键赋码设备、固化设备和采集设备等应用测试，可做到根据不同生产环境给出最优的赋码方案。在实际应用中，针对百威啤酒各类工厂的不同产线情况，鼎昌公司均给出了相对应的兼具普适性和高性价比的赋码解决方案，按照赋码设备和场所的不同，主要分为在线赋码和离线赋码两种。

在客户生产线加装赋码设备的在线赋码方式会增加客户的维护成本，并在赋码设备出现故障时会引发产线停机维护，影响生产效率。这是百威这种出货量巨大、交货期安排较紧的客户所不能接受的。因此，我们慢慢用离线赋码方式把赋码环节从客户生产线转移至包材厂进行完成。

在此案例中，为了提高包材厂的赋码效率，鼎昌提供了与之配套的自主设计制造的适用于卷材的高速复卷赋码设备（见图8－3），该设备配备赋码状态监控系统，并可以选择使用云系统，具备云端发码、实时监控和报警功能。

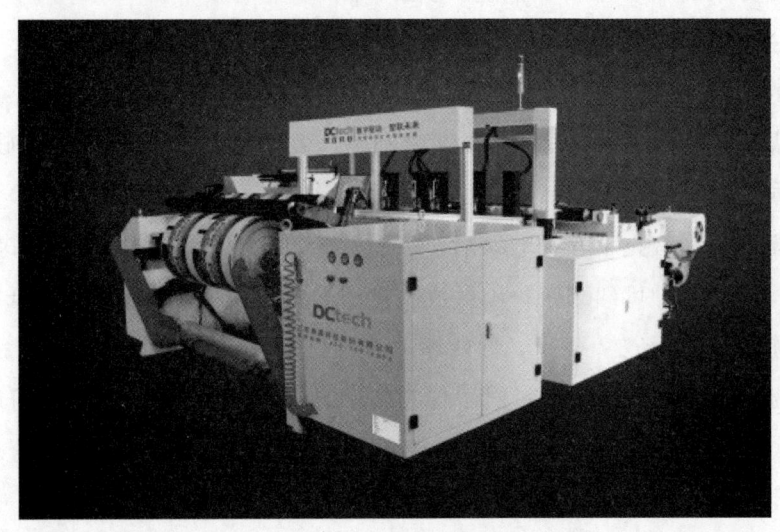

图8－3　高速复卷赋码设备

该设备一站式解决客户在不同平台、不同产品、不同材质上的赋码需求，取代纸张、纸箱以及膜类包装纸传统的在线赋码方式，实现纸张、纸箱以及专用膜类的预赋码，把赋码过程由品牌企业车间转移到纸箱印刷车间，通过纸张复卷或分页、表面预赋码、在线检测等多项功能模块的整合实现自动化和一体化。根据工作的方式和适用材质的形状不同，该系统分为复卷式和分页式。

使用该赋码平台，单位成本更低，而最终效果完全一致，在使用、维护、成本上拥有较大优势。其性能和技术优势表现在：

（1）产能高：一台赋码设备即可达到三条在线赋码的产能；

（2）安装方便：直接独立放置在包材厂，省去品牌商在线改造成本，对包材厂而言，对印刷线亦无影响，一台设备可服务于多个品牌商；

（3）操作简单：一台设备只需单人即可完成上料、赋码、复卷和设备维护操作；

（4）维护便捷：一体化设备，一致性高，集中维护，对操作人员集中培训学习，维护成本极低。

3. 采集关联环节技术应用

赋码完成后，码的数据的采集直接影响到接下来的关联环节准确率。

采集结果不稳定会造成关联数据出错，让商品不能对应自己的信息，造成关联率偏低、批次错误，让信息查询结果产生误差从而无据可依，严重的话会因为累积误差导致整个溯源系统数据全盘出错，完全失去参考价值；如果后期进行弥补，也会带来人工补码工作量增加，设备维护次数和时间增加，影响生产效率，直接增加系统使用成本。

由于现场工作环境达不到实验室环境要求，因此各种意外和异常情况都会出现，如货品已经通过采集却因故被剔除、人为原因不小心遮挡碰撞采集头却未及时发现、采集支架因产线共振抖动不稳导致采集图像不清识别不出等，都会造成采集率偏低。

（1）传统方案

传统做法多采用序列采集方法进行采集关联。序列采集安装位置受限于码垛机进箱区域条件影响，需依据现场码垛区安装情况进行调整，在实际产线中连箱、箱体转向等问题都会影响采集效果，采集位置距离码垛机越远，则关联准确率会有所下降，按照队列计数模式，在生产过程异常时，如人工不立即介入，则会产生累计误差。码垛完成后，垛码贴标处越远，同样也会影响关联准确性。

（2）鼎昌方案

鼎昌公司对在传统模式中出现的问题进行了方案优化，在产线中针对各类突发情况逐一进行解决。如图8-4所示，采用三道采集，通过专利算法解决剔除和漏箱问题；采用坚固的合金支架、活动关节部位特殊加固，解决支架抖动；并针对碰撞后采集头倾斜现象，用加装激光辅助对焦装置加以调节，针对不同SKU（Stock Keeping Unit，库存量单位）设定适合的对焦点。

序列采集安装位置不受码垛机区域条件影响，采集设备安装于箱体转向前即可，该安装位置可确保数据采集稳定性、采集稳定，通过与码垛机层垛信号对接，可准确知道箱体位于一托中哪一层哪一箱。生产过程中发生异常情况时，无须人工介入，出现的累计误差，由系统自动调整。

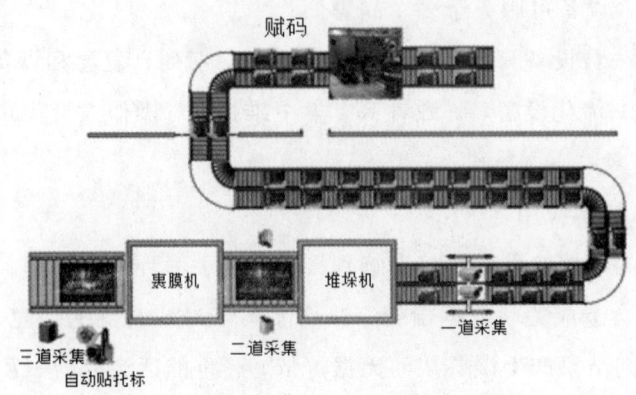

图8-4 三道采集过程

①序列采集区

如图8-5所示为序列采集区。

图8-5 序列采集区

②堆垛区

如图8-6所示为堆垛区。

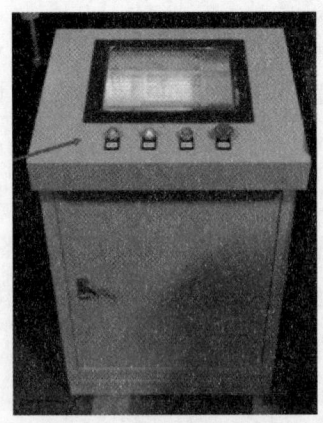

图8-6 堆垛区

③贴标区

如图8-7所示为贴标区。

图8-7 贴标区

关联环节,决定着最终数据查询的准确性,各产线装箱堆垛形式不同,出现漏箱、多箱的情况和各种人为干扰因素很多,如何摆脱老产线上采用顺序计数关联箱垛产生的累计误差,实现精准的箱垛关联,是项目重点解决目标。鼎昌采用了全新的数集模型关联算法,码垛完成后,通过算法依据每条产线,托盘出产线时间、速度等基础参数,与托盘标智能关联,将关联准确率提高了50%。该算法是鼎昌自主研发设计的,适应市面上所有大型生产线的系统。以数集模型方式,与堆垛机信号关联,无须人工维护,不影响生产效率。兼容所有产品码垛形式,对电气工程师的技术水平要求不高。特点是码垛过程中即使本垛产生错误,也将错误数据独立在本垛内,不会影响前后两垛数据,无须人工介入停线维护或因为不同的SKU而更改码垛参数,实现设备无人值守目标。码垛设备在更换程序或者硬件时也不影响数据关联系统。

8.3.4.4 功能软件平台

鼎昌依托互联网技术,采用多端口(微信公众号、企业云单页、电脑客户端等)作为产品追溯查询的入口,打通服务器端到移动端的数据通道,为稽查人员或消费者提供查询手段和凭据。

鼎昌公司自主研发的一站式数字营销运营平台——数链云DChain,专注为企业提供基于产品物联网标识(一维条码、二维码、RFID等)应用的整体解决方案,帮助企业打造数字化运营体系,完成有效的运营生态闭环,其主要界面如图8-8所示。

图8-8 软件主要界面

鼎昌DChain平台将赋码、采集、关联等这一系列的环节串联,实现防窜溯源。以准确、高效、及时的处理方式,对生产、仓储、物流、消费等实施全过程的有效监控和可追溯性管理,做到为公司仓储管理、产品物流和防止经销区域窜货的行为提供有力的支撑,其物联网标识应用及一站式解决方案如图8-9、图8-10所示。

图8-9 物联网标识应用

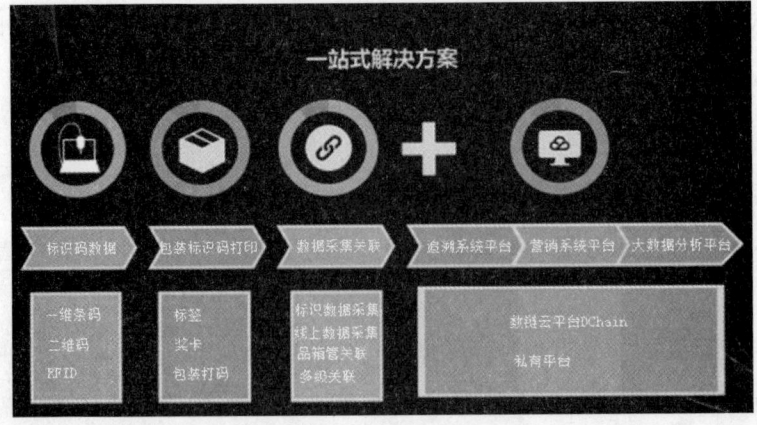

图8-10 一站式解决方案

8.3.5 项目应用效果及推广价值

从 2013 年进入百威武汉工厂四号线正式运行至今，鼎昌公司已经为百威英博分布全国的多个工厂提供从赋码到追溯防窜货及品牌营销等整体解决方案，赋码量累计上亿个，在后续的使用中表现良好，帮助百威公司减少直接窜货损失已达上亿元。客户反馈显示，产品的窜货查实效果十分显著，有力维护了企业品牌价值。

本项目的两个创新技术，采集关联技术和追溯技术在进行市场稽查时起到了十分关键的作用，显著地提升了窜货查处率，一定程度上遏制了窜货的发生，维护了市场秩序的同时也减少了由于窜货给企业带来的巨大经济损失。同时，企业可以依托系统更便捷地对自己产品的去向进行监督和管控，也提升了企业运作的效率。

鼎昌公司的解决方案，贴近客户生产现场的生产流程和执行操作系统，与客户原有软硬件匹配好，兼顾实用性及稳定性，且自主研发的数字营销运营平台，以一物一码技术，帮助企业实现产品信息的采集与生产仓储的数字化，完成对产品的销售、流通环节全面跟踪与管理。从而实现防伪、追溯目标，保障用户的权益，树立企业品牌形象。

同时以产品码作为营销的流量入口，提供丰富的营销场景应用及多种营销资源配置，线下帮企业快速落地扫码等营销活动，线上可持续深度拓展营销，实现线下和线上营销活动和渠道的融合，帮企业直接连通终端用户，重复利用自有用户数据池和流量池；平台提供用户标签及画像，辅助企业用户洞察，实现数据驱动的精准自动营销，提升客户体验和黏度，实现用户持续稳定及增长。

该解决方案和服务可推广至酒水饮料以及有窜货情况存在的各种快消品行业中。

9 基于手机软件的"智慧食堂——食品追溯"技术方案

随着社会的发展与进步,食物,不仅需要满足百姓"吃饱、吃好"——基础需求,还要满足人民群众"吃得安全、吃得健康"——升级需求。学校,不仅教育众多学子"德、智、体"的知识,还要授予"多学科,会应用,全发展"的能力。当"食物"与"学校"结合,形成社会高度关注的热点——校园食品安全!

9.1 公司简介

沈阳诚真餐饮有限公司,是一家致力于膳食管理、团膳服务、配送、食堂管理于一体的专业化团餐企业,以中小学团餐服务为主,坐落于辽宁省沈阳市大东区。公司起步于2005年,于2016年8月动工,建立占地面积1万4000平方米的中央厨房,并于2017年3月正式投产,加工制作净菜、净肉、面点、糕点、桶装膳食、消毒餐饮具等产品,产品统一提供至本公司服务的单位食堂;至今,为沈阳市64家单位提供餐饮管理及配送餐服务,日供餐人数达8万人次。公司董事长李成祯先生,带领公司全体人员,始终秉承"做天大的事,当心怀敬畏"的理念,从事食品安全各项工作,并结合自主开发具有"互联网+智能"的"智慧食堂"软件,全面贯彻落实主体责任制,践行食品追溯体系。

9.2 智慧食堂简介

沈阳诚真餐饮有限公司于2018年初联合北京平安云厨、浙江海康威视、招商银行等多家机构与科技互联网公司,自主开发了"诚真餐饮 智慧食堂 安防中心",并于2018年9月3日在沈阳市第一中学食堂上线运行。目前,沈阳市第一中学、沈阳市回民中学、沈阳市第二十六中学,三所学校的6300余名家长在手机端注册使用,实现了"家庭、学校、食堂"互联。通过"科学技术+""互联网+""电子信息+",推行网上手机端的"智慧食堂——食品追溯",如图9-1所示。

图9-1 智慧食堂

9.3 手机软件实施的食品追溯

9.3.1 功能介绍

如图9-2所示,沈阳诚真餐饮有限公司自主开发的软件——"诚真餐饮 智慧食堂 安防中心",通过手机微信客户端关注"诚真餐饮"微信公众号,使用该软件具备的视频监控、从业人员、食材溯源、留样管理、来料检测、订餐取餐等多个功能模块,多角度、全方位地实施食品追溯。

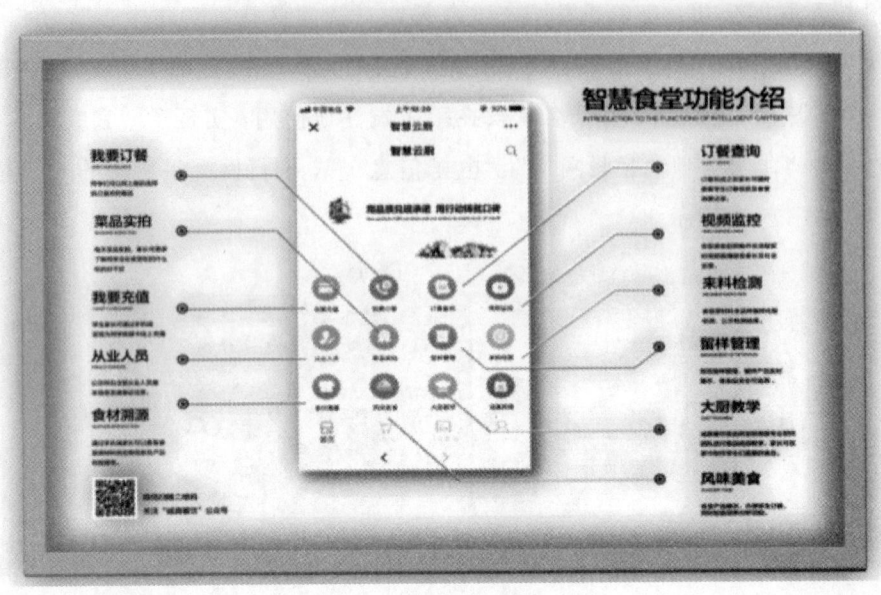

图 9-2 智慧食堂功能介绍

9.3.2 智慧食堂践行的食品追溯

1. 食品追溯第 1 步：人脸识别

"智慧食堂"终端系统——人脸识别功能——实施预订餐后的快速便捷取餐，如图 9-3 所示。

图 9-3 人脸识别

2. 食品追溯第 2 步：系统倒查

"智慧食堂"电脑客户端/手机客户端——查询功能——查询具体餐次餐食产品的明细，如图 9-4 所示。

图9—4 系统倒查

3. 食品追溯第3步：留样管理

"智慧食堂"手机客户端——查询功能——查询具体餐次餐食产品的明细，如图9—5所示。

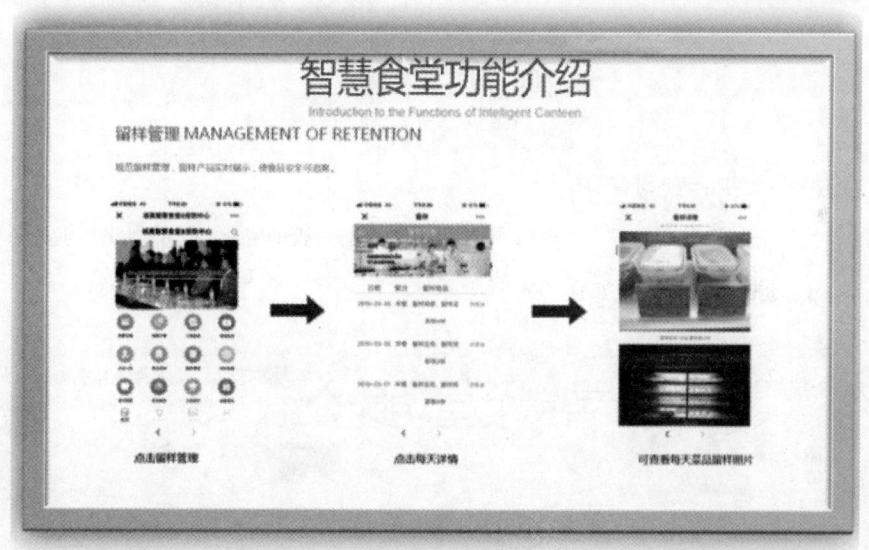

图9—5 留样管理

4. 食品追溯第4步：视频监控——精级版明厨亮灶

"智慧食堂"手机客户端——视频监控功能——查询餐食产品的加工环境卫生及操作现场具体情况，如图9—6所示。

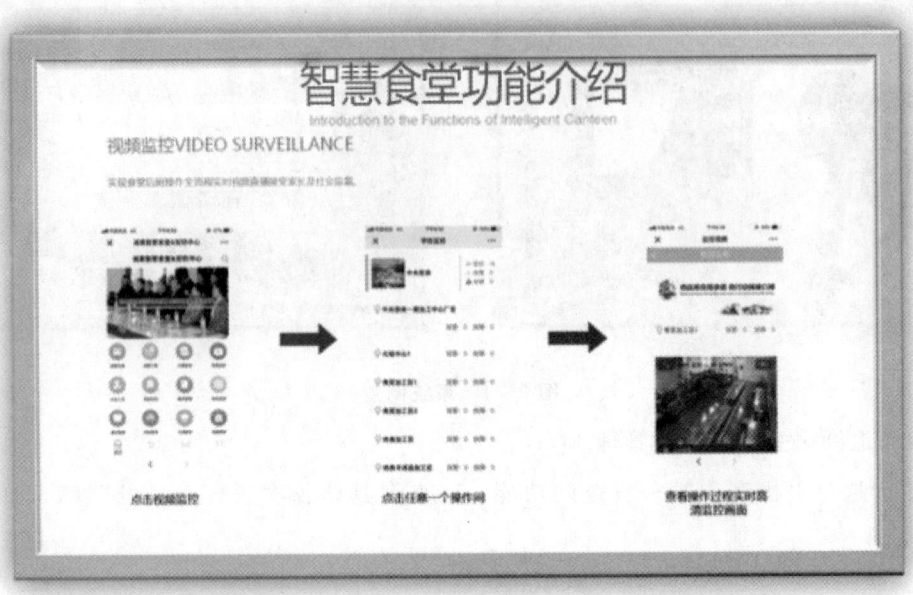

图 9-6 视频监控

5. 食品追溯第 5 步：食材溯源

"智慧食堂"手机客户端——"食材溯源"功能——查询餐食产品所用的全部原料信息，包括供应商资质、原料资质等，如图 9-7 所示。

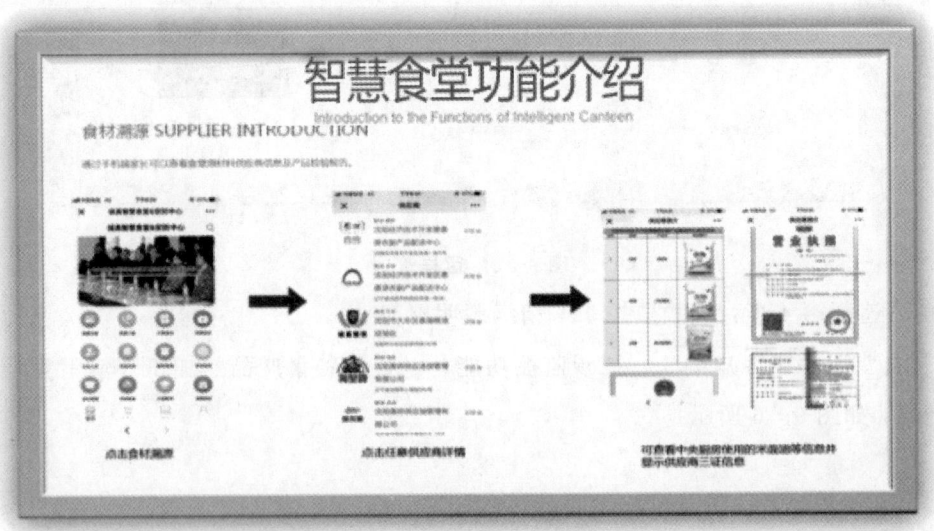

图 9-7 食材溯源

6. 食品追溯第 6 步：来料检验

"智慧食堂"手机客户端——"来料检验"功能——查询加工餐食产品所需原料的抽验验收结果，如图 9-8 所示。

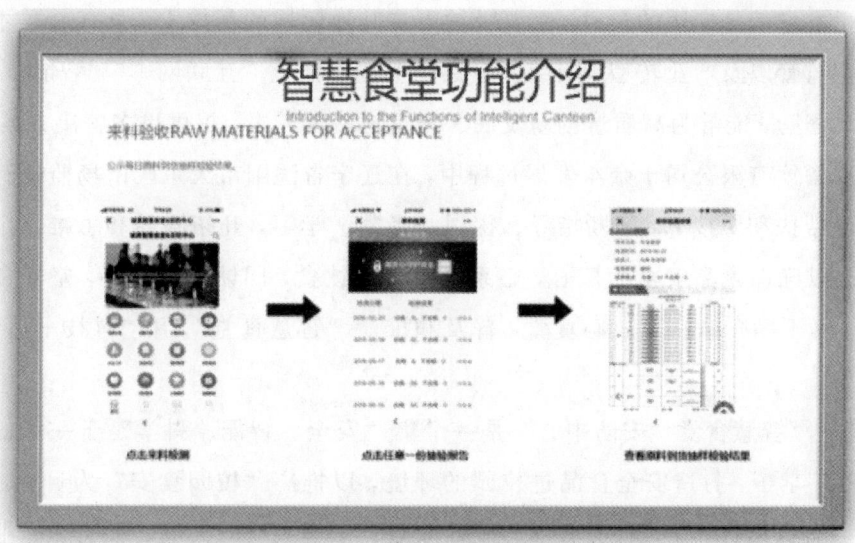

图 9-8　来料检验

7. 食品追溯第 7 步：从业人员

"智慧食堂"电脑客服端/手机客户端——"从业人员"功能——查询加工餐食产品从业人员的健康证信息及每日岗前晨检结果如图 9-9 所示。

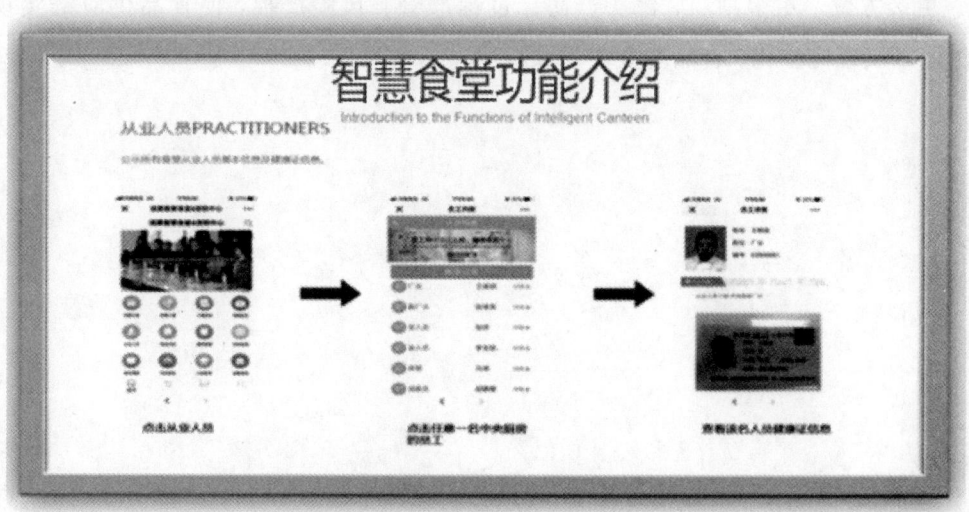

图 9-9　从业人员

9.4 "智慧食堂"发展规划

食品科学本身就是应用的学科,需要吸纳更多其他领域的新技术,只有这样才能更好地应对食品安全监管以及产业转型地升级。食品工业能够插上"互联网+""智能+""信息技术+"这样的翅膀,能够为高质量创新发展、满足消费者需求,提供更多解决方案。

沈阳诚真餐饮有限公司十余年发展过程中,在辽宁省沈阳市大东区市场监督管理局各级监管人员精准帮扶和对接下,不断指导、探讨、考察、学习,开拓眼界和思维。企业逐渐梳理发展思路,以确保食品安全为核心,心系师生健康饮食,回馈社会群众,坚守食品安全的红线和底线,做干净食堂、做放心食堂,普及和推广"智慧食堂",用"科技+追溯"理念,保障校园食安。

"诚真餐饮 智慧食堂 安防中心"是一个集"安全、智能、科学"于一体的功能性应用软件,为莘莘学子,打造安全食品进校园的环境,以推广"校园食安"为目标,将食品安全与食品追溯有机结合,实现社会效益、企业效益、家庭效益的共赢。社会、企业、监管三方位,通过手机端查看"智慧食堂",以"眼见为实":看见"原料、设施、加工、环境、人员"的五道食品追溯防火墙,科学、精准、真实展现校园食品安全和食品追溯体系。食品企业配以越灵敏、越科学、越精准的技术反应,可以为企业快速进军、引领行业先锋注入坚定的力量。"诚真餐饮 智慧食堂 安防中心"将继续扩大应用范围,上线更多追溯功能,更多角度、更多方位、更多项目,源头严防、过程严管、风险严控,使食品供应链实现透明化,追溯体系实现完整化,食品安全实现保障化。

10 金徽酒业基于产品生命周期管理的应用案例

10.1 公司介绍

金徽酒股份有限公司（以下简称金徽酒）是在康庆坊、万盛魁等多个徽酒老作坊基础上组建的省属国营大型白酒企业，曾用名甘肃陇南春酒厂，是国内建厂最早的中华老字号白酒酿造企业之一，如图10-1所示。随着时代的进步，互联网浪潮的来临，金徽酒作为传统企业，转型将会是企业生存的必经之路，以产品为中心，以流通过程为抓手，逐步逐层设计和实施金徽酒IT系统建设，让一物一码产品生命周期管理系统在支撑外部监管的同时，也为企业内部执行管控发挥了巨大作用。

图10-1 公司全景图

2015年起金徽酒开始着手建设基于快消品一物一码的生命周期管理平台，通过二维码、自动控制与大数据分析等技术手段，实现了对产品流转过程中的集中管控以及企业内部的销售管理等。项目覆盖4条生产线，最终实现了对产品的全流程追溯、对各级渠道的监管，以及有效节约上百万元营销费用。公司全貌如图10－2所示。

图10－2　公司俯瞰图

10.2　项目概述

10.2.1　金徽酒产品生命周期管理体系概述

在"中国制造2050"战略下，如何构建产业生态是每个企业追逐的目标，金徽酒率先将企业生产、渠道管理以及具备唯一性的产品二维码相结合，坚定地朝着"工厂部分数字化管理"的方向努力，最终实现企业的开源节流，提升企业整体的信息化水平。

金徽酒作为上市公司，虽然坐拥得天独厚的地理位置，但是传统企业的弊端一直制约着企业的快速发展，随着互联网思维的影响，一物一码技术深受企业关注，并于2015年在生产线上进行试点，与友和利德公司正式建立合作关系，将企数云产品生命周期管理系统正式纳为工作重点之一。产品的生命周期管理系统涵盖了产品溯源、渠道管控、营销活动等环节，有效帮助企业实现了开源节流。公司企业品牌形象如图10－3所示。

图 10-3 企业品牌形象

10.2.2 金徽酒引入企数云产品生命周期管理平台的初衷

金徽酒现状及问题如下：

1. 商品溯源无法顺畅完成；
2. 企业商品防伪投资巨大；
3. 商品代码无法追踪；
4. 企业与消费者之间无沟通渠道；
5. 商品流通环节无法追踪；
6. 无法建立与消费者之间的黏性。

针对以上六方面诉求与实际问题，金徽酒根据自身经营与品牌保护等需求实现了溯源体系的建设，这与国务院办公厅的指导要求不谋而合。总体思路如下：

1. 金徽酒追溯体系属于自建体系，从经营角度出发，实现营销体系管理、消费者溯源、品牌保护等多个目标。

2. 金徽酒追溯体系采用与第三方企数云平台对接，利用一物一码技术，确保追溯体系的安全、稳定，并且为消费者及经销商提供诸多服务与实惠。

3. 金徽酒的追溯体系建设根据企业需求，在企数云平台的基础上进行个性化定制，将"公有云＋私有云"的混合云模式嵌入企业，使企业实现编码自管理、数据自掌握，提供数据的安全保障。

4. 在追溯系统基础上，金徽酒十分看重智能营销的功能模块，规避了传统的发奖兑奖模式，实现了线上的多种营销互动，也实现了消费者画像的采集与大数据分析等功能。

以上是金徽酒结合自身情况，通过企数云平台实现了二维码管理、渠道管理、营销管理等功能，真正帮企业做到开源节流，并且拉近企业与消费者之间的距离。

10.2.3 金徽酒企数云产品功能介绍

金徽酒企数云产品功能如图 10-4 所示。

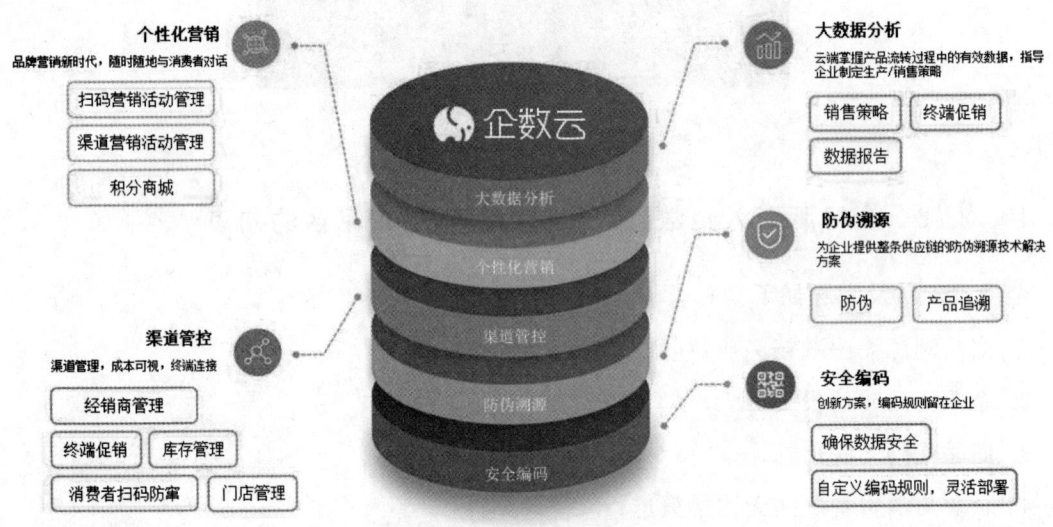

图 10-4 功能介绍

1. 服务器通过"公有云＋私有云"的混合云模式，支撑企业提供服务。通过企数云的个性化部署，确保了使用的高效、安全、便捷，为企业规避安全隐患。

2. 实现二维码自管理：由企业定制编码规则，保证了编码规则不外泄。

3. 实现渠道的管控：通过产品的出入库扫码，即二维码的流转，可以实现对各级渠道、门店的管控目标，对假货窜货及时预警，对各级渠道的库存销量情况及时掌握。

4. 智慧营销：摆脱了传统营销方式带来的弊端，如奖品单一、兑奖烦琐、核销困难等情况，并能有效节约营销成本，防止渠道截留，让营销奖励直达消费者，提升消费者幸福感。如图 10-5 所示。

图 10－5　智慧营销

10.3　产品生命周期管理平台详细方案

10.3.1　二维码产品的生命周期流转

从二维码管理、生产供应商（辅料生成、灌装生产、出入库管理）管理、渠道（经销商、门店……）管理到最终面向消费者的营销活动，都是通过产品唯一的二维码在市场流转过程中实现的，同时也是通过二维码这个载体不断地沉淀市场数据，如图 10－6 所示。

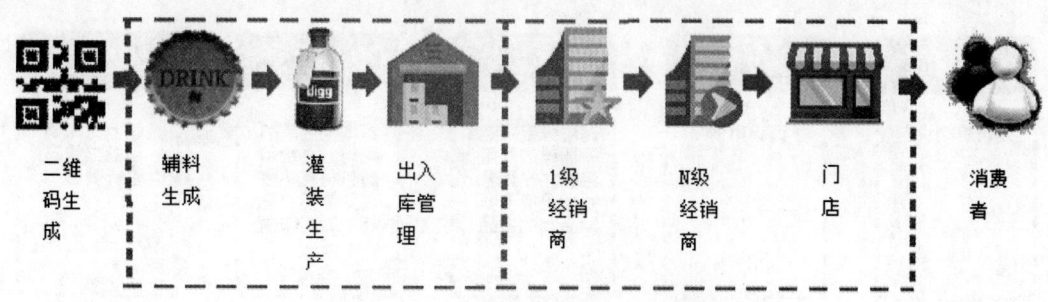

图 10－6　二维码产品的生命周期流转

具体说明如下：

1. 生产供应环节：包含辅料生成、灌装生产以及出入库管理 3 部分。

(1) 辅料生成：将二维码打印到瓶盖或包装材料上，形成单品码；

(2) 出入库管理：生产后商品发送到仓库、仓库发送到 1 级经销商等；

(3) 生产供应

①根据生产任务生产产品；

②生产过程中收集成品及报废数据；

③收集瓶箱垛包装管理及包装关联数据；

④采集箱码，生成虚拟垛码。

2. 渠道管控：包含 1 级经销商、N 级经销商、门店，乃至特殊渠道（如酒店）的管理。

(1) 经销商

①通过出入库操作记录产品通路流程；

②承上启下，连接生产和营销；

③精确到单品码的物流记录，为防窜溯源提供依据；

④通过返利和促销活动完善供应链。

(2) 门店管理：通常为通路的最末端，直接面向消费者，但有些会招聘促销人员。门店可以有小卖部、超市等。

10.3.2 生产内部流转

10.3.2.1 生成编码

由企业制定编码规则，企数云平台根据企业制定的规则产出编码，并交付印刷场制作，审核无误后返回企数云平台，进行线上对二维码的激活，避免二维码被盗取，造成损失。具体生成编码的流程如图 10-7 所示。企数云平台使用页面如图 10-8、图 10-9 所示。

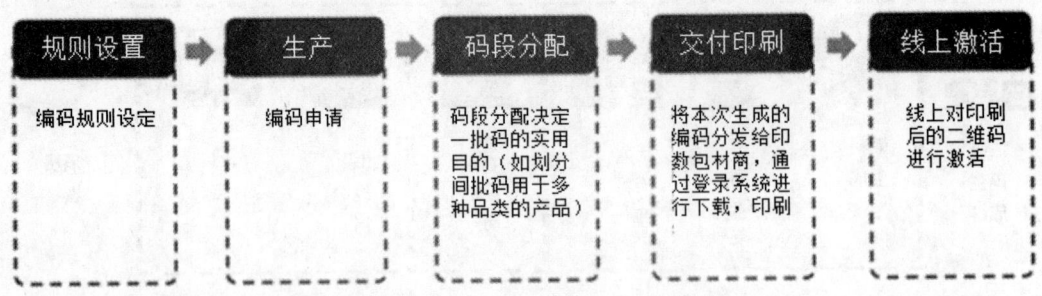

图 10-7 编码生成流程图

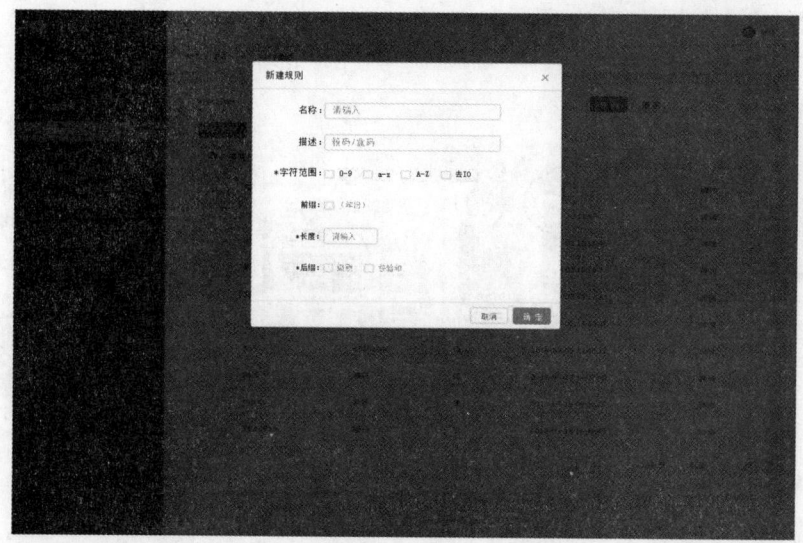

图 10-8 企数云平台新建编码规则

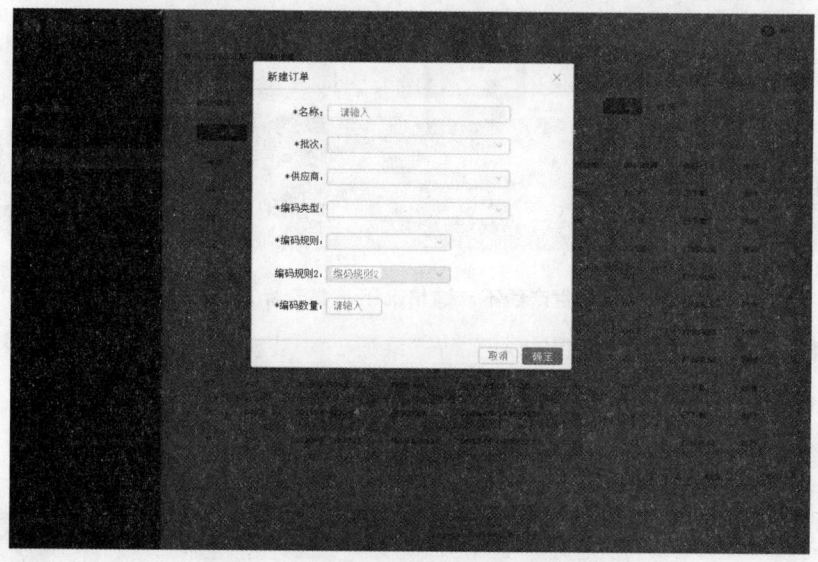

图 10-9 企数云平台新建编码订单

10.3.2.2 赋码方式展示

各快消企业可以根据产线、规模等要素综合考虑其赋码方式。

1. 不干胶人工贴码：成本相对较低；
2. 生产线边打印边贴码：涉及生产线改造，需要一定的预算；
3. 生产线直接打码：涉及生产线改造，需要一定的预算；
4. 包材商印好后进厂：存在风险。

金徽酒赋码方式如图10－10所示。

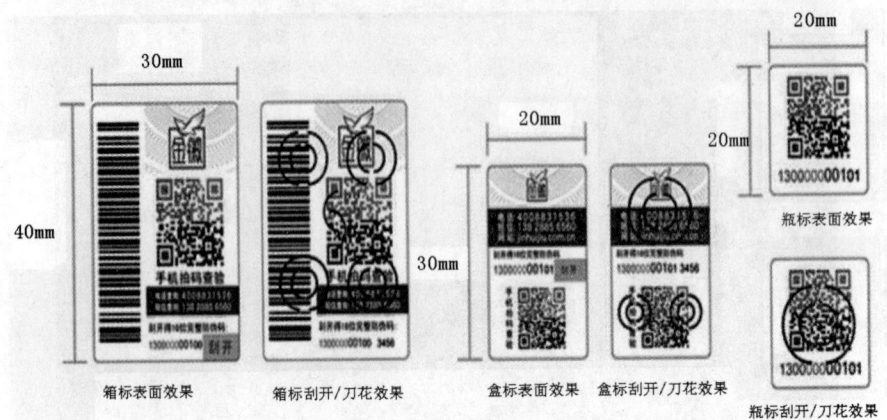

图10－10　金徽酒赋码示意图

10.3.2.3　生产线采集套标二维码流程

1. 生产线不改造情况下采集套标二维码示意图如图10－11所示。

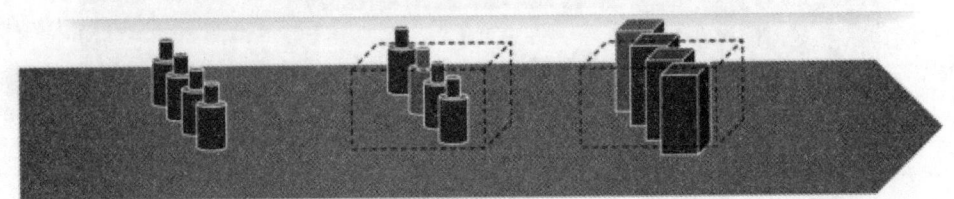

图10－11　生产线不改造情况下采集套标二维码示意图

贴码采集关联系统的工作流程：人工贴二维码——装盒——贴盒码——装箱——贴箱码——PDA设备扫描箱码——入库。

2. 生产线改造下采集二维码示意图如10－12所示。

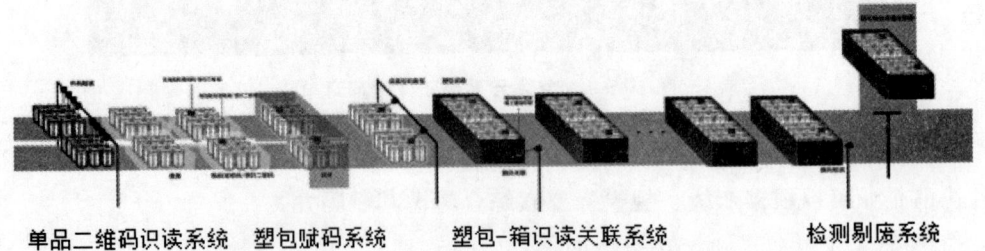

图10－12　生产线改造情况下采集二维码示意图

赋码采集关联系统的工作流程：贴标输出——条码扫描——输送到工控机判断——剔废或放行——计数到达——分流或推出瓶子——装箱——1级码数量到达——粘贴扫描二级码

——入库。

金徽酒就是基于企业内部工作人员自由编码,并将编码分发给包材供应商,获取生码记录以及编码使用量等数据,从而帮助品牌对成本核算以及对编码自管理,防止编码外泄,被盗取。并记录生产线采集出入库的情况,以及对应二维码编码产品的活动信息。

10.3.2.4 营销活动

二维码防伪具有防伪效果好、易识别、易互动的特点,其实二维码防伪的核心是"一物一码"技术,基于"一物一码"的互动,金徽酒以消费者为中心重新审视营销创意提供可扩展的平台。消费者扫码示意图如图10-13所示。

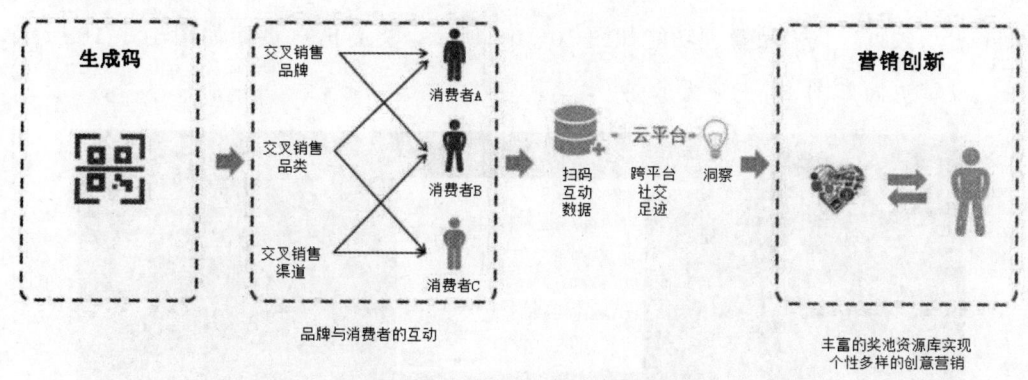

图10-13 消费者扫码示意图

营销活动的目的主要在于:

1. "一物一码":每一个产品对应一个唯一的二维码,消费者通过手机微信轻松扫描立即显示图文丰富的防伪界面。

2. 消费者验明真伪:可同时关注商家微信公众号,领取微信现金红包、商城积分,便于商家将线下潜在用户转换为线上客户,为后期商家开展二次营销活动奠定用户基础。

3. 商家可以通过微信红包、积分商城,吸收并留住粉丝,保持宣传的热度与二次营销的精准度,开展移动互联网营销活动。

那么金徽酒如何建立营销管理呢?如图10-14所示。

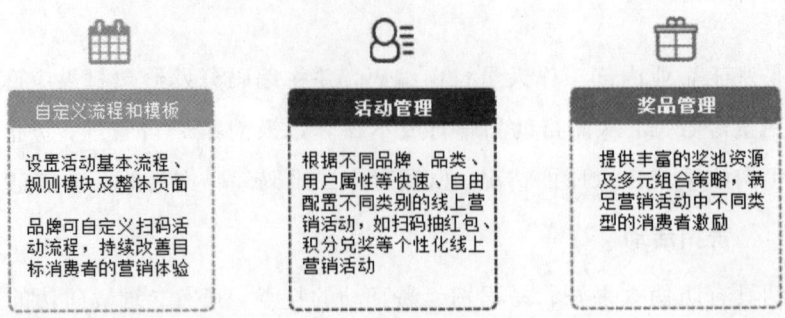

图 10-14 营销管理

金徽酒在企数云平台完成中奖规则的设定后,依次完成添加营销活动等操作,即可实时查询营销活动数据,其奖品管理功能如图 10-15 所示,奖品信息页面如图 10-16 所示,营销活动的设定页面如图 10-17 所示。

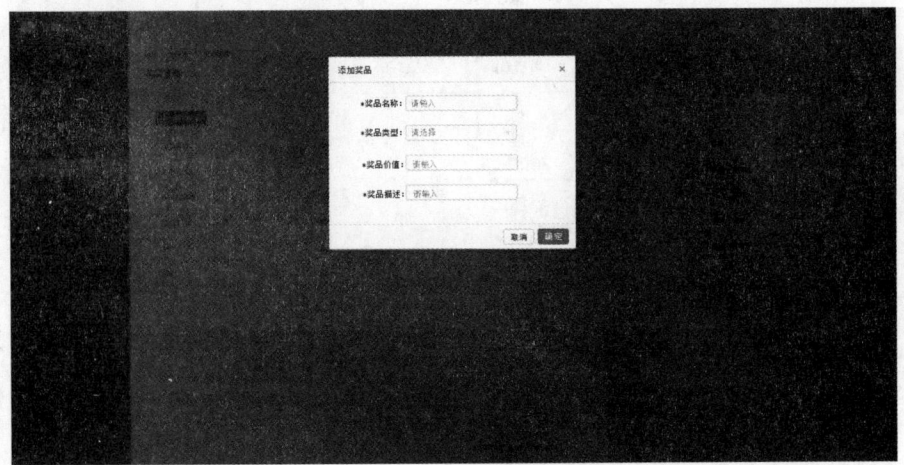

图 10-15 奖品管理页面

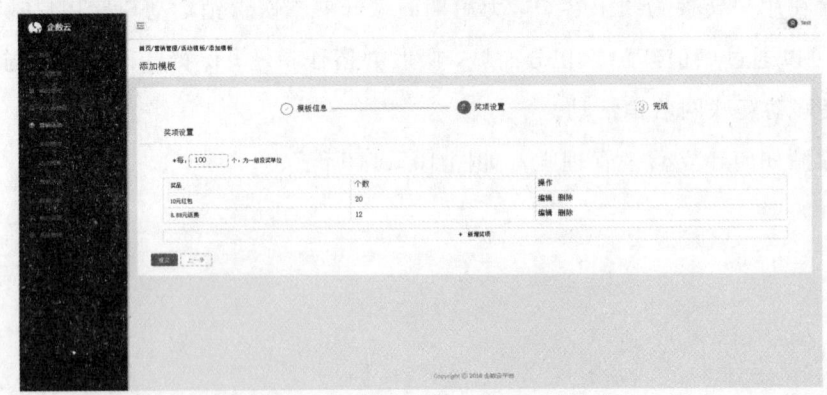

图 10-16 奖品信息页面

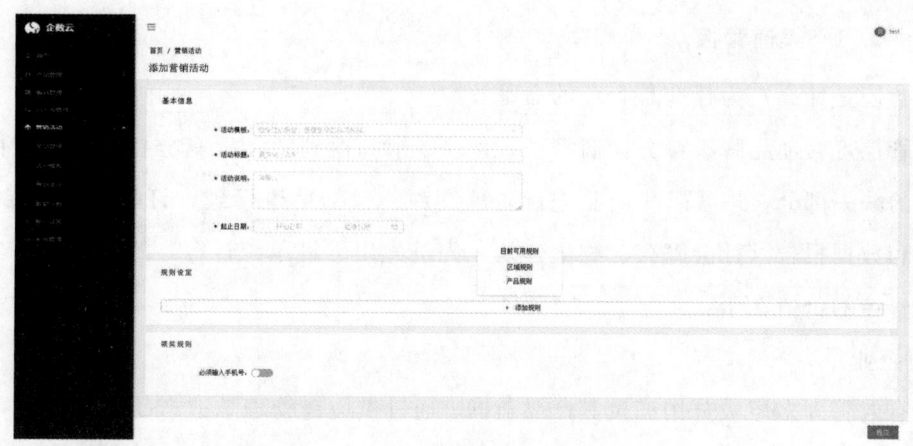

图 10—17　营销活动的设定页面

而作为企业最为关心的是营销活动效果如何？受众如何？营销活动的投入产出比如何？那么，想知道具体的数据报告，无疑需要大数据的支撑。以下是金徽酒通过平台大数据统计得到的营销活动数据，包含了用户分布情况、用户购买情况等，有效地帮助金徽酒完成了用户画像，为今后新品的研发或者扩大市场等提供了指导方向。

10.3.3　渠道管控的流转

完成二维码产品生命周期的流转，需要在各个环节对二维码进行扫码录入，那么企业如何触动经销商完成扫码工作呢？金徽酒是以扫码出入库作为各渠道的奖励标准，通过实物/现金的激励机制，引导经销商乐于扫码，完成扫码任务。流程如图 10—18 所示。

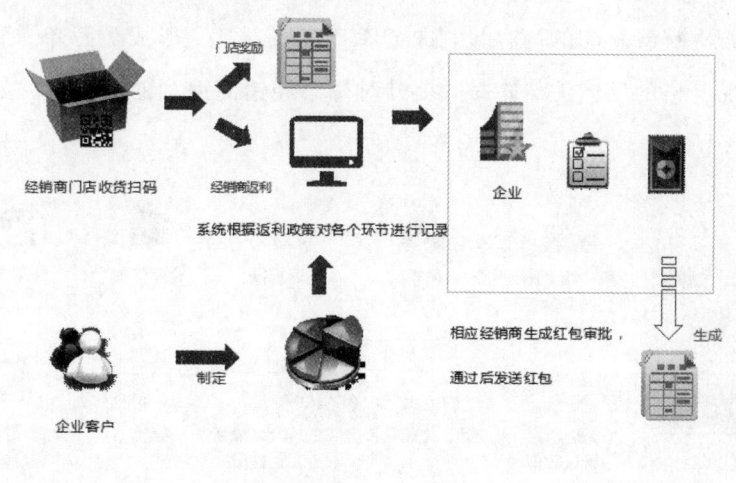

图 10—18　渠道管控流程图

10.3.3.1 渠道管控

渠道管控是什么？为什么是企业的命脉？

渠道管控可帮助品牌进行分销商管理，通过促销和返利活动提高分销商的积极性，完善供应链中的缺失部分，并可帮助企业进行防窜溯源。包括渠道管理、订购系统、促销活动、防窜溯源和数据报告（社会库存、物流建议、先进先出、订单统计等）等功能。

渠道管控的价值在于：

1. 对企业

(1) 有效管理多层级分销商及其产品流向，通过供应链管理掌握产品流向；

(2) 通过供应链线上、线下连接，提供数据支撑，提升运营能力；

(3) 建立良好的口碑，确保消费者购买到正品；

(4) 稳定市场价格，为防伪防窜、社会库存提供可信赖的依据。

2. 对渠道商

(1) 返利和分销帮助分销商获取更大利益，激发分销商的积极性，让分销商主动向品牌靠拢；

(2) 方便查看下级分销商或门店的出货及库存情况。

10.3.3.2 渠道管控之渠道管理

可帮助企业对多层级分销商和终端（门店）进行逐级管理，帮助企业进行 CRM 管理。可通过一物一码赋码实现对每一件产品在生产环节的追踪，并通过手机 APP 方便快捷地了解产品出入库情况，查看仓库的库存量，进行库存盘点对比，形成盈亏单。自下而上地完善分销商系统，实现严格的反向注册审核，提升对每个经销商返利的精准度。如图10－19、图10－20所示。

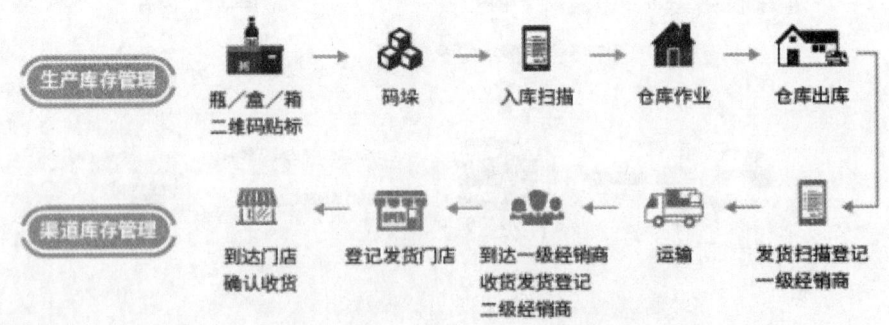

图10－19　生产库存和渠道库存管理

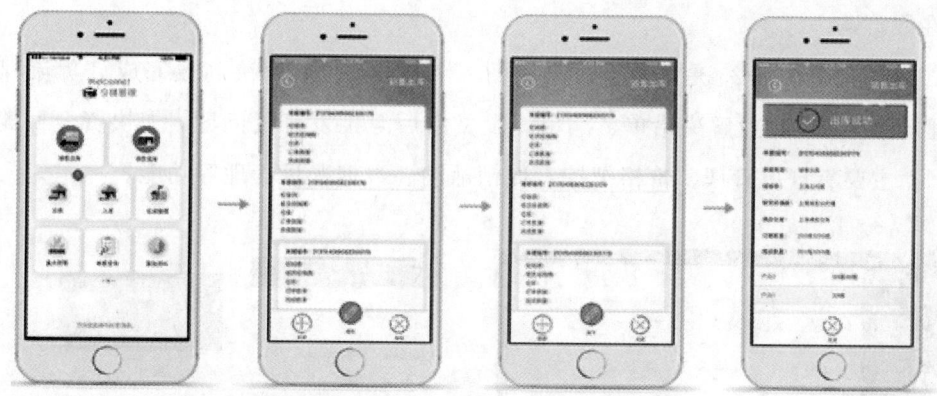

图 10—20　生产库存和渠道库存管理手机界面

10.3.3.3　渠道管理之会员系统

会员系统将渠道（多级分销商、终端门店、导购）与企业紧密连接，客户、订单、营销、库存一套系统全面管理，对渠道行为进行分析后，更好进行有针对性的优化。促销活动通常供企业品牌管理使用，由分销商、门店、促销员等角色通过扫码进行奖励，以维护分销商、门店等的客户忠诚度。在线订购系统供渠道使用，进行在线向上一级提交产品需求，由上一级进行审核安排发货，同时可以查看自己的奖励、库存以及出入库情况。

1. 促销管理

促销管理是包括返利、促销和核销三个模块，通过逐层返利、各类促销策略及线下核销管理的优化助力企业达到促进销量的终极目的。促销活动通常供企业品牌管理使用。由分销商、门店、促销员等角色通过扫码进行奖励，以维护分销商、门店等的客户忠诚度。促销奖励可以是红包、卡券、实物、积分等多种形式。如图 10—21 所示。

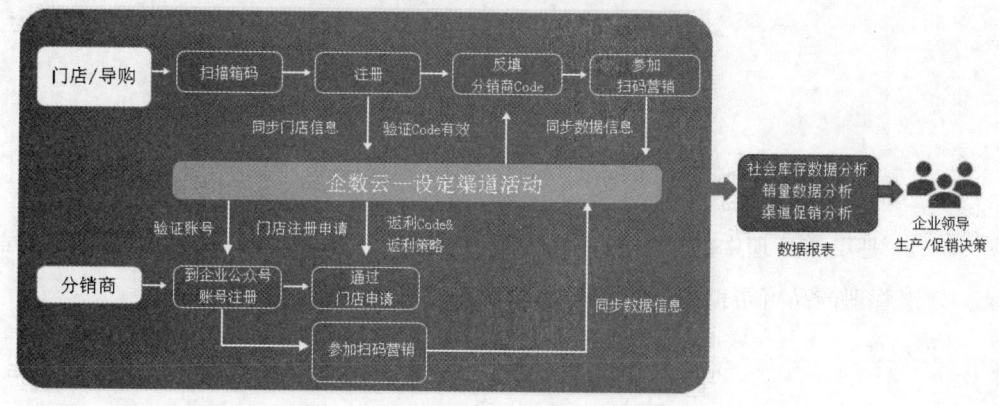

图 10—21　促销管理

2. 在线订购

图10-22、图10-23是渠道会员系统的一个功能，主要解决高效完成订货流程、提升订单处理效率问题，专业解决错单、漏单、发货滞后等批发订货问题，加快资金回笼，获得更多利润。主要有订单管理、价格把控、促销活动、数据账目管理等功能。

图10-22 金徽酒——在线订购系统示意图

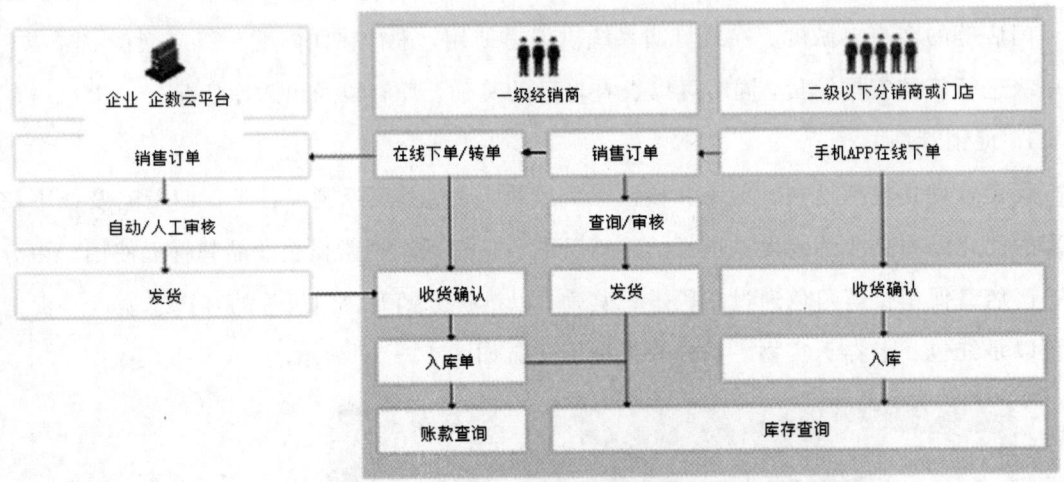

图10-23 在线订购系统流程图

10.3.3.4 渠道管理之防窜溯源

图10-24是渠道管理中的防窜溯源流程图。通过对产品从生产到分销商流通过程的追踪记录、分销管理产品可帮助企业进行产品的防窜溯源。

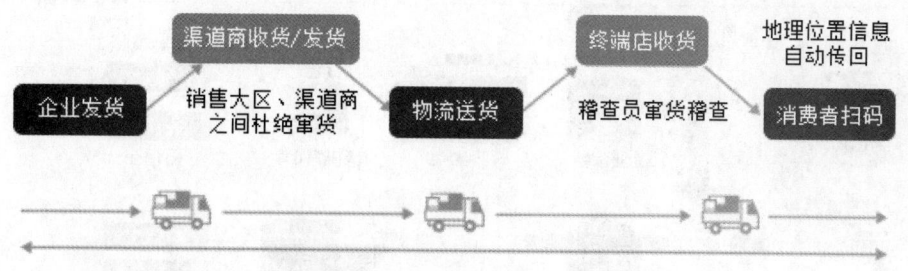

图 10-24 渠道管理之防窜溯源

三种稽查防窜货为防窜提供基础：

1. 场景一：层层扫码稽查

企业仓管人员使用 PDA（手持终端设备）发货给指定分销商，分销商使用手机或 PDA（手持终端设备）发货给下级分销商，实行层层精准发货。

2. 场景二：终端码稽查

终端店可以扫码收货。

3. 场景三：借助消费者营销活动扫码稽查

如图 10-25 所示，消费者扫码参与营销活动，系统自动采集消费者地理位置信息。

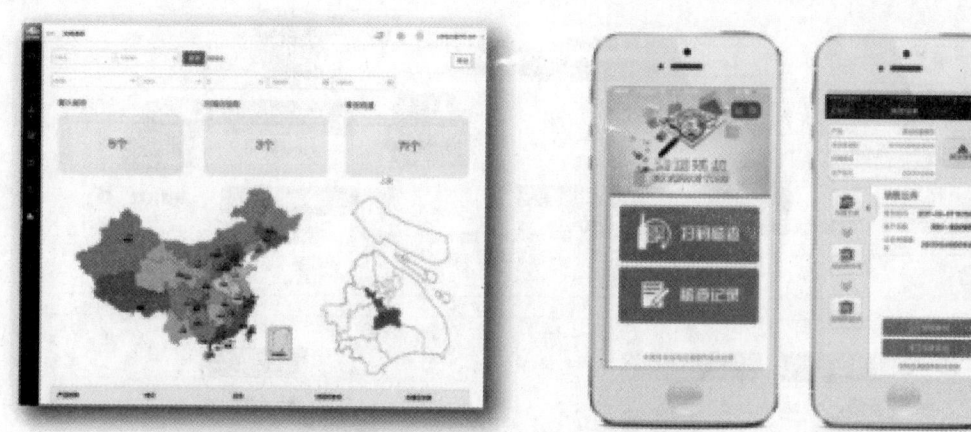

图 10-25 借助消费者营销活动扫码稽查

10.3.3.5 产品在渠道流转示意图

产品在渠道流转示意图如图 10-26、图 10-27、图 10-28 所示。

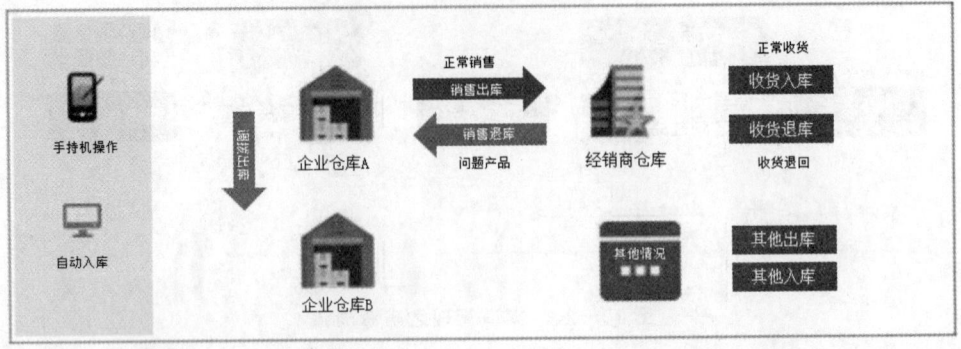

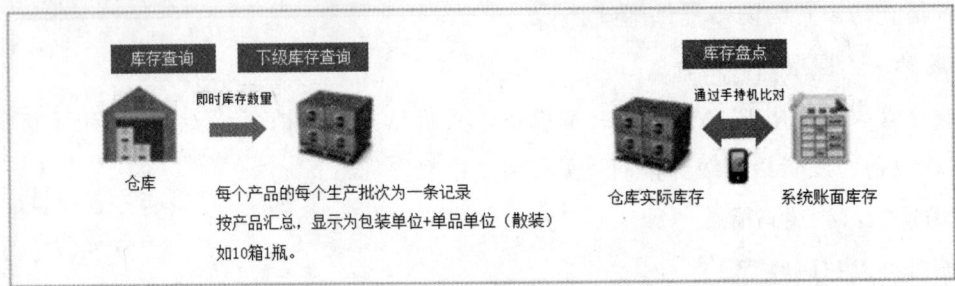

图 10—26　门店流转及库存展示

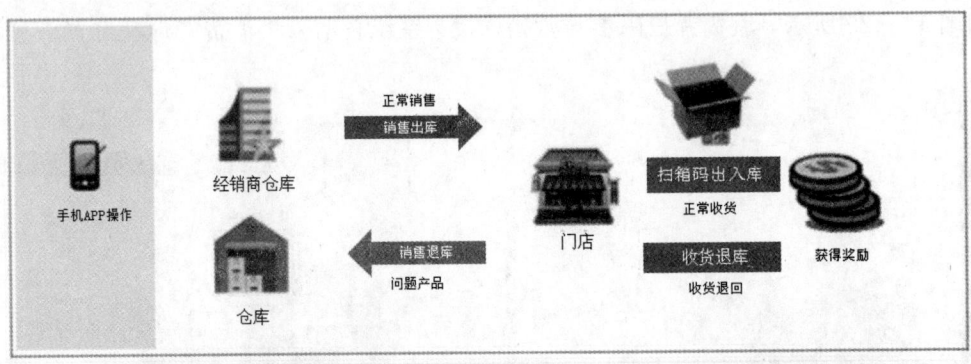

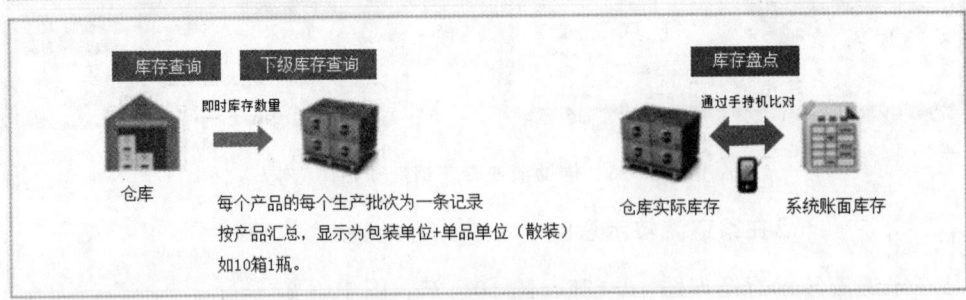

图 10—27　门店流转及库存展示

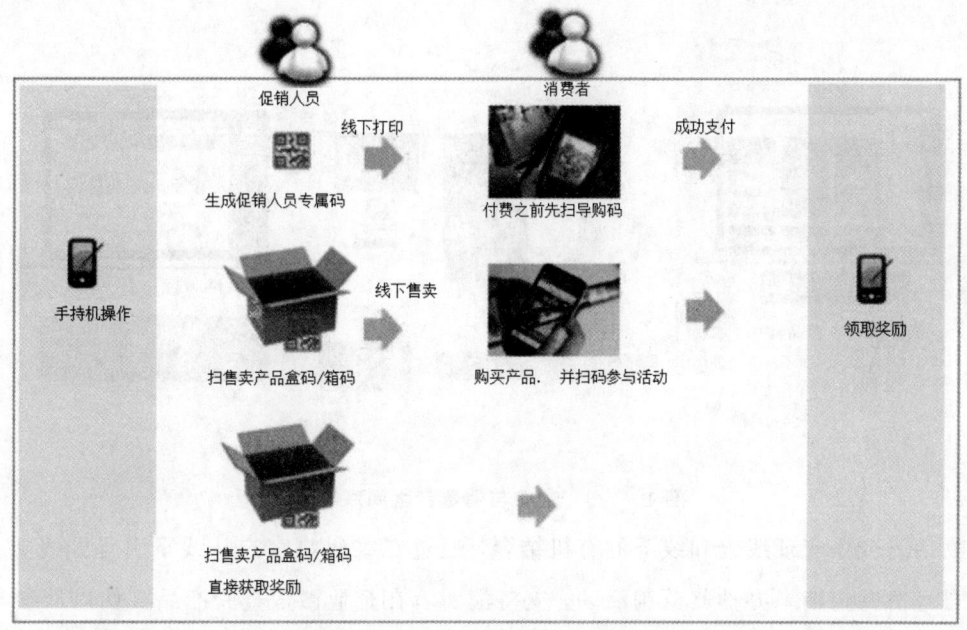

图 10-28　促销人员流转示意图

正因为金徽酒真正认识到了渠道管控的重要性，所以从基层开始搭建了整套的渠道管控系统，不仅有效控制了渠道间的窜货问题，也促进了企业的门店营销，成为企业管理很好的助力。

10.3.4　消费者互动

如图 10-29 所示，通过营销活动，建立企业与消费者之间的联系，使消费者数据留在企业，有助于企业更好地分析用户行为、用户喜好，从而建立用户对品牌的信任，树立品牌形象。下图是消费者参与营销活动后的数据报告：

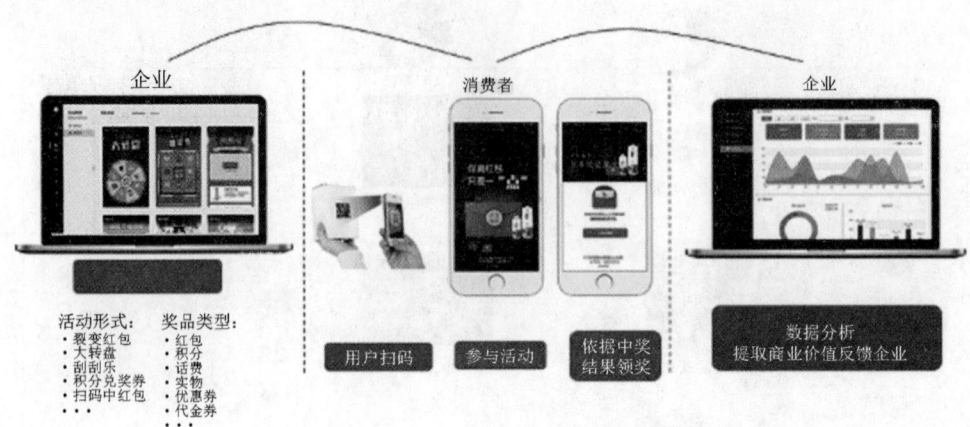

图 10-29 企业与消费者之间联系图

一物一码轻松实现线上和线下的有机结合,通过二维码将客户从线下引导到线上,企业可根据自身情况定期举办抽奖营销活动,支持消费者在企业微信查验产品真伪以后参与抽奖互动;引导用户访问企业网站,从而提升关注度,提升品牌形象,带动客流量和销售量,企业可以通过抽奖活动获取手机用户真实信息及相关消费数据。那么,建立企业自身的积分商城也逐步成为金徽酒的需求之一。积分商城如图 10-30 所示。

图 10-30 积分商城示例图

依据消费者参与活动信息及购买信息,企数云平台对消费者相关数据进行分析,建立消费者画像,从而依据消费者偏好进行企业决策。

10.3.5 大数据采集与分析

如图 10-31 所示,大数据云平台根据扫码客户进行人群画像,实现企业消费者调研,详细分析出目标客户的地域、年龄、姓名、职业等信息,在庞杂的数据背后挖掘、分析用户的行为习惯和喜好,找出符合用户"口味"的产品和服务,为产品改良、升级提供指导性意见。有效收集参与活动用户的特定信息,为企业决策提供有力的依据。

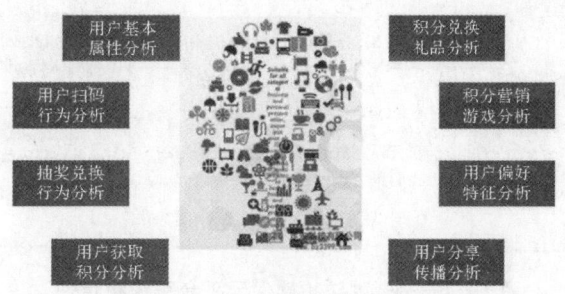

图 10-31 大数据采集与分析

数据自动记录,从产品原料到生产、物流、门店、终端用户,全流程数据分析。异常数据自动报警,全流程监控,出现问题及时调整,大大增加货品流通、生产效率,规避潜在风险。

10.3.6 二维码数据安全保证

企数云平台安全机制如图 10-32 所示。

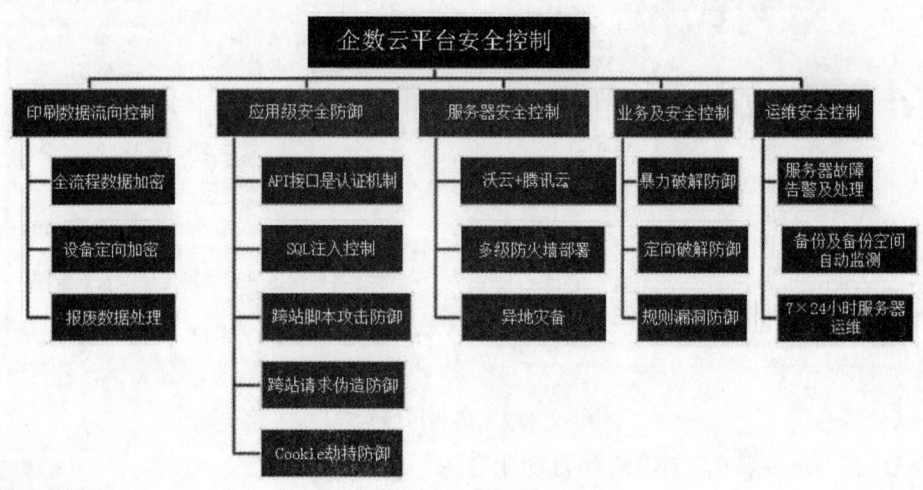

图 10-32 企数云平台安全机制

1. 把二维码编码留在企业，并确定稳定高效，通过灵活组合的全供应链信息采集，面向硬件加密以及高并发的混合云计算确保系统稳定性，如图10-33所示。

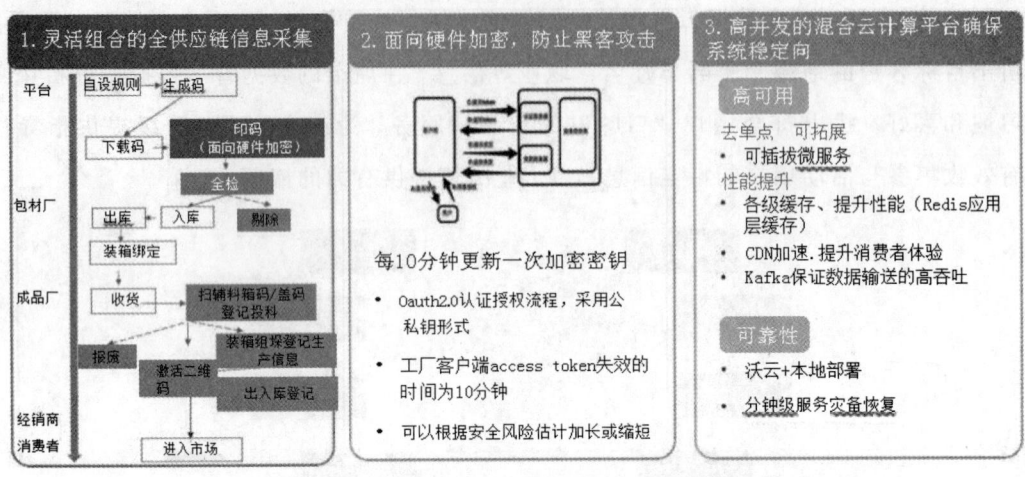

图10-33　多种防护确保云平台系统稳定性

2. 通过二维码多重加密、物理属性防伪机制，使企业确保用码安全，防止二维码规则泄露、二维码的仿制等问题的发生。确保每个码的安全，如图10-34所示。

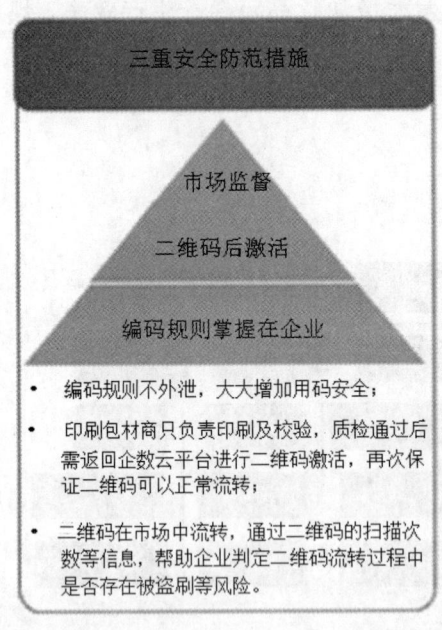
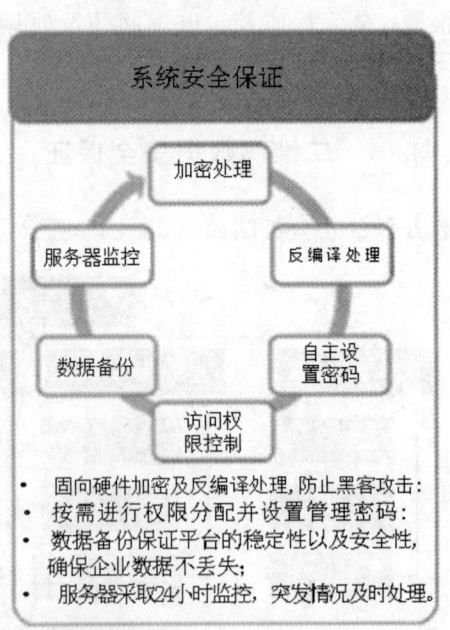

图10-34　企业用码安全

3. 企数云，推动精准营销策略的自动化应用

运用云平台推动精准营销策略，具体如10-35所示。

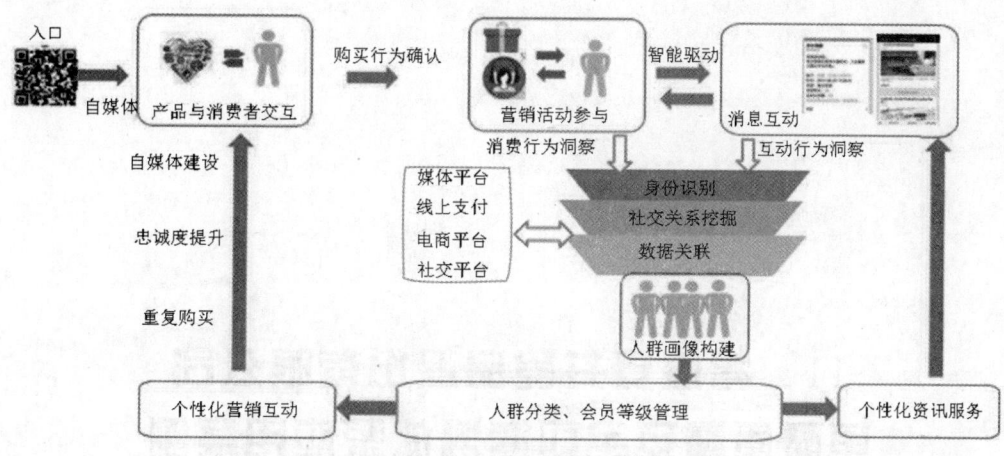

图 10-35 精准营销策略的数字化应用

10.4 项目总结及展望

金徽酒成立信息化项目组并制订了严格的实施计划,从施工质量、系统功能、系统性能、用户体验以及稳定性等多个角度进行了测试和验证,最终以优质的质量验收了企数云项目。

回顾项目的整个历程,有很多需要总结和吸取经验的地方:

1. 二维码是基础,金徽酒在二维码的防伪工作上下了较大成本,使用了三色的可变码,加强了本身的物理防伪属性。

2. 生产系统是在原有的老的生产设施系统上构建的,改造过程中会遇到现场条件的限制,所以在未来新的生产系统上需要提早规划和部署,将会提高整体系统的完美程度。

3. 生产系统应从实际作业人员的素养出发,并辅助系统的培训,最终才能确保系统的成功。

4. 自系统上线后,金徽酒根据企业自身情况,逐步挖掘内在需求,从简单的产品溯源和营销投奖,到之后的渠道系统、消费者系统等的有效融合,使得金徽酒仅仅在营销方面的开支就大为缩减。

信息化快速崛起的时代,金徽酒努力走在信息化的前沿,在企业管理的方方面面打造企业竞争力。因此,金徽酒的工业化与信息化的融合将会继续深化,在此企数云项目的基础上,会更加完善自身的数据化管理体系、柔性定制体系等方向,为迎合广大的消费者不断努力。

11 福建安井食品股份有限公司鱼糜质量安全可追溯体系应用案例

11.1 公司简介

福建安井食品股份有限公司成立于2001年12月，注册资本21604万元，地址为厦门市海沧区新阳路2508号；主要从事火锅料制品（以速冻鱼糜制品、速冻肉制品为主）和速冻面米制品的研发、生产和销售。下辖全资子公司有：无锡安井食品营销有限公司、无锡华顺民生食品有限公司、泰州安井食品有限公司、辽宁安井食品有限公司、四川安井食品有限公司、湖北安井食品有限公司、河南安井食品有限公司和中国香港安井食品有限公司，共计7大生产基地8个工厂。2018年初安井参股国内水产加工行业核心企业湖北新宏业食品有限公司，实现与淡水鱼糜领导品牌、小龙虾制造领先企业的强强联合。

公司主要经营"安井"品牌速冻食品，包括爆汁小鱼丸、仿花枝丸等速冻鱼糜制品；撒尿肉丸、霞迷饺等速冻肉制品；手抓饼、核桃包、红糖馒头等速冻面米制品；速冻其他类制品千页豆腐及调味水产品小龙虾等合计300多个品种。经过10多年的发展，公司形成了以华东地区为中心、辐射全国的营销网络。公司2017年产量超35万吨、营业收入近35亿元，逐步成长为国内较具影响力和知名度的速冻食品企业。2017年2月22日，福建安井食品股份有限公司在上海证券交易所主板挂牌上市，股票简称"安井食品"，股票代码"603345"。

安井坚持"传承中华美食、传递健康快乐"的企业使命，"责任、正道、行动、共赢"的企业价值观，"食以民为天"的经营理念及"马上去做，用心去做"的企业作风，按照"火锅料制品为主、面米制品为辅"的产品策略，不断提升安井产品质量，提高品牌美誉度和企业竞争力。

安井荣获了由国家发改委、国家科技部等 5 部委联合认定的火锅料行业首家"国家级企业技术中心"、农业部颁发的"农业产业化国家重点龙头企业"和"全国主食加工业示范企业"称号、中国合格评定国家认可委员会颁发的"CNAS 国家实验室证书"以及"全国工业品牌培育示范企业""出入境检验检疫信用管理 AA 级企业""福建省海洋产业龙头企业"等多项殊荣。

此外,安井还荣获了由国家知识产权局颁发的"国家知识产权优势示范企业",公司现拥有授权专利 302 项,其中发明专利 42 项,实用新型专利 36 项。截至目前,安井累计承担国家级项目 10 项,主持或参与《速冻食品术语》《冷冻鱼糜》等 70 项标准的制修订工作,其中 31 项已完成并发布。

公司持续注重营销渠道的建设,营销驻外机构包含 5 个分公司和 30 余个联络处。营销网络涉及经销商和大型商超近 600 多个,包括沃尔玛、永辉、大润发、苏果、新华都、天虹商场、欧尚、家乐福、麦德龙等著名连锁超市,以及呷哺呷哺、海底捞等特通餐饮客户及良品铺子等休闲食品客户,形成了辐射全国的营销网络。

11.2 项目介绍

11.2.1 项目背景

鱼糜制品肉质细嫩且营养丰富,易被人体消化吸收,以其丰富的营养、诱人的风味和口感,深受广大消费者的喜爱。近年来,鱼糜制品的需求量及产量逐年上升。而相对应的鱼糜制品的质量与安全问题日益严峻。为此,实现鱼糜制品从养殖、加工、配送到销售的全程跟踪与追溯显得尤为重要。

食品可追溯体系,是一种追踪产品批次及其历史的能力,它贯穿于整个或部分的生产链,从收获到运输、储存、加工、配送和销售,以便产品可以在任何时候进行安全和质量控制检查、向上跟踪和向下跟踪。目前,国外已建立了较成熟的食品可追溯体系,并制定了一致、比较完整的可追溯标准,包括信息标识、信息处理与通信标准。虽然我国可追溯系统起步相对较晚,目前还处在初步阶段,但得到了国家相关部门的大力支持和推进。如今,我国建立了追溯系统来记录食品的原产地等信息,并在跟踪和召回产品时确保食品安全。

本文通过对福建安井食品股份有限公司(以下简称安井)鱼糜质量安全可追溯体系案例

的分析，探讨了鱼糜制品从养殖、加工、配送到销售的全程跟踪与追溯过程，为水产品和其他食品可追溯系统的建立和完善提供了参考和借鉴。

11.2.2 项目建设必要性

1. 法律法规不完善

欧盟等发达国家和地区均有明确的法律法规规定食品必须具备可追溯性，与其相比中国对于这方面的法律法规标准建设尚不完备，食品安全法规的覆盖面、危害分析原则的应用及与国际标准接轨等方面仍有很大差距。这促使中国在鱼糜制品质量安全可追溯系统的建设和实施过程中，相关监管部门可借鉴西方国家成功经验，并不断更新和完善相关法律法规；各部门加强沟通合作，尽量避免由于部门权责问题而导致低效或无效监管；同时，根据地区差异等具体情况制定相应合理、严谨、高效的法律规章，使相关法规发挥应有的作用。目前，安井在参与行业标准的制定和知识产权的建设等方面取得了很好的成效，在制定或修订讨论中的国家标准有 31 个、行业标准有 2 个、团体标准有 4 个，并发动全行业积极与起草单位沟通、充分交换意见。安井已参与行业标准的制定 60 项（主持 10 项），其中 31 项已完成并发布。现拥有全部有效专利数 302 项，其中发明专利 42 项，实用新型专利 36 项。另外，安井为规范行业发展，还积极参加了国家风险评估中心组织的硼本底调查工作会议，并作为唯一发言的企业代表，为公司产品的合规性争取合理的法治环境。同时，在甲醛、双乙酸钠、过氧化值、挥发性盐基氮等项目上都有专项研究。

2. 鱼糜制品的全程可追溯体系普及度不高

安井同时也发现，由于鱼糜制品的网点众多、储运路径复杂、存储规模大、数据多属性以及数据的实时更新、转换频繁等实际需要，必然会增加后台数据处理的负担，因此，还需要加强数据处理等关键技术的研发，如数据处理软件的升级等。

目前，大多数农贸市场以及超市卖家都没有参与到鱼糜制品的可追溯体系中。因此，安井近期可能会通过使用最流行的数据库技术进行开发，利用各种控件、界面功能建立食品可追溯性信息平台，将食品链中每个企业的可追溯性联系起来，以确保整个鱼糜制品销售食品链的完整可追溯性。另外，安井利用较为先进的信息化管理制度进行企业内部的管理、教育以及企业对社会的一切活动。并通过 ERP 管理系统实现了客户、项目、库存和采购、供应、生产等管理工作。此外，安井还采用微信、OA 及云平台、虚拟化系统、移动营销等手段实现企业的人、财、物、供、产、销全面结合、全面受控、实时反馈、动态协调。这使可追溯信息得以有效流动和共享，以满足消费者的知情权，在发生食品安全问题时快速确定问题的根源，并在必要时实施召回功能。

3. 体系运行与维护资金投入不足

实现鱼糜制品的可追溯是一项艰巨而富有挑战性的任务，不仅包括购买测试设备的初期建设投资、软件开发和信息平台硬件的建设，还包括系统后期操作和维护的投入，如信息的收集、系统的维护和人员的培训，需要花费大量的人力、物力和财力。

要解决这一问题，需要加大系统运营和维护的资本投入。目前，安井建立了2600余平方米研发平台以及购买了价值近2000万元的仪器设备。2016年1月26日，被国家发改委、国家科技部等五部门联合发布的发改高技〔2015〕3246号文件认定；并获得速冻火锅料行业首家"国家级企业技术中心"殊荣。近年来，共承担国家级、省市区级科研项目30余项。此外，安井新工厂已经实现全自动化无人库。

11.2.3 项目建设方案

我国水产品生产存在着生产记录不完整、生产管理不规范等问题。针对上述问题，构建一个完整的水产品（鱼糜制品）质量跟踪数据管理系统势在必行。

安井的鱼糜制品追溯系统包括生产批号与追溯码的建立、企业的信息化建设、食品安全制度的落实、追溯链的完整性、模拟召回、流通凭证、售后服务渠道的跟踪、移动市场投诉受理平台的建设以及行业标准的制定和知识产权的建设。目前，安井的追溯体系还处在发展改进的阶段。部分使用电子化信息，比如原料进来使用EAS系统。入库使用WMS系统，每板扫码入库，安井新工厂已经实现全自动化无人库。另外，模拟召回进行正向或反向追溯，通过电子和手工记录，一般在4小时内就可以全部追溯到。同时，现在安井已经使用了厦门市的入市必登系统，正在做内部EAS系统与外部系统的接口对接，预计2019年年底前可实现。而且每年集团会举行4次以上自查活动，全方位保证鱼糜制品的质量与安全。

11.2.3.1 生产批号与追溯码的建立

食品追溯码是区别不同的追溯对象的唯一标识，追溯码的标准化已成为食品电子追溯系统整合的关键技术和基础，只有做到给不同环节的食品赋予在整个追溯体系中唯一的食品追溯码，才能使得追溯信息在追溯链条间完整转移，才不会因为标识码的含义模糊化而使追溯失去应有的作用和意义。安井的鱼糜制品追溯码主要由日期、批次、线别、追溯码和产地代码组成，可以很好地对鱼糜制品进行跟踪与追溯，如图11-1所示。目前，食品行业的食品追溯信息化水平普遍较低，各环节的追溯码能否实现统一或实现信息在不同赋码间转移，这对目前的食品安全电子追溯体系形成了主要的障碍。而推动食品行业编码标准化的贯彻执行,将是解决食品安全追溯的主要难点之一。

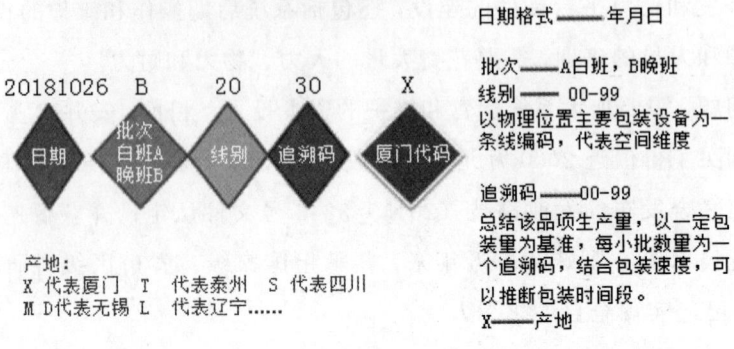

图 11-1　生产批号与追溯码说明图

11.2.3.2　企业的信息化建设

如图 11-2 所示,食品企业的信息化需要以事务流程化处理为基础,以标准化、规范化、透明化为原则,并以客户为核心,以提高企业效益和社会效益为目标。

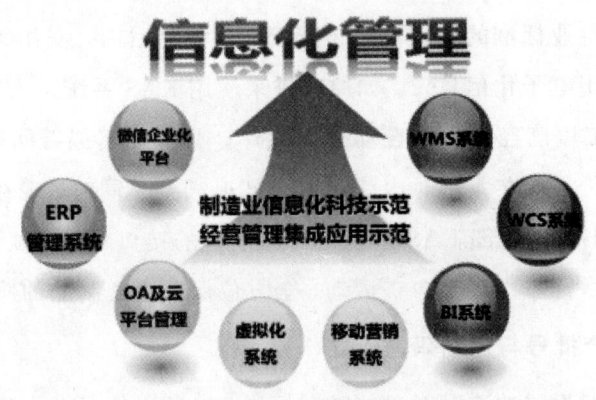

图 11-2　信息化管理示意图

从社会层面讲,需要搭建供应链和物流平台、建立健全食品可追溯体系,实现食品安全监管、加快食品行业的改革和产业升级、节省社会资源;从公司层面讲,充分引进客户关系管理,加强公司财务、销售、仓储、物流等相关部门的管理,提高员工工作效率和服务质量,减少库存、人力等方面的成本开销。同时将信息系统与决策支持系统相结合,为更合理的决策提供科学依据,有效提高企业运营能力和市场竞争力。安井采用 WMS(仓库管理系统）和WCS（仓库设备控制系统）有效控制并跟踪仓库业务的物流和成本管理全过程，以实现或完善企业的仓储信息管理。集团还采用BI系统（行为识别系统）规划企业内部的管理、教育以及企业对社会的一切活动，并通过ERP管理系统实现了客户、项目、库存和采购、供应、生产等管理工作，通过此系统优化企业资源达到资源效益最大化。另外，安井还采用微信、OA及云平台、虚拟化系统、移动营销等手段实现企业的人、财、物、供、产、销全面结合、全面受控、实时反馈、动态协调。

11.2.3.3 食品安全制度的落实

如图11-3所示，食品安全制度的有效落实，对于保障食品安全及追溯的有效性具有重要意义。安井在鱼糜制品原料进货查验，生产过程控制，鱼糜制品出厂检验，不合格鱼糜制品的管理情况和不安全鱼糜制品召回、流通以及鱼糜制品的监管等过程中都制定了相关的制度。

例如：

1. 原料进货查验制度

（1）供应商准入及审核：对全品类进行索证、照，检测报告，准入审核，飞行检查，实时评价，有迹可循，从根源上防控危险。

（2）检测能力：可检项目超过100个类目，涉及原辅料、设备、消毒液安全成分多个指标，并按照风险分级监测。

（3）严格原料验收标准：使用标准化流程，结合EAS系统，批批记录，有据可依。多地合作对重点风险项目进行监控。

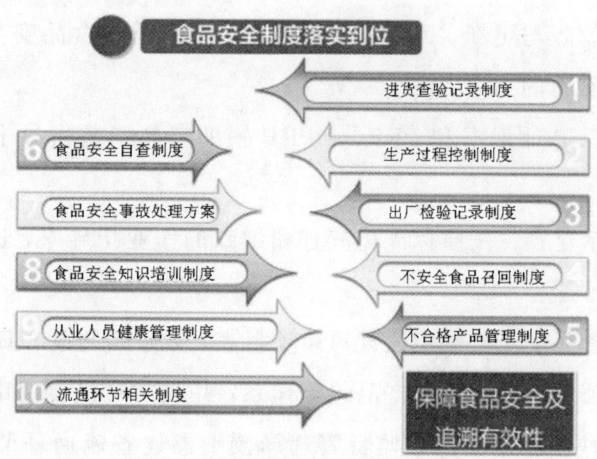

图11-3 食品安全制度制定图

2. 食品安全自查制度：公司每季度至少进行一次食品安全自查，同时接受监管部门监督。

3. 出厂检验记录制度：批批按照行业标准检测，对原始记录、试剂用量、实验结果、产品信息同步记录，记录按照食品安全法要求，产品合格方能出厂。

4. 从业人员健康管理制度：与食品相关岗位岗前健康检查，合格方可入职，每年进行健康检查，不合格根据实际情况调离岗位、休假或劝退。

5. 生产过程控制制度

（1）按国抽细则监控重点项目；

（2）SSOP 管控微生物；

（3）以产品工艺标准控制食品安全；

（4）收集食品安全各类信息。

6. 不合格产品管理制度：异常发现→异常量的统计→及时隔离标示→原因分析、危害程度分析→填写不符合项报告上报→相关部门回复（报废、返工、预防纠正）→实施并存档记录。

7. 不合格产品召回制度：公司每年进行模拟召回，含正向追溯和反向追溯。

8. 食品安全事故处置方案：该制度确定第一责任人，以及食品安全事故应急处理领导小组成员。确认应急处理的基本流程。重大情况（停产、停售、隔离、召回等）须向食药监部门报告。从而更好地保障广大人民群众的食品消费安全。

9. 食品安全体系建设：

（1）2005 年开始建设食品安全管理体系；

（2）经过数次的改版与更新，目前我司已形成一套完善的食品安全管理体系文件，为我司的食品安全提供强有力的指导；

（3）完善的 HACCP 计划书和 PRP、OPRP 辅助产品工艺指导书，更好地管控产品的安全。

10. 食品安全体系建设：按照标准化流程和细致的作业指导书，进行记录支撑追溯，具体细节见图 11-4。

11. 从源头控制食品安全：制定法规风险项目表，为采购约束、日常检测提供依据。

12. 产品溯源：公司拥有完善的产品追溯体系，并成功对接厦门市市场监管局的食品生产安全信息可追溯模块，被食品药品监督管理局授予福建省流通环节食品可追溯体系示范点。另外，公司积极响应厦门市场监督管理局的号召与要求，对接入市必登系统。内部召开会议，各部门分工协助，确实完成时间节点，前期的资料手工录入，后期的原料台账以及产品生产台账及销售台账对接 EAS 系统，目前基础资料基本完成，接下来对接端口。

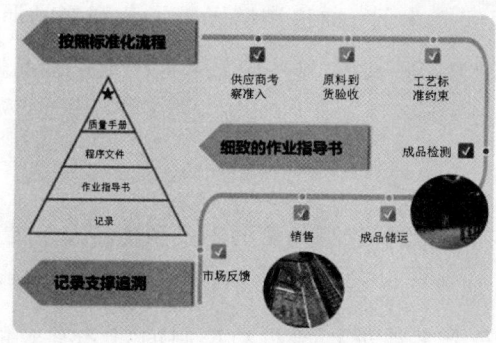

图 11－4　食品安全体系建设图

13. 监管部门的监督检查

（1）金砖会晤前夕，市场监督管理局来我司进行检查；

（2）第三方检测机构根据国抽计划来我司进行现场取样；

（3）市场监督管理局来我司指导流通环节质量可追溯体系上线的相关工作；

（4）市场监督管理局来我司进行双随机检查；

（5）每年接受沃尔玛、家乐福、呷哺呷哺、海底捞、天虹、欧尚等超市餐饮的审核。

11.2.3.4　追溯链的完整性

食品安全追溯链是将食品从生产到消费全过程所涉及的质量安全要素统筹起来管理，是进行食品安全可追溯体系设计、可追溯系统构建的基础。食品安全追溯链的完整性是开展食品安全追溯系统可靠性评价的前提，如图 11－5 所示。

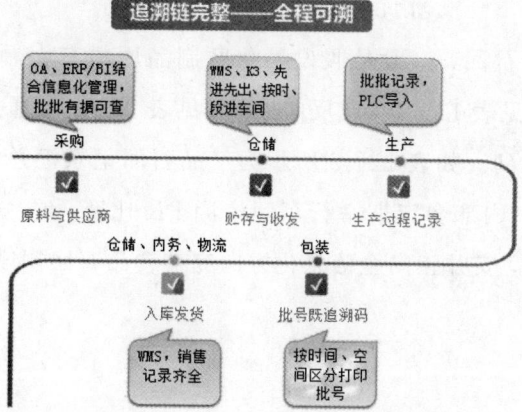

图 11－5　全程追溯链示意图

可追溯系统的可靠性一般从以下两个指标反映：一是能否实现"从餐桌到农田"的追溯，二是记录的质量安全要素信息是否完备。对应到食品安全追溯链就是追溯链的连续性与食品安全信息的完整性。以安井为例，此追溯链涵盖了鱼糜制品原料的采购、贮存和收发，鱼糜制品的生产、包装以及物流等方面，这些信息共同构成了食品安全可追溯系统需要记录并追踪的全部要素。

11.2.3.5 模拟召回

食品召回制度作为食品安全监督管理的重要手段和食品安全控制体系不可缺少的重要组成部分，对于保障迅速有效地收回市场上的缺陷食品，消除食品安全危害具有非常重要的作用。而模拟召回是对食品安全事件进行预防和控制的行之有效的重要手段，如图11-6所示。

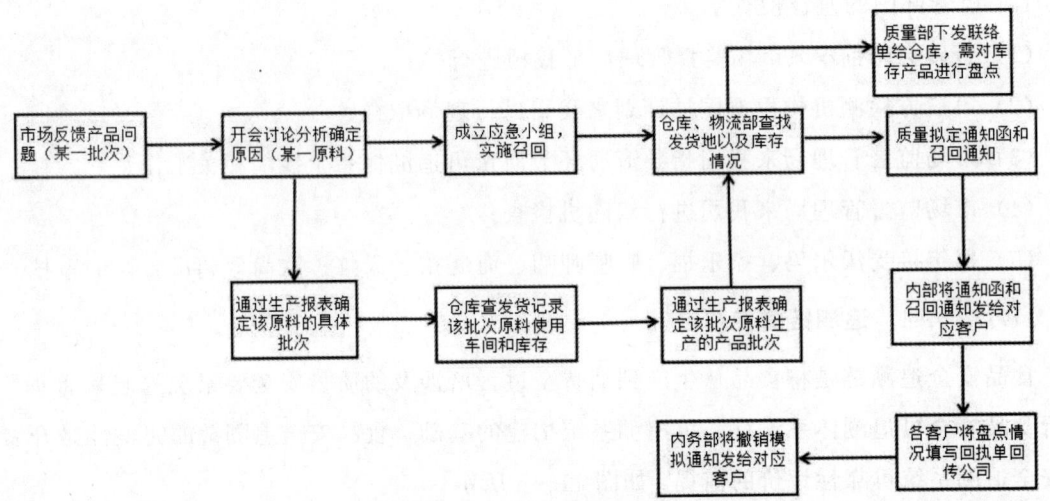

图11-6 食品模拟召回示意图

安井每年都进行模拟召回，一般是假设某鱼糜制品原料有问题或者市场上某产品有问题，然后进行正向追溯（见表11-1）或反向追溯（见表11-2），通过电子和手工记录，一般在4小时内可以全部追溯到。如表11-3所示为产品召回记录汇总表。对于生产环节部分，一般可以在20分钟以内（内部会定期举行车间追溯PK比赛，20分钟为一般情况下的比赛用时）全部追溯到。目前，安井正向全信息化方向完善食品召回制度。

表 11-1 正向追溯汇总表

序号	表单	部门	备注
1	入库单	仓库	需要核对品名、厂家、批号及数量
2	验收	仓库	验收报告＋供应商的出厂检验报告
3	检验	实验室	根据原料验收指标
4	调拨	仓库	可能多次调拨，也可能调拨至多个车间，需核对来料数量与调拨数量及库存
5	库存	仓库	如仓库中还有未发完的原料
6	前处理	前处理	必要时
7	糖水配制	仓库	必要时，即追溯原料为白砂糖时
8	原辅料收发记录	生产车间	与调拨核对相关信息尤其是数量
9	原辅料使用记录	生产车间	与收发核对数量板号，注意有些物料提前发
10	产品配制监控表	生产车间	1. 可能同一物料用于多品相，多品相均需要提供 2. 只需要提供与追溯原料相关的配制记录，例如包心类，若原料只用于皮，可只提供皮的，无须提供馅的
11	产品成型信息表	生产车间	核对批数及时间关系
12	产品工艺监控记录表	生产车间	核对批数及时间关系
13	成型－冻床交接记录表	生产车间	核对批数及时间关系
14	产品送冻（速冻）记录表	包装车间	核对批数及时间关系
15	半成品信息记录表	包装车间	
16	包装线核对记录	包装车间	
17	产品金属检测记录表	包装车间	
18	包装班组成品交接记录表	包装车间	
19	出厂检验	实验室	
20	库存记录	仓库	
21	出库记录	仓库	
22	销售记录	营销内务	销往无锡安井营销公司
23	销售记录	营销内务	从无锡安井营销公司销往客户，例如呷哺呷哺

表11-2 反向追溯汇总表（根据指定的成品：品名、规格、批次）

序号	表单	部门	备注
1	销售记录	内务部	核对品名、规格、批号、数量
2	现有库存	仓库	核对品名、规格、批号、数量
3	产品出厂检验报告	实验室	核对品名、批次、实验项目
4	WMS入库记录	仓储车间	核对品名、托盘号、数量、批号
5	包装班组成品交接记录表	包装车间	核对品名、递交时间、规格、批次、数量、板号
6	包装线核对记录	包装车间	核对品名、时间、规格、批次、数量
7	产品金属检测记录表	包装车间	核对品名、规格、批次、数量
8	半成品信息记录表	包装车间	核对批次、板号、接料时间、品名、数量
9	产品送冻（速冻）记录表	包装车间	核对品名、批号/车号、送冻时间、库温/频率/时间
10	成型-冻床交接记录表	生产车间	核对批号、车号、交接时间
11	产品工艺监控记录表	生产车间	核对批次/车次/时间、温度、蒸煮时间
12	产品成型信息表	生产车间	核对批次、批重、配制人、成型时间
13	产品配制监控表	生产车间	核对配方、批次、配制人、配制时间、批重
14	糖水配制记录表	仓储车间	核对厂家、批次、用量、搅拌时间
15	原辅料使用记录	生产车间	核对物料名称、发料日期、板号、数量、使用时间
16	原辅料收发记录	生产车间	核对物料名称、数量、批次、收发日期/班次/板号
17	前处理物料发放记录	前处理车间	核对物料名称、厂家、批次、处理日期、发放数量
18	领料出库单/小料香精配制记录表	配料科	核对名称、批次、数量、配制日期
19	调拨出库单	仓储车间	核对物料名称、数量、批次
20	采购入库单	仓储车间	核对物料名称、数量、厂家、批次
21	原辅料验收报告	仓库、实验室	核对物料名称、数量、批次、检验项目

表11-3 产品召回记录汇总表

生产工序	产品状态	可追溯性文件/记录	责任部门	提交时限
验收入库	原料	《原辅料验收报告》《外购入库单》《肉禽过氧化值测定记录》《原料中挥发性盐基氮测定结果》（EAS电子表）	质量部、仓储车间	4小时
出库使用	原料	《生产领料单》《原辅料收发记录》	仓储车间	4小时
配料工段	半成品	《原辅料使用记录》《产品配制监控表》《物料盘点表》（PLC生成）	生产车间	4小时
成型工段	半成品	《产品成型信息表》《产品工艺监控记录表》《产品制程检验记录》	生产车间	4小时
速冻工段	半成品	《产品送冻（速冻）记录》	包装车间	4小时
包装工段	半成品/成品	《包材臭氧消毒记录》《包装线核对记录》《产品金属检验监控记录》《包装班组成品交接记录》	包装车间	4小时
制程检验	半成品/成品	《原辅料质量监控表》《包装车间速冻过程检验记录》《调包车间制程检验记录1》《产品净含量抽检结果表》《产品过氧化值检测记录》	质量部	4小时
成品入库	成品	《仓库管理系统（WMS）入库明细》	仓储车间	4小时
出厂检验	成品	《产品出厂检验报告》（系统导出）	质量部	4小时
成品出库	成品	《仓库管理系统（WMS）出库明细》《销售出库单》	仓储车间、物流部	4小时
产品销售	成品	《供货（上市）凭证》（目前不是全国性的）	营销公司	4小时

11.2.3.6 流通凭证

根据《食品安全法》第53条规定,安井建立了相应的鱼糜制品进货查验记录制度,如实记录食品的名称、规格、数量、生产日期或者生产批号、保质期、进货日期以及供货者名称、地址、联系方式等内容,并保存相关凭证实行统一配送。

11.2.3.7 售后服务渠道的跟踪以及移动市场投诉受理平台的建设

安井还进行售后服务及投诉受理平台的建设,这有利于及时快速地解决顾客的不满和抱怨,体现以顾客为中心的承诺,并使投诉案件得以高效的分析与处理,以便采取相应的纠偏或改善方案,防止类似事件的发生,有利于改善公司的形象。

11.2.3.8 参与行业标准的制定和知识产权的建设

对于行业整体来说,行业标准的建设对行业的健康发展有着举足轻重的作用。行业标准的建设可以有效地规避竞争,淘汰不符合标准的企业,提高竞争门槛,提升企业在整个行业的美誉度。另外,知识产权的建设以及发明专利,有助于增强企业的创新能力,提升食品企业的核心竞争力。目前,安井已加入全国肉禽蛋制品标准化技术委员会、全国水产标准化技术委员会、全国物流标准化技术委员会、冷链物流分技术委员会等33个委员会、协会。目前在制定或修订讨论中的国家标准有23个,行业标准有5个,发动全行业积极与起草单位沟通、充分交换意见。

安井已参与行业标准的制定39项(主持6项),其中13项已完成并发布(见表11-4)。现拥有全部有效专利数208项,其中发明专利26项,实用新型专利24项,表11-5显示部分专利。

表11-4 行业标准的制定

类型	标准名称	标准号	主持或参与
流通环节	速冻食品物流规范	SB/T 10827—2012	第一起草人
	加工食品销售服务要求——速冻食品	SB/T 10825—2012	参与
	速冻食品二维条码识别追溯技术要求——速冻食品	SB/T 10824—2012	参与
	肉与肉制品冷链物流作业规定	WB/T 1059—2016	参与
	道路运输食品冷藏车功能选用技术规范	WB/T 1060—2016	参与

续表

类型	标准名称	标准号	主持或参与
生产环节	速冻食品术语	SB/T 11073—2013	第一起草人
	肉制品加工设备技术要求——斩拌机	SB/T 11077—2013	第二起草人
	冷冻鱼糜	SCT 3702—2014	第三起草人
	速冻调制食品	SB/T 10379—2012	参与
	肉丸	SB/T 10610—2011	参与
	速冻面米食品	SB/T 10412—2007	参与
	冷冻调制食品技术规范	QB/T 4891—2015	参与
	冷冻调制食品检验规则	QB/T 4892—2015	参与

表11-5 部分发明专利

序号	发明专利名称	专利号
1	一种可得然为基质的动物脂肪替代品的制备方法	ZL201110380496.6
2	一种生产旋转色带外观鱼糜制品的装置	ZL201110248637.9
3	一种鱼糜脱脂方法及加工该方法使用的脱脂设备	ZL201110033680.3
4	鱼糜制品螺旋上色装置	ZL201010044856.0
5	一种包心鱼丸的生产装置	ZL201110259276.8
6	一种冷冻鱼糜加工中提高鱼糜得率的工艺方法	ZL200910055750.8
7	一种乳清蛋白为基质的脂肪替代品的制备方法	ZL200610086266.8
8	一种提高铜盆鱼糜弹性和防止鱼肉中蛋白质冷冻变性的加工方法	ZL201010249102.9
9	一种提高小杂鱼鱼糜得率的加工方法	ZL201010221907.2
10	一种提高鱼糜弹性和防止鱼糜蛋白冷冻变性的方法	ZL201010548401.2
11	鱼丸、肉丸生产线	ZL200910111719.1
12	一种添加海参的鱼制食品及其制备方法	ZL201110304250.0
13	一种对含油食物残渣综合利用的加工方法及其加工设备	ZL201110061815.7
14	一种鱼糜制品间歇式螺旋拉丝效果上色装置	ZL201010243093.2
15	一种可微波冷冻预油炸糯米团糕的生产方法	ZL201110257595.5
16	一种基于巯基蛋白酶巯基氧化改善鱼糜制品凝胶的方法	ZL201310377017.4
……	—	—

另外,安井为规范行业发展,还积极参加了国家风险评估中心组织的硼本底调查工作会

议，并作为唯一发言的企业代表，为公司产品的合规性争取合理的法治环境。而且已经有初步官方解释，并同步发表论文。同时，在甲醛、双乙酸钠、过氧化值、挥发性盐基氮等项目上都有专项研究。

11.2.3.9 产学研共商食品安全及食品安全规划

以安井为例，公司与高校（江南大学、集美大学、中国海洋大学、韶关学院、厦门理工学院、渤海大学）、院所（国家海洋局第三海洋研究所、福建省水产研究所、福建省海洋研究所）、检测机构（与厦门出入境检验检疫局检验检疫技术中心共建食品安全合作研究所、CTI华测检测、SGS等）进行产学研合作，而且为保障食品安全做了以下规划：

1. 实现数字化可追溯：公司将EAS结合BI、WMS等系统，尝试对接厦门市市场监管局的食品生产安全信息可追溯模块；完善可追溯细节，创造更便捷、更节省人力的追溯体系。

2. 高通量检测技术开发：公司利用已有设备，如红外光谱仪建模，购买先进设备，提供更高灵敏度、更快速检测方法。

3. 介入上游产业，从源头控制：公司并购上游企业，实现从农田到餐桌的全产业链的食品安全管控。

11.3 项目总结及展望

安井通过实施较为先进的食品安全及可追溯制度，使鱼糜原料的采购、贮存和收发，鱼糜制品的生产及销售的全过程都得到了有效的跟踪与追溯，从而大大加强了对其鱼糜制品质量安全的控制。这将对鱼糜制品的质量控制和加快流通效率方面起到推动作用。同时，安井的信息化管理及可追溯制度，也为相关食品企业产品召回制度奠定了很好的基础，保护了企业自身的品牌建设；满足了消费者的知情权和选择权，从生产源头上保障消费者的合法权益；并且推动了整个鱼糜制品行业质量安全可追溯体系的发展。

12 深圳市倍诺通讯技术有限公司一物一码应用案例

12.1 公司简介

作为国内最早涉足信息多媒体防伪领域的高新技术企业,倍诺科技致力于将物联网和AI人工智能技术全方位应用于企业数字化、移动化和信息化管理,通过一物一码、智慧包装等赋码方式,有效提升数据采集和生产管理的自动化、信息化水平,促进品牌企业在产品和服务全生命周期实现"信息可查询、来源可追溯、去向可跟踪、责任可追究",构建覆盖企业生产、供应链、运营和营销各环节的信息化追溯体系。

1. 综合优势

作为国内防伪溯源行业的开拓者、市场引领者和全面解决方案倡导者,经过10多年的精耕细作,倍诺科技建立了完善的研发、营销和服务体系。基于条码、RFID和NFC等信息载体,通过工业物联网、大数据引擎和区块链技术,倍诺科技已经为包括世界500强在内的近千家知名品牌,提供了防伪溯源、窜货监控和大数据营销数字化、智能化解决方案和服务。

2. 平台优势

2016年,在全国"双打办"和国家质检总局指导下,由中国防伪行业协会和中国反侵权假冒创新战略联盟发起,联合相关行业协会(联盟)和知名企业共同搭建了"全国产品防伪溯源验证公共平台",企业入网产品的防伪标识对接《全国防伪技术产品报备系统》,纳入国家市场监管总局执法打假基础信息库。

3. 产品优势

以大数据赋能生产制造型企业,贯彻落实政府监管要求,推进重要产品信息化追溯体系建设,统一编码要求、数据交换及信息共享标准,对接农业部、商务部和食药监总局追溯服务平台,实现"互联互通"、建立数据安全机制。针对食品酿酒、快消品、化妆品、农产品和药品等行业的特点,产品涉及:智慧包装(赋码)、供应链(防窜货)、智能制造(数据采集)、品控溯源管理系统(SAAS云平台)、大数据营销(会员红包促销)……

4. 技术优势

近年来,我们参与制定了多项国家防伪技术标准,获得防伪溯源相关产品软件著作权40多项,并通过了软件产品最高标准"国际CMMI2级软件成熟度模型"认证。2017年参与承建的深圳市食品安全重点工程"一店一码"项目,全面提升了食品安全保障水平和综合治理能力;《金鱼涂料防伪溯源项目》入选中国防伪行业协会首批"防伪溯源应用优秀案例"。

12.2 技术方案

12.2.1 方案背景

随着我国社会主义市场经济迅猛发展,不可避免地有些假冒伪劣产品混入市场,食品行业成为重灾区。民以食为天,食品中作假严重危害国民身体健康,扰乱社会主义市场经济秩序,损害了国家、名优产品企业和广大消费者的利益,败坏了我国食品产品在国内外市场上的声誉。随着企业和广大消费者的自我保护意识日益增强,许多食品生产企业从防伪溯源的需要出发,纷纷采用防伪溯源技术,推动了防伪溯源技术的发展和防伪溯源产业的进程,防伪溯源成为了促进企业发展、社会安定的重要工作之一。

如今,防伪追溯最受追捧的技术无疑是"一物一码"技术,一物一码防伪技术相比传统的电话防伪更加便捷高效,通过对产品身份数字的管理能有效地进行产品管控,实现对原料、生产、物流到经销商等的全程信息记录,实现食品全程监控。

12.2.2 方案目标

通过项目的实施,不但可以促进企业工业化、信息化融合水平,也是贯彻落实国家《关于加快推进重要产品追溯体系建设的意见》,打造"信息可查询、来源可追溯、去向可跟踪、责任可追究"的食品质量安全保障体系。

1. 用信息化手段打造"一物一码"

通过物联网和移动互联网"一物一码",实现窜货实时预警以及工厂到分仓/门店、到消费者的全程追溯;借助于智能手机等智能终端,消费者可以随时随地扫码验证产品真伪;企业内部授权人员,通过扫描外箱(盒、包装)二维码,可以准确判断渠道物流窜货状态,精准打击不法经销商窜货、倒货等扰乱市场行为。

2. 提升企业数字化管理水平

规范包装生产线、仓库物流、经销商、零售商、门店的业务流程,减员增效、提高数字化运营水平;通过自动化视觉采集、图像处理等自动识别技术,建立大中小多级包装的数据关联,同时捆绑关联和激活生产基础数据(三期、批次、班组信息),扩展和延伸ERP、SAP等信息系统的覆盖范围,将生产、采购、交付等业务数据形成完整的数据链,避免"信息孤岛",有效提升各系统应用效果。

3. 为大数据分析提供基础数据

建立消费者、渠道商、客户业务数据档案,准确掌握市场动态,WHO(谁)、WHERE(地点)、WHAT(产品)一目了然,有效提升客户满意度和品牌黏度,为企业决策和产品推广研发提供数据支撑。

4. 品牌保护

基于算法加密的数码防伪作为主流的防伪技术,可以借助于数码、条形码和RFID电子标签等信息载体,结合材料、光学和特种印刷等物理防伪手段,为品牌构建起全方位的保护体系,符合简单有效、易辨难仿、成本可控的国际防伪产品标准。

5. 窜货监控

通过总结10多年来酿酒、制药和快消品等行业近百家企业的最佳实践,基于一物一码工业自动化和物联网技术,我们提供的供应链全程追溯和防窜货解决方案,助力企业实现从原材料、生产加工、仓储物流到市场渠道等各环节的可视化管理。

6. 产品溯源

按照工信部、农业部、商务部和国家药品监督管理局等部委对产品质量安全追溯平台建设的要求,协助企业搭建起一整套覆盖产品全生命周期管理的产品安全溯源体系,确保从农田到餐桌、从原材料生产加工到成品销售流通的全程可跟踪追溯,系统兼容对接不同行业和政府平台,实现各环节的去向查询、来源追踪。

7. 精准营销

消费者购买商品后,以防伪溯源为入口,利用积分、礼品、红包等刺激消费者,促使他们与企业进行互动,增强了消费者的黏性,在消费者参与互动的同时,系统采集消费者大数据,并进行分析、整理,掌握市场第一手资料,实现精准营销。

12.2.3 方案优势

12.2.3.1 技术优势

1. 先进性

系统采用先进、主流的设计思想和技术,应用先进成熟的软件技术进行设计,保证系统具有较强的生命力,符合当前和未来的发展趋势。

2. 可靠性

系统可靠性高,平均无故障时间大于5万小时,提供备份策略,能及时对相关数据和应用进行备份。当系统出现问题后能在较短的时间内恢复,恢复后系统的数据是完整的,不会引起数据的不一致。

3. 可扩展性

系统具备良好的扩展性,当有新的应用系统需要纳入,或原有应用系统功能发生变化时,都能够方便、快捷地进行扩展以适应应用系统的变化。

4. 高安全性

系统具备良好的安全性,具备良好的身份认证机制,具备严格的终端识别和准入控制功能,提供移动终端挂失功能,具备用户访问审计日志功能,做到办公数据不在终端和系统落地保存。

5. 易操作性

操作界面简洁、方便,提供菜单和触摸操作方式,不用担心输入方式的限制。

6. 高可用性

系统具备良好的高可用性,为了保障系统的高可用性,系统支持负载均衡、双机设备、分布式部署等解决方案。

7. 易管理性

系统具备良好的可管理性,系统管理员可以方便地进行权限管理、终端管理、日志查询、系统监控等操作,还可创建应用管理员,并分配相应的管理权限。

12.2.3.2 安全性优势

1. 用户验证和授权，只有经过授权的特定用户才能访问权限内的业务模块和操作；

2. 防恶意脚本注入攻击以及 SQL 注入攻击；

3. 实现信息传输的加密，以密文方式传输，以防止数据被监听；

4. 提供完善的日志管理功能，能完整地记录系统资源使用情况、用户登录及访问等应用情况；

5. 实现信息确认发出后的不可篡改性，保证整个数据传输过程的严肃和公正。

12.2.4 系统构架

12.2.4.1 整体流程图

整体流程如图 12-1 所示。

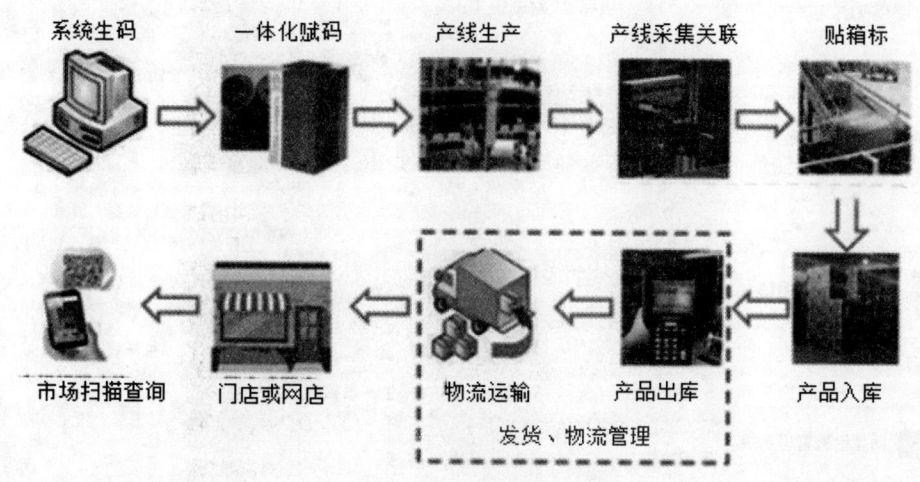

图 12-1 整体流程图

1. 根据生产需求系统下单生码。

2. 包材厂一体化印刷生产，产品包装"一物一码"。

3. 生产时系统对接 SAP 系统，同时可输入当前预生产的物料来源信息，生成生产单号，为成品形成可选用的生产计划单号，记录包括原料、加工工艺、质检、设备等环节的溯源信息。录入方式可通过手机端或者电脑端 APP 下生产计划单号。

4. 生产包装环节，通过工业设备采集包、盒、箱等条码数据，建立多级包装关联。

5. 成品后在产线包装环节，在包盒箱垛关联时，需选定生产计划单号后才进行关联操作,记录当前一批成品所属的生产计划单号即溯源信息。

6. 数据上传至管理系统后台,产品入库处理,同时关联相关产品溯源信息等。

7. 产品出库,根据订单需求关联相应出库信息(对接 ERP)等。

8. 发货出库对接 SAP 系统,仓库 PDA 下载订单信息,扫外箱条码、发货出库。

9. 市场流通环节,企业内部授权人员稽查产品窜货状况。

10. 消费者购买后,扫码查验、关注微信公众号,参与品牌的互动。

11. 系统具备统计分析、报表等大数据管理功能,数据决策。

12.2.4.2 系统拓扑图

系统拓扑如图 12-2 所示。

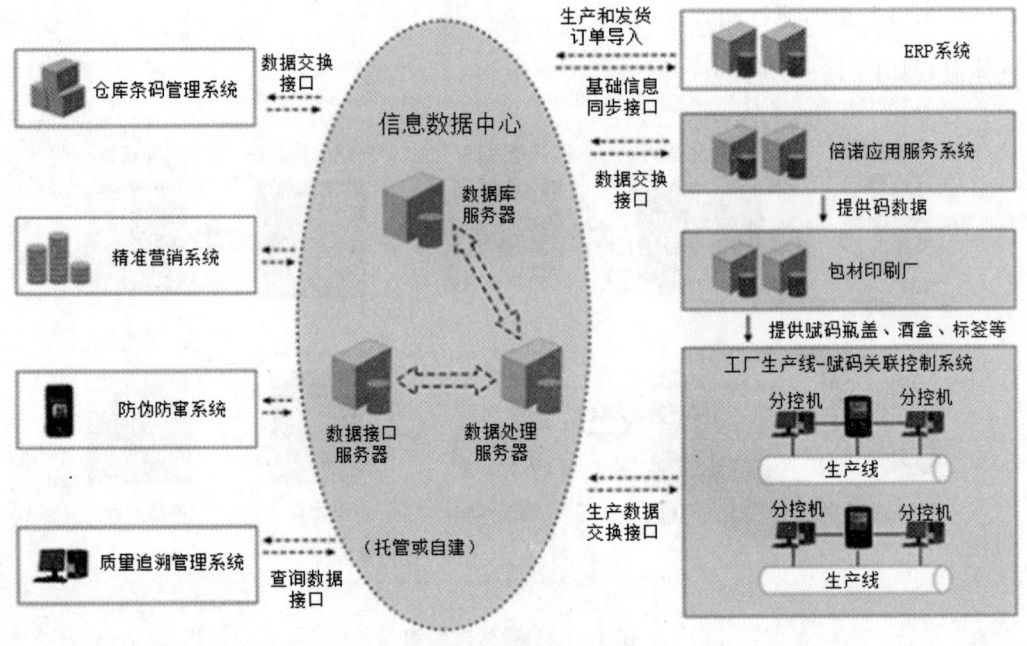

图 12-2 系统拓扑图

12.2.4.3 系统构架图

系统架构如图 12-3 所示。

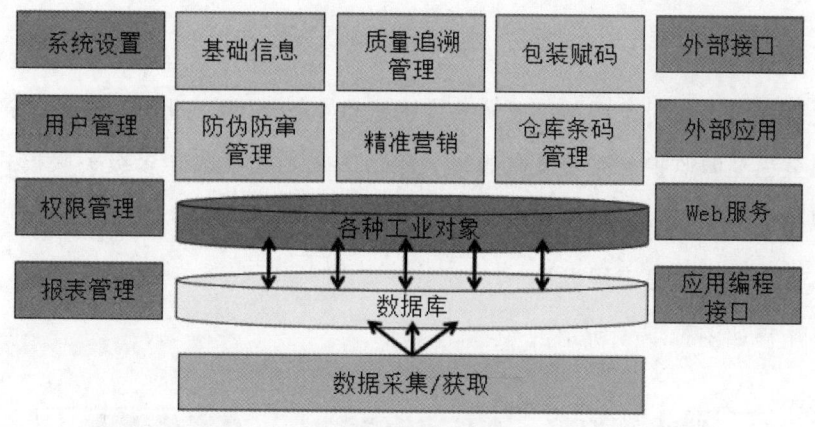

图 12-3 系统构架图

12.3 技术应用案例分享——达能益力"一桶一码"品控溯源

2015年,达能益力在行业内率先实施"一桶一码"产品质量溯源管理,消费者通过扫描封口膜上的二维码,不但可以了解每桶水的产地班组等生产信息,明明白白消费、安安全全饮用,还顺应了"互联网+"的时代潮流,在消费者和品牌之间搭建了一个联系沟通的桥梁,增强品牌黏度和口碑营销。利用移动互联网和物联网技术,为每一桶产品赋予一个溯源身份码,解决产品防伪、质量溯源和窜货监控的难点、痛点问题,提升企业的自动化、信息化管理水平。

12.3.1 项目背景

近年来,随着广大消费者对食品安全的日益重视,国家相继出台了一系列的政策法规,如《中华人民共和国食品安全法》和国务院办公厅颁发的《加快推进重要产品追溯体系建设的意见》,质量监管日渐加强。在市场上,桶装水的种类很多,导致很难实现统一管理,通常情况下根本无法对每一桶水进行实时监控。达能益力与倍诺科技合作,通过"一桶一码"防伪溯源方案保障每桶水的质量。"一桶一码"防伪溯源系统采用二维码的形式实现桶装水赋码管理,为消费者提供了方便快捷、随时随地查询产品"从源头到餐桌"的全流程、透明化溯源信息的服务,在品牌企业、经销商(送水站)和消费者(会员)之间搭建了沟通联系的桥梁,利用移动互联网、大数据应用和精准营销助力传统企业升级转型。

12.3.2 项目流程

通过灌装流水线上实时条码数据采集，关联记录生产日期、批次和班组等产品信息，实现产品质量的全程溯源监控。系统支持自动关联、人工扫描关联和多级关联模式并行，实现数据实时管理和ERP、WMS系统集成整合。

12.3.2.1 生码赋码流程设计

生码赋码流程如图12-4所示。

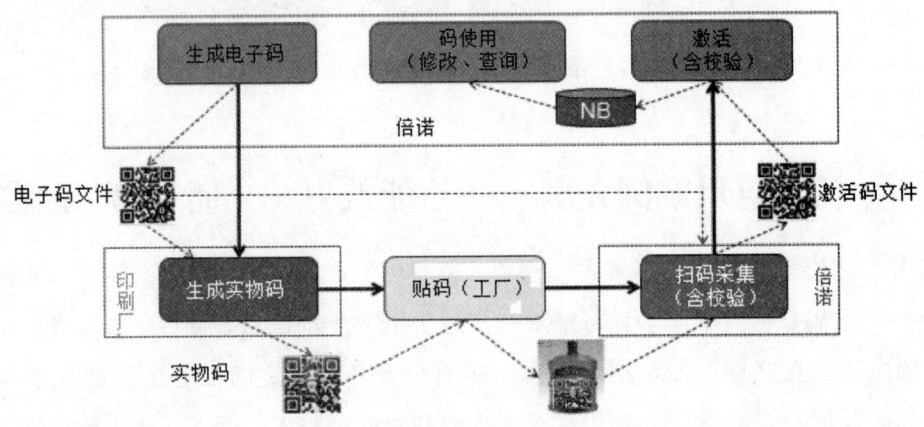

图12-4 生码赋码流程设计

12.3.2.2 产线数据采集流程

产线数据采集流程如图12-5、图12-6所示。

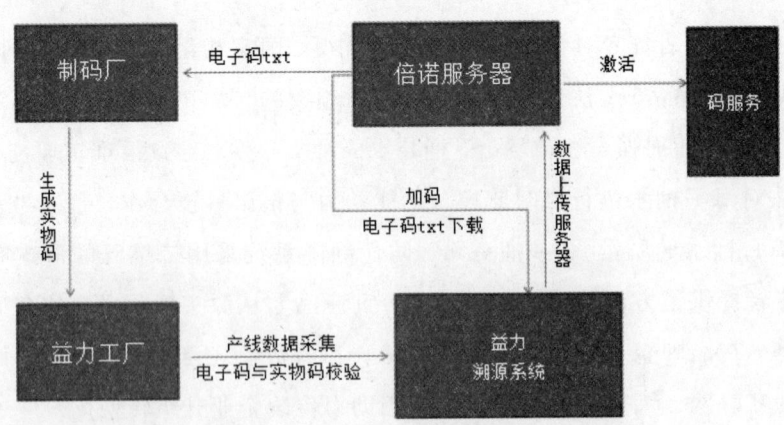

图12-5 产线数据采集流程（1）

图 12-6 产线数据采集流程 (2)

12.3.2.3 益力溯源系统

益力溯源系统如图 12-7 所示。

登入页面：

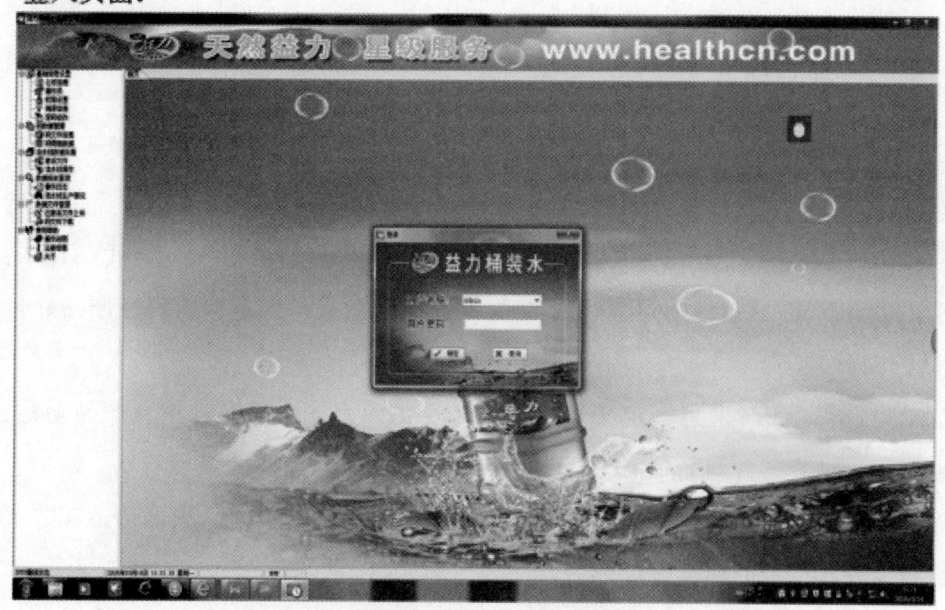

图 12-7 益力溯源系统

12.3.2.4 产线采集工作原理

产线采集工作原理如图12-8所示。

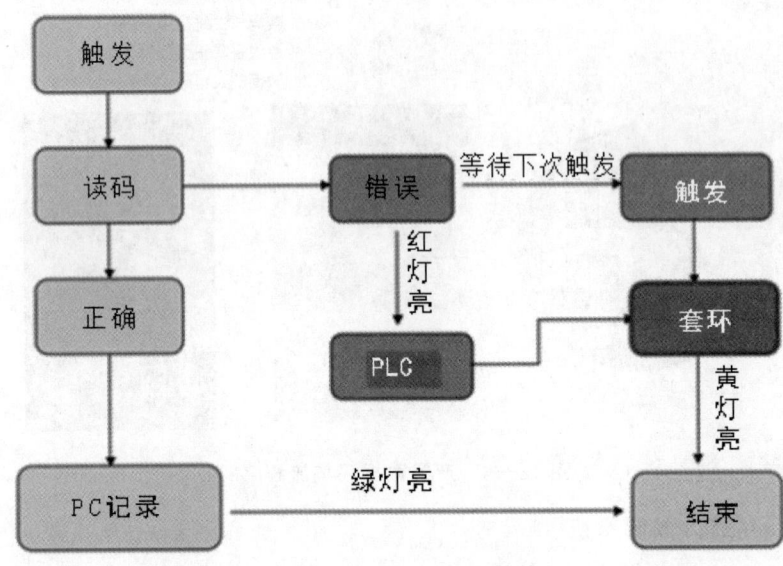

图12-8 产线采集工作原理

12.3.3 项目功能

1. 产品防伪

消费者通过智能手机二维码APP应用程序,可以随时随地查询验证产品的真伪。每一件产品的身份码是唯一、加密和可验证的二维码,二维码可以通过贴标方式贴在产品、盒、包装身上;也可以通过包材一体化赋码,将二维码通过激光打码直接赋码在产品外包装上。

2. 品控溯源

通过采集设备,实时采集、定义每一批次产品的信息,如出厂日期、产品名称、工厂、生产线、班组、批号、分销商信息等,不但从源头上杜绝经销商的窜货行为,维护企业正常市场秩序;还可实现产品全程溯源,为企业建立一整"信息可查询、来源可追溯、去向可跟踪、责任可追究"的产品质量保障体系。

3. 经销商管理

产品装车出库,通过对贴条码的扫描(在线自动或手工扫描),关联分销商信息,可减少大量手工重复工作,规避人为失误现象,降低人员工作强度。

4. 精准营销

二维码作为移动互联网的主要入口,具有分享互动、精准推送和 O2O 导流等优势,消费者扫描二维码不但可以查询验证产品的真伪,还可以链接到微信公众号、官方网站,扩大品牌的影响力。也为后期品牌的 O2O 商城、积分兑奖等移动营销手段的落地提供了技术基础。

12.3.4 项目特点

1. "一桶一码"防伪封口膜正面、背面条码关联对应,明码用于产线数据采集,暗码用于消费者查询验证和积分兑奖;

2. 系统后台准确记录每个工厂、灌装线的成品、次品(漏码、残码)数量,大大提升了企业信息化、自动化管理水平,有效实现生产各环节的跟踪监控,便于企业规范渠道和市场秩序。

12.4 技术应用结论及未来展望

12.4.1 技术应用结论

倍诺科技基于"一物一码"防伪追溯体系,将物联网和移动互联网技术全方位应用于企业数字化、移动化和信息化管理,通过一物一码、包材一体化等赋码方式,有效提升数据采集和生产管理的自动化、信息化水平,促进品牌企业在产品和服务全生命周期实现"信息可查询、来源可追溯、去向可追踪、责任可追究",为名优企业的品牌保护、产品溯源、二维码应用和工业 4.0 智能制造转型升级提供"大数据+SAAS 云服务"一站式解决方案,开启"防伪溯源+精准营销"新时代。

12.4.2 未来展望

国务院颁发的《中华人民共和国食品安全法实施条例(草案)》,进一步明确和细化了生产经营者主体责任、政府监管职责和问责措施,依法按程序加大对违法违规企业及其管理者等相关责任人的处罚力度,并完善了食品安全标准、风险监测等制度。

工业互联网作为新一代信息技术与制造业深入融合的产物,已经成为新工业革命的关键支撑和深化互联网与制造业相融合的重要基石,对未来工业发展具有全方位、深层次、革命性的影响。构建以数据为关键要素的数字经济,推动互联网、大数据、人工智能和实体经济深入融合,推动信息化与工业化深入融合,推动制造业加速向数字化、网络化、智能化发展,建设一个"一物一码、万物互联"的数字化时代,助推中国经济迈向高质量发展新阶段。

13 中检溯源进口鲜牛奶（巴氏杀菌奶）"境外预检＋溯源"服务应用案例

13.1 公司介绍

中检集团溯源技术服务有限公司（以下简称中检溯源）是中国检验认证集团（以下简称中检集团或CCIC）旗下一级子公司，是中检集团根据国家建设重要产品追溯体系、提升产品质量安全与公共安全保障能力相关政策，建立的第一条产品线公司；基于"溯源＋检验检测认证"的服务模式，专注于为全球商品提供产品质量溯源解决方案及追溯系统建设服务，为政府部门、生产企业、国内外贸易商、消费者传递信任。

自2010年中检集团首创进口商品溯源服务开始，中检溯源已对来自30余个国家的82类上千种进口商品以及国内各地特色产品开展了溯源服务，累计发放溯源标签近亿枚。依托中检集团CCIC和CQC两大品牌公信力，将溯源服务与质量评价验证活动相融合，以"互联网＋"为导向，以中检集团全球商品溯源云平台为支撑，以集团遍布全球的服务网点、商品检测实验室为线下操作实体，综合运用实地验证、商品检验、检测、认证、工厂检查等手段，对商品的产地、质量、特定属性等进行第三方评价验证，并利用物联网防伪、二维码等技术，将验证信息与商品进行匹配，通过互联网和自主研发的全球商品溯源云平台实现商品来源的可查询、可追溯。

如图13-1所示，针对以假乱真、以次充好的市场乱象，中检溯源以独立公正的第三方质量验证去伪存真；以第三方追溯提升透明度；依据不同产品质量及风险特性，综合运用产品检验检测、工厂审核认证、贸易监装监载、关键环节第三方监督等手段进行验证，并依托中检集团全球商品溯源云平台，对商品真实产地、加工过程、产品质量、物流运输等属性进行信息采集、验证和传递，为政府的监管提供更客观翔实的数据和结果，为企业追溯和产品提供更有力的信任背书，为消费者提供可追溯更全面的商品信息，让优质的产品和商家更好地赢得市场认可，构建更有秩序的市场环境。

图13-1　全程可追溯

根据国务院办公厅《加快推进重要产品追溯体系建设的意见》，以及《中华人民共和国食品安全法》中关于食品生产经营者应当建立食品安全追溯体系的相关要求，中检溯源依托中检集团检验、检测、鉴定及认证等领域专业质量服务能力及自身IT、互联网领域技术研发实力，为政府部门、行业协会、生产及贸易企业提供"一站式"综合商品品质追溯信息化体系建设解决方案。

基于全球商品溯源（进口产品溯源、出口产品溯源、国内优质产品溯源）服务、追溯体系建设（重要产品追溯平台建设、农村电商追溯系统建设、食品安全追溯监管系统建设、定制化区域追溯监管平台建设、智慧市场监管一体化建设、农产品及食品生产企业内部追溯系统建设、供应链追溯与管理平台建设）服务以及中检溯源营销对接服务这三大核心服务，中检溯源可以为食品、农产品、消费品、奢侈品等行业提供质量追溯服务及销售促进服务。食品和农产品包括乳制品、酒类、肉及肉制品、水产品、保健品、食用油、大米、蔬菜、水果、饮用水、茶叶、蜂蜜、干果、谷物、特殊膳食等。消费品包括化妆品、电子电器、服装、家具、玩具等。同时也可以为各地商务、农业、市场监管等政府部门，国内外食品、农产品生产企业，进出口商品贸易、物流、仓储企业，跨境电商平台及相关金融机构，大型商超、农批市场及销售门店提供商品质量追溯解决方案及追溯系统建设服务。帮助企业实现品牌保护与提升，实现销售对接与促进，为相关政府门提供监管依据和信息采信，同时为消费者提供消费保障。

13.2 项目背景

目前市面上的牛奶产品按照杀菌的工艺方式可分为"巴氏杀菌乳"和"灭菌乳"。巴氏杀菌乳采用"巴氏杀菌"工艺加工，也叫"鲜奶"，特点是既杀死了牛奶中的有害细菌，又保留了牛奶的全部营养价值和天然风味，其缺点是保质期很短（一般为7～15天），需要在冷藏环境下（0～4℃）运输贮存。巴氏杀菌乳的上述特点使得该产品在存储、运输及贸易环节较常温奶有诸多的不便和困难，对于从国外进口的鲜奶产品来说，由于进口通关环节所增加的时间，减少了进口巴氏杀菌乳的有效销售时间，成为掣肘国外优质鲜奶产品进入中国消费市场的主要原因。如何在有效控制食品安全风险的同时，缩短进口鲜牛奶（巴氏杀菌乳）在口岸通关时长，降低通关成本及质量风险，提高商品货架期，是贸易企业和消费者极其关注的问题。

同时，消费市场上各类进口乳制品琳琅满目，但究其品质和原产地情况，恐怕没有多少消费者真的能够如数家珍。这使消费者同时面对消费选择和消费决策两大难题，明明不想被广告效应所驱动，但又无奈于没有其他透明的信息渠道以及可信赖的第三方专业机构给予消费指导意见。

一瓶保质期15天的新西兰进口鲜奶，曾经只是检验检疫通关就要耗费8天。如今，进口牛奶最快第3天就能出现在中国超市的货架上，不用再面临"上架就过期"的窘境。事实上，这样的过程在2018年以前还无法实现。一批新西兰进口的鲜奶产品，从以前抵达上海浦东机场，在海关的检验实验室就要待4天，到2018年初，仅用3天时间从"奶牛的米其林餐厅"——新西兰科林牧场直抵上海消费者的餐桌，真正实现通关"零等待"，同时为消费者还原"最新鲜"的体验。如此大的改变的的确确发生在新西兰知名乳业品牌——"纽仕兰"鲜牛奶产品上。那么，该品牌进口鲜奶是如何以飞一般的速度来到中国的呢？如图13-2所示。

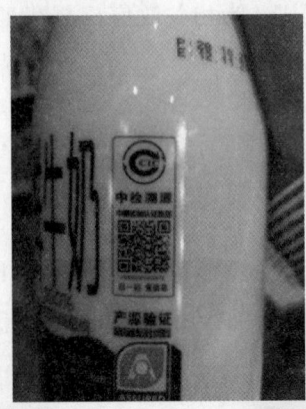

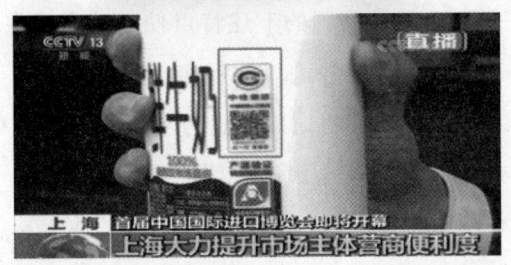

图 13-2 "纽仕兰"鲜牛奶的中检溯源

该品牌鲜牛奶产品采用了中检溯源"境外预检＋溯源"服务，每瓶鲜牛奶的外包装上均被赋予一个独一无二的中检溯源二维码标签，上海机场检验检疫人员现场对该批鲜牛奶检验时，随着手持设备扫描货物外包装上的中检溯源二维码标签，采信即刻查看到的该批鲜牛奶的奶源牧场、境外生产企业及其认证资质、批次、生产日期、实验室检测报告等信息以及货箱内置温度监测器全程记录的该批鲜牛奶的温度变化情况，对该批次产品予以便利通关。中检溯源现场情况如图 13-3、图 13-4 所示。

中检溯源针对纽仕兰公司的鲜牛奶产品，开展由牧场到进口口岸的全程质量追溯，有效降低了食品安全风险，确保进口鲜奶符合中国食品安全国家标准。并将以上产品质量安全追溯数据、产品检测结果数据等食品安全信息与智慧国检（ICIQ）系统作数据交互共享，机场检验检疫人员在现场就能全面掌握进口产品的质量安全状况，对产品实施验证后，实现快速通关放行，减少了产品在运输通关环节的时间成本，同时确保让消费者能够尽快享用到新鲜、安全的鲜奶产品。

消费者通过扫描纽仕兰鲜奶瓶身上的中检溯源二维码，即可第一时间获取该产品从境外牧场、境外加工、境外检验、航空运输、机场运输到口岸检验的相关信息，满足了消费者对鲜奶从牧场到餐桌的"透明消费"的诉求。

图13-3 中检溯源现场（1）

图13-4 中检溯源现场（2）

13.3 项目建设情况

针对当前中国对进口商品监管时效要求日益提高，中国消费者对进口产品的安全、品质日益关注的情况，中检溯源在原全球商品质量溯源服务的基础上，创新"境外预检＋溯源"服务模式及解决方案，也就是本案例中新西兰纽仕兰鲜牛奶产品采用的服务。中检溯源"境外预检＋溯源"服务将风险评估，进口商品检验、检测、验证等工作前置到货物原产地或发运地进行，并结合中检集团全球商品溯源服务，实现对进口商品质量早研判、商品来源可追溯，为企业提升消费信赖度，促进通关效率提升。

所谓"境外预检"，是指基于对进口产品从原料到成品的全过程质量安全风险评价，综合考虑生产、贸易、物流过程中产品安全风险，综合运用工厂审核、产品检验、监装、物流监控等手段，对产品安全风险关键环节实施第三方监督验证。中检溯源依托中检集团覆盖全球的400个服务网点，300个自建及合作实验室资源，在进口商品的国外原产地对产品按照中国标准进行预检验，并对商品质量进程全程追溯，采集商品的检验检测信息、身份及品质等溯源信息并录入"中检集团全球商品溯源云平台"，国内进口商凭借中检检验报告进行预报检，口岸监管部门采信中检检验报告，大大加快口岸放行速度。

中检溯源"境外预检＋溯源"服务，有效地帮助相关国外生产企业、国内贸易企业及政府监管部门解决各自关注的问题，如商品品质证明、便利通关、提升商品货架期，以及快速获得中国消费者信任等。

新西兰纽仕兰品牌鲜牛奶溯源项目所采用的"境外预检＋溯源"服务（如图13－5所示），主要包含以下几项内容：

1. 全程追溯服务

将鲜奶追溯从源头到境内分为进口订单、境外牧场及口岸查验等8个环节。

2. 境外预检服务

由专业人员通过产品抽检的方式，对鲜奶产品的成分、含量、微生物等各项指标进行检测验证，同时对鲜奶加工车间、包装、仓储、发货等环节依次实施核查。

3. 追溯标签监贴激活

经检测验证合格的该批次产品由中检工作人员进行数据复核和溯源信息激活，合格产品得到全球唯一的身份标识。

4. 产品起运监装

中检工作人员现场监督产品的封箱打包，确保符合中检溯源标准的批次产品，从出厂到物流全程均无差错。

5. 全程记录温控

批次产品到达境内后，自动读取运输全程中的温度记录，及时查看运输过程中温度的变化，并对温度异常批次采取应急处置措施。

6. 与检验检疫部门无缝数据交换

追溯系统将当前批次所有环节数据和温度数据一同交换给检验检疫部门的监管系统，同时，监管系统将货物放行时间等结果回传给追溯系统。

7. 口岸便利通关

通过海外实地验证、境外预检、追溯标签等具体工作，加上批次产品全程所有环节数据，为上海口岸监管部门对进口商品开展风险分析提供了依据，加快产品的顺利通关。

图13-5 新西兰纽仕兰品牌鲜牛奶溯源项目所采用的"境外预检+溯源"服务

新西兰纽仕兰鲜奶外包装上加贴的中检溯源标签，让消费者通过手机扫描中检溯源二维码即可第一时间获得产品全程质量追溯的所有相关数据信息。鲜牛奶是否真正来自于境外、生产企业真实情况、产品品质是否可信……值不值得购买，扫码后即可轻松决定。更重要的是，中检溯源作为国家级权威质量服务机构对产品品质的核验，让消费者和生产企业之间更加快速地建立起信任的桥梁。

13.4 项目实施效果

由于通关时间大大缩短，加之消费者可以通过中检溯源二维码轻松识别产品质量，纽仕兰鲜牛奶的产品已经从初期每周3000瓶的销售量，激增到每周近4万瓶的销量，消费者好评如潮，产品的复购率高达33%，如此高的复购率在快消品里基本是凤毛麟角。

2018年8月9日，采用中检溯源提供的"境外预检+溯源"服务的新西兰纽仕兰鲜牛奶，在天猫上被抢购至售罄！截至2018年11月首届中国国际进口博览会（以下简称进博会）期间，纽仕兰鲜牛奶在中国境内的销售量已达100万瓶，如图13-6所示。

图13-6 中检溯源"境外预检+溯源"服务带动商品销售

中检溯源"境外预检+溯源"服务除直接带动商品销售之外,更是为纽仕兰公司鲜牛奶产品保"鲜"战略的落地实施起到了关键性推动作用。企业自身在生产工艺上不断尝试创新的同时,与中检溯源的深入合作也是一项保"鲜"大招。每瓶纽仕兰鲜奶瓶身上的中检溯源二维码为唯一不重复的编码,正是这"一瓶一码"的设计,让纽仕兰在"鲜"的方面获得了良好的市场反馈和消费者热情的追捧。

鲜牛奶可视化的追溯过程不仅满足了消费者日渐升级的质量安全需求,对纽仕兰企业本身而言,也意味着时间效率和经济效益的双赢。以往,当纽仕兰鲜奶到达浦东机场待海关放行后,监管环节需要经过受理报检、审单布控、现场检验检疫、签证等流程,通常需要3~4个工作日,如遇到实验室抽检还需要增加4~5个工作日。现在,应用中检溯源"境外预检+溯源"服务后,看似增加了"境外检验"环节,但由于此项服务与生产、加工环节同步进行,所以并没有增加在境外的时限。而当产品进入口岸监管环节,口岸监管人员通过溯源信息在现场就能全面掌握进口产品的质量安全状况,进而对产品实施快速通关放行。如此,通关时限将由原先的3~4个工作日减少到0.5~1个工作日。

基于以上"境外预检+溯源"的创新监管模式,企业节省了通关周期,而这些时间正好可以延长鲜奶的货架销售时间,降低因上市后超过保质期下架销毁而产生的损耗。对此,中检溯源为企业做了一个初步估算:假如损耗率在5%左右时,按照每瓶50元售价计算,如每年有52万瓶(每周1万瓶)进口量,损耗费为130万元左右;如每年有360万瓶(每月30

万瓶）进口量，损耗费为900万元左右。那么纽仕兰的投入产出比约为1∶9。可见质量追溯服务不仅不会增加企业成本，反而将极大降低企业损耗成本，同时也有助于降低企业打击假冒伪劣的成本。中检溯源系统功能界面如图13－7所示。

图13－7　中检溯源"境外预检＋溯源"服务手机界面

加施中检溯源"境外预检＋溯源"服务的纽仕兰鲜牛奶产品市场表现远超预期，这让生产企业对目标市场开拓更具信心。未来如果突破运力瓶颈，纽仕兰鲜奶的销量会增加到每周10万瓶。在长三角的基础上，京津地区、广深地区也将是拓展的目标消费区域。

13.5　项目总结与展望

中检溯源为纽仕兰的鲜牛奶提供的"境外预检＋溯源"服务，帮助该企业产品实现3天即完成挤奶、运输、通关和上市，并作为国外生产企业与国内质量服务商成功合作的典范项目，在2018年8月8日进口博览会开幕前夕，被进口博览会官方微信平台做了发布推荐（见图13－8）。为彼时即将参展的国外农食产品企业提供相关服务参考，面向前来参展的全球企业推荐此项服务。这让我们更有信心继续不断完善优化"境外预检＋溯源"服务，让全球优质的生产及贸易企业从中获益。

中国食品行业追溯体系发展报告（2018—2019）

图13-8　进口博览会官方微信平台推荐了中检溯源

党的十八大以来，党中央明确提出"主动扩大进口"，并通过推动贸易便利化、放宽市场准入标准和降低进口关税等一系列措施，推动落实这一举措。倡导优质商品进口，既是满足"人民日益增长的美好生活需要"的必然要求，也是推动我国更高水平对外开放和经济高质量发展的战略抉择。

根据海关统计，2018年上半年，我国进出口总额达14.12万亿元人民币，同比增长7.9%，其中进口6.61万亿元，同比增长11.5%，扩大进口态势凸显。在这种态势下，国家相关监管部门无疑将对"质"的把控和监管日趋严格，同时中国消费者对产品质量的关切以及对商品质量知情权的迫切需要，将比过去任何时候都强烈。这也将催生国内外生产企业、国家监管部门和中国消费者对可信的第三方质量服务机构的服务诉求。

中检溯源所提供的全面质量服务，尤其是全球商品溯源业务的内核以及目前的主流业务"境外预检＋溯源"服务，就是通过对商品质量进行全程追溯，将具有公信力的商品质量追溯信息共享给需要的各方。比如，想要获得商品品质知情权的消费者，想要获得消费者信赖的国内外生产及贸易企业，以及需要监管依据的国家相关监管部门。中检溯源产品服务设计与服务价值，与消费者、企业及政府监管部门各方间的需求高度契合一致。这里特别要指出的是，中检溯源的质量服务兼顾了"质量领域"专业性极强的检验检测鉴定认证等服务和为实现质量信息共享目的的"IT系统"建设服务。前者是具备追溯核心服务的关键，即提供具有公信力的商品质量说明和质量评价信息的能力。如

图 13-9 所示为中检溯源的几个应用场景。

图 13-9　中检溯源应用场景

截至目前，中检溯源聚合了三大资源——高效可靠的信息化平台、先进的综合质量评价手段和快捷的全球化服务网络，这是实现通过质量追溯为商品提供品质保证、为监管部门提供有效商品质量数据、推动贸易便利化服务功能所必备的资源。

相应地，获得国家发改委支持建立的行业领先的中检集团溯源服务云平台，依托中检集团 CCIC 和 CQC 两大品牌公信力，将溯源服务与质量评价验证活动相融合，提供检验、鉴定、认证和测试等全方位质量服务；在全球主要港口、贸易集散地和国内所有省份、大部分市甚至县、镇都设有机构，是获取三大资源的有力支撑。正是通过我们提供的"有质量的追溯"服务，对中国市场充满期待的国外农食产品生产企业，以及专注跨境商品贸易的国内企业，将能实现安全、合规及高效的商业操作。中检溯源的 4 个具体应用如图 13-10 所示。

图 13-10　中检溯源的 4 个具体应用

同时，与传统的进口商品到达口岸后，再进行现场查验、抽样检测、标签检验相比，中检溯源"境外预检＋溯源"服务将更好、更便利地为口岸检验工作提供可信依据，加速货物通关，提升商品货架期，为优质海外商品提供品牌背书，帮助企业向中国消费者传递信任。除新西兰鲜奶产品以外，乌拉圭牛肉，智利车厘子，法国红酒，俄罗斯冰激凌，澳大利亚橄榄油，北美水产品，日本Calbee麦片，东南亚水果，大米等众多出口至中国的优质商品，都受益于中检溯源"境外预检＋溯源"服务带来的服务溢价。

大量的成功案例和项目经验，以及中检溯源权威品牌公信力、遍布全球的服务网络、资深的技术专家团队、先进的产品检测能力和最优性价比解决方案，让我们更加有信心在消费者、企业及监管部门之间传递信任，防范食品欺诈，推动建立健康有序的市场环境，为消费者的安全和品质消费保驾护航。

14 水产品无水活运技术集成应用案例

14.1 概述

水产品活体运输是鱼类移殖、引种和供应等环节市场活动过程中的一种鲜活流通方式。采用有水运输方式对鲜活水产品进行运输、配送、中转一直都是其唯一的物流模式。有水运输存在成本高、成活率低、运输量少、运输时间短等诸多不足，是制约我国水产品活体流通市场发展的重要因素。

目前，虽然市场上均采用有水运输方式对活鱼实施冷链流通，但是该方法存在运输时间短、存活率低、安全性低、成本高等劣势。因此，商家为尽量克服上述不足，在运输前或运输过程中，向水环境中添加麻醉药物以降低应激，方便捕捞与运输，但由此大大增加了食用安全性问题。目前，我国的活鱼运输技术还处于比较滞后的状态，运输装备也较落后，因此，研究物理或天然休眠物质、开发活鱼仿生态冷链运输装备并降低制造成本是今后该领域重点发展方向。水产品有水运输实物如图14-1所示。

图14-1 水产品有水运输实物图

我国当前流通业态可分为两种：一是传统商品批发零售，生产商、经销商都围绕着"场"这一关键要素进行投资经营。二是电子商务，是一个"货－流－人"的现代新兴商业模式，这种模式的信息流、资金流都通过线上完成，仓储、运输、配送则在线下完成，然而产品质量安全问题，较传统商业模式面临着更大的挑战。随着电子商务模式的飞跃发展，生鲜产品网店如雨后春笋般地出现，已经形成了一个广阔的销售体系。新型电商模式下，如何实现水产品高效保活物流是亟待解决的问题。传统的水产品有水物流方式，不易于开展干线运输、快递及配送业务，采用新型的无水物流方式代替有水物流，实现终端销售流通是电商发展的必经之路。水产品无水保活物流技术是无污染、安全、优质和高效的绿色保活流通技术，正成为今后新电商模式下水产品活体物流的发展方向。生鲜农产品物流领域是一个巨大的万亿元市场。水产品无水保活物流技术极大地提升了整个生鲜农产品物流行业的技术水平，提高了水产品的运输时间、成活率、运输距离等，为水产养殖企业、零售商、配套装备生产商等带来了巨大效益。同时，该技术减少了生鲜农产品物流损耗，改善了生鲜农产品安全、营养和品质，为人们提供了鲜活健康的水产品，营造出农业可持续发展的良好环境，产生了巨大的社会效益。该项成果以冷链技术、物流信息技术、"休眠"及"唤醒"技术为依托，通过技术的集成和成果推广，大大降低了物流过程中的产品损耗，提高了物流间接经济效益，促进了水产品冷链运输和市场配套销售体系的优化和发展。因此，在运输业、包装业、销售业和运输设备制造业等方面，该技术都将产生较大的拉动作用，带动创造较高的经济效益。

水产品无水保活运输技术是一种绿色环保、无污染、安全、优质和高效的新型活体物流技术。就水产品无水保活技术而言，目前，国内外可供借鉴经验和技术资料甚少。国内外对水产品保活运输的研究主要集中于有水状态下的流通，而且多为对采用化学麻醉剂进行有水保活运输流通技术的研究，而对无水保活物流技术的探索较少。在省科技发展计划项目《水产品冰温无水保活运输关键技术研究》（项目编号2011GNC11302）与国家"十二五"科技支撑计划项目《淡水水产品保活保鲜冷链物流关键技术研究》（项目编号2012BAD38B03）中先后以泥鳅、大菱鲆、牙鲆、半滑舌鳎、大西洋鲑、波士顿龙虾、黄颡鱼、鲟鱼、鲫鱼、鲤鱼等为对象进行了无水保活试验和生物学机制探索。确定了试验鱼"冷驯化"、贮运及"唤醒"过程的关键技术参数，开发出了天然植物源休眠诱导剂，并建立了无水保活物流技术流程。目前，共申请国家专利24项，专利授权16项，研发产品5项，制定标准3项，获奖3项。在省科技发展计划项目《水产品冰温无水保活运输关键技术研究》（项目编号2011GNC11302）的资助下，通过"冷驯化"技术，辅助使用天然植物源休眠诱导剂，使活鱼进入休眠状态；贮运中保持活鱼"休眠"以及在目的地"唤醒"活鱼、解除休眠三方面的关键技术及其配套设备进行了攻关。经专家验收鉴定一致认为其达到国内领先水平（鲁科成鉴字 2013 第 1132 号）。2014 年 7 月 26 日，纽约时报杂志《*The New York Times Magazine*》以"中国低温业十个里程碑"（*Ten Landmarks of the Chinese Cryosphere*）为标题报道了该项技术科研人员在水产品无水保活运输技术领域所取得的相关研究成果。同年 11 月 25 日的《科技日报》也以"72 小时活鱼运输成为现实"为标题进行了报道。

14.2 技术集成

水产品无水保活物流技术是通过冷驯化、天然植物源诱导休眠剂方式促使各种水产品进入休眠状态，利用温控、气调处理进行无水保活运输，待到达目的地时，以梯度升温"唤醒"方式解除休眠，依靠冷驯化/"唤醒"装备、天然植物源诱导休眠剂产品、智能无水运输车、配送箱、运输盒等装备完成，从而实现水产品无水物流新模式。其关键技术流程如图 14-2 所示。

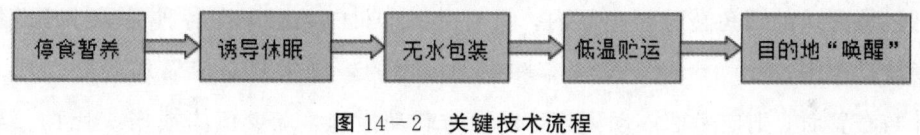

图 14-2 关键技术流程

14.2.1 休眠

休眠是冷血动物的重要特征之一，自然条件下多属季节性反应，是抗御逆境的一种方式。休眠是活鱼无水运输的前提，同时也是无水包装前的重要环节。对冷血动物而言，均存在一个区分生死的生态冰温，或称为临界温度。将活鱼停食暂养 48 小时后，采用缓慢降温方式（速率为 0.2~3℃/h）将水温降至其生态冰温，从而致使活鱼进入休眠状态。当鱼体休眠时，其呼吸速率明显降低，新陈代谢几乎降至零，基本无任何活动行为，仅受到强烈刺激时才产生缓慢的应激反应。

在生态冰温（临界温度）基础上，我们引入了"冷驯化"这个新概念，并将其应用于活鱼无水运输试验中。冷驯化最早源于植物学，研究于低温长期作用下对不同植物的影响。从活鱼冷链运输意义上讲，冷驯化即将水温降低至不同鱼类生态冰温，并在此温度范围内停食暂养。冷驯化程度直接影响无水保活时间，适度冷驯化能有效地延长保活时间及提高成活率。休眠的主要作用是减少包装、装载和运输过程中产生的强烈应激，从而实现活鱼无水冷链物流。

14.2.2 包装

待活鱼进入休眠状态或冷驯化后即可从暂养池中打捞出进行无水包装。活鱼无水包装是一种特殊的包装方式，区别于普通包装的主要特征在于其充入混合气体密封封口。由于在无水状态下，活鱼对环境中氧气吸收利用率大大降低，所以应保证鱼体正常呼吸代谢。

无水包装材料主要包括塑料薄膜袋、橡胶袋、无水运输垫、泡沫箱、聚苯乙烯箱等。目前，无水保活运输方式主要是将休眠鱼体装入专用无水运输盒或垫，放入塑料薄膜袋、橡胶袋或泡沫箱等密闭容器中充入纯氧密封。无水包装是实现活鱼运输的重要环节之一，是维持运输的先决条件。有效的包装结合必备的运输环境才能形成完整的流通路径。

14.2.3 无水微环境

有水活鱼运输过程中，水温、水质、溶氧、代谢物和密度等是影响其运输时间及存活率的重要因素，而对无水运输而言，包装箱以及车厢内微环境情况是影响运输效率的关键。微环境主要包括厢内大气温度以及波动范围、内部湿度、内部实际震动情况等。

将已包装完成的活鱼转移至车厢内，调节控制车厢内部温度在各种品类冰温范围内，并控制温度波动范围在0.3~1.0℃。车厢内部湿度的控制主要是依靠加湿器实现；在内部结构设计与布置时，则应考虑震动因素，采取防震动措施，减少鱼体损伤或死亡。与有水运输相比，虽然其影响因素较少，但要求精准控制，无论对装备还是工艺技术均提出更高要求。目前，由于对无水微环境控制精准度不够，并未广泛应用，仅适用于少数品类。根据技术需求改进完善运输装备，才能提高无水微环境调控精准度，最终实现各种水产品无水活运。

14.2.4 "唤醒"

"唤醒"也称为复活，即将休眠状态下的活鱼转入暂养池内（水温为生态冰温范围），通过梯度升温方式使其恢复正常游动状态。"唤醒"是活鱼运输到达目的地后展开的关键操作流程，其关键控制要点在于初始水温与升温速率。初始水温调控主要依据活鱼品类及其生态冰温范围，在长期的试验中，发现初始水温稍偏高于生态冰温可降低应激，加速"唤醒"。若初始水温未调节准确，偏离实际"唤醒"温度较大则导致鱼体不适，甚至降低复活率。升温速率需根据活鱼品类不同而适当调控，其升温过程速率调节复杂。张长峰等对相关鱼类进行了"唤醒"试验，表明梯度升温与升温速率之间的对应关系是：升温至-2~5℃的温度区间，每小时升温0.8~1.5℃；升温至5~10℃的温度区间，每小时升温1.5~3℃；升温至

10~30℃的温度区间,每小时升温3~5℃。

14.3 核心产品

国家农产品现代物流工程技术研究中心水产团队立足于水产品物流行业需求,水产品无水保活物流集成技术的配套产品主要包括:冷驯化/"唤醒"系统、天然植物源诱导休眠剂、水产品无水保活运输车、无水配送包装产品等。

14.3.1 冷驯化/"唤醒"系统

该暂养设施包括过滤系统、水循环系统、温控系统、暂养池(桶)等,通过对水产品停食暂养,并用冷驯化或天然植物源诱导休眠剂让水产品处于休眠状态,减少新陈代谢,提高水产品无水状态下的存活时间及成活率,如图14-3、图14-4所示。

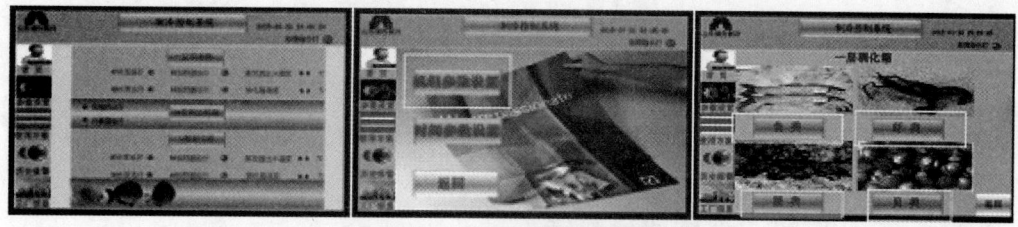

图14-3 系统界面控制图

图14-4 冷驯化/"唤醒"箱

14.3.2 天然植物源诱导休眠剂

通过对醉鱼草和厚果崖豆藤中麻醉/诱导休眠物质的结构与性质研究，采用现代制药技术对复方有效成分或活性部位进行分离纯化，制得了纯天然植物源麻醉/诱导休眠产品，本产品有效规避了水产品药物使用残留风险；由于该药材本身就是天然的中草药，对环境的无污染，具有显著的生态效益和社会效益，如图14-5所示。

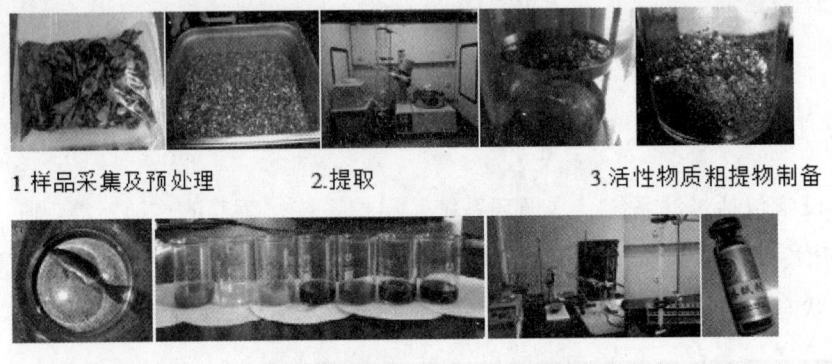

图14-5 纯天然植物源麻醉/诱导休眠产品及工业化流程

14.3.3 水产品无水保活运输车

该装备为集气调操控系统、喷雾操控系统、温度操控系统于一体的无水保活运输车。此车的智能化、信息化程度高，各微环境参数均可通过控制面板触屏调节；可运输的产品种类多，广泛适用于各类水产品；各项系统设备完善，运输平稳，安全性高，运输量大。主要用于干线运输或者同城配送，如图14-6所示。

图14-6 水产品无水保活运输车

14.3.4 无水配送包装产品

主要包括智能化待运（冷驯化）与待售（"唤醒"）暂养装备、无水保活运输箱（桶）、无水保活运输盒等，如图14-7所示。

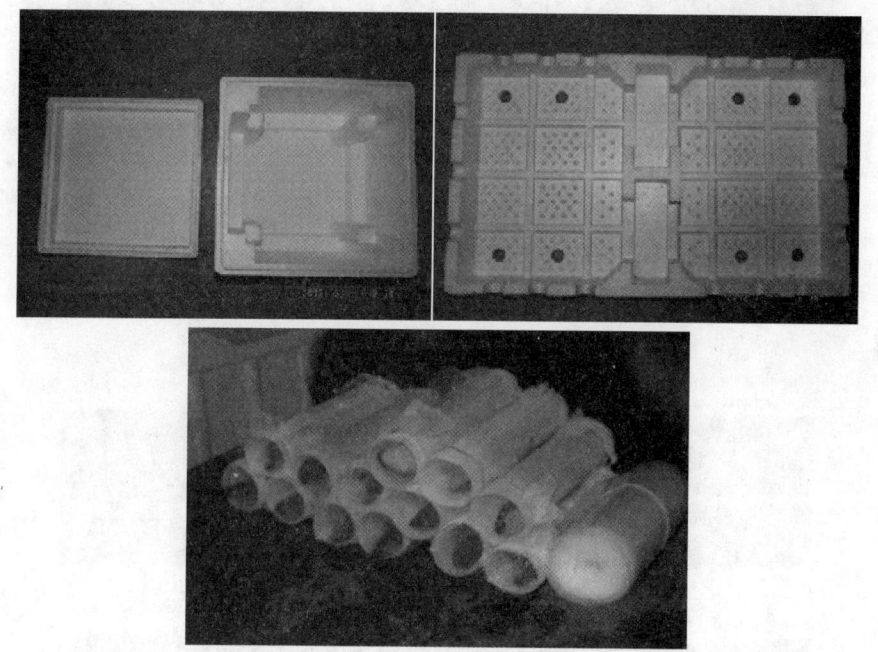

图14-7 无水配送包装及冷驯化/"唤醒"箱

14.3.5 水产品无水保活物流集成技术商业化应用

国家农产品现代物流工程技术研究中心与山东省农产品贮运保鲜技术重点实验室水产团队通过近几年科研攻关，获得了大量扎实翔实的实验数据，并围绕水产品无水保活物流集成技术的商业化推广进行了大胆尝试，先后从陆空联运、快速运输等物流途径进行了示范应用，效果显著，为后期的商业化推广奠定了基础。

1. 大菱鲆和半滑舌鳎无水保活陆空联运

2014年12月12日至16日，成功实现了大菱鲆和半滑舌鳎无水保活陆空联运中试运输试验。本次运输试验横跨我国山东至新疆，从山东青岛通用水产养殖有限公司对大菱鲆进行程序化梯度降温，将进入休眠状态的大菱鲆无水运输至青岛机场，再空运至乌鲁木齐机场，在新疆奔腾生物有限公司协作下，运输至新疆乌鲁木齐红楼大酒店，并全部成功复活，如图14-8所示。另外，国家中心水产品冷链物流创新团队在山东昌邑水产公司将半滑舌鳎经梯度降温后无水运输至乌鲁木齐，在新疆奔腾生物有限公司协作下，运输至新疆乌鲁木齐红楼大酒店，并全部成功复活，如图14-9所示。

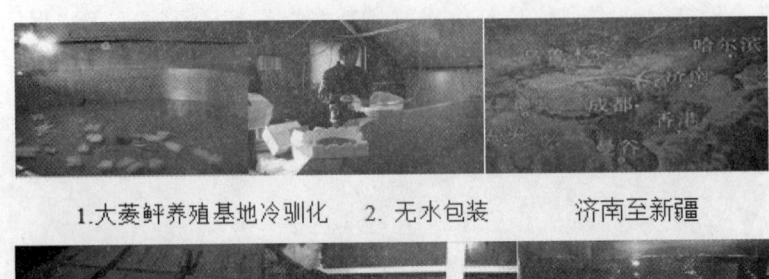

图14-8　大菱鲆无水保活陆空联运

图14-9　半滑舌鳎无水保活陆空联运

2019年1月17日至20日，针对半滑舌鳎和大菱鲆开展山东昌邑至广西南宁无水保活陆空联运试验，图14-10所示。

工程中心科研团队在山东潍坊养殖基地对活鱼进行程序化降温，将进入休眠状态的活鱼采用自主研发的专用包装无水运输至济南遥墙机场，空运至广西吴圩机场，在老博会签约现场开展复活实验，成活率100%。广西自治区副主席对国家中心无水保活技术进行现场观摩，广西卫视、广西网络广播电视台、广西新闻网、《南国早报》、《今日头条》等媒体以"山东来的冷冻鱼一分钟复活"为标题进行了报道。

图 14-10 半滑舌鳎和大菱鲆无水保活陆空联运

2. 黄颡鱼无水保活陆空联运

2016年1月21日至24日，完成了鲜活黄颡鱼的无水保活陆空联运中试试验，成功实现了淡水鱼无水活运技术的实际应用。

本次中试试验采用水产品冷链物流创新团队自主研发的结构简单、操作方便、成本低廉的包装将鲜活黄颡鱼通过陆空联运方式从安徽六安运至北京。21日，在六安华润科技养殖有限公司对黄颡鱼进行冷驯化结合天然植物源诱导休眠剂诱导其进入休眠状态，22日凌晨4点进行无水包装，并于上午7点40分陆运至合肥新桥国际机场货运站，空运至北京首都机场，由杭州农翠贸易有限公司北京办事处人员负责接站，陆运至该公司北京暂养基地进行"唤醒"复活，成活率高达95%。本次中试试验首次实现了鲜活淡水鱼类无水活运技术的陆空联运，进一步推动了鲜活鱼类无水保活运输技术的市场化应用，图14-11所示。

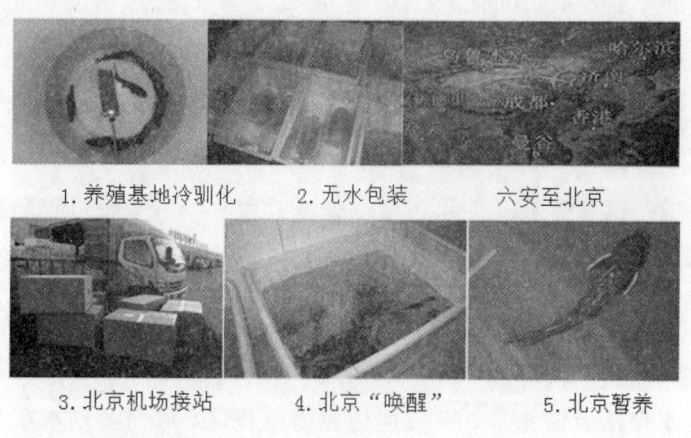

图 14-11 黄颡鱼无水保活陆空联运

3. 黄颡鱼无水保活快递物流

2016年2月29日至3月3日，完成了鲜活黄颡鱼的无水保活快递中试试验，这是国内外首次在快递业务上进行的大胆探索，在不远的将来，活鱼快递有望成为现实，如图14－12所示。

2月29日，在六安华润科技养殖有限公司对黄颡鱼进行冷驯化结合天然植物源诱导休眠剂诱导其进入休眠状态，3月1日凌晨6点进行无水包装，并于上午7点36分用皮卡车运至顺丰速运（合肥高新区国光山水间营业点），3月3日上午10点快递到达国家农产品现代物流工程技术研究水产品温控暂养实验室进行"唤醒"复活，全程总共耗时51小时，成活率高达93.9%。

图14－12 黄颡鱼无水保活快递运输

随着生鲜电商的不断发展，目前，多数农产品已经实现了O2O的商业模式，但是在鲜活鱼类产品中至今尚未实现，主要是受到快递技术、成本等方面的制约。本次中试试验采用自主研发的无水保活技术与配套包装解决了活鱼快递存在的技术问题，在国内外尚属首次。

该项目技术水平先进，使得我国活鱼运输有望进入无水时代，水产品无水保活物流技术集"暂养—梯度降温—诱导休眠—无水包装—低温贮藏—唤醒"全过程品控工艺、智能信息化及配套装备于一体。该技术可使水产品存活时间长达60~81小时，存活率达98%，成本低，自动化程度高，易于操作，能实现大批量的输送。配套装备与产品则严格按照工艺流程设计生产，主要包括低温驯化/"唤醒"箱、天然植物源诱导休眠剂、无水保活运输车、无水保活运输垫、无水保活运输箱等，有效地构成物流载体，从而实现水产品无水保活流通全程高效、绿色、低碳。通过对水产品无水活运工艺技术及其配套装备与产品的革新，提高了成活率,增加了运输量,延长了成活时间,从而大幅提升了水产品商业价值。

以水产品无水保活物流集成技术为创业项目,在教育部组织的第二届"互联网+"大学生创新创业大赛上,获得山东省赛区金奖、全国金奖。该项目促进了生鲜农产品冷链物流行业的全面革新,降低了物流成本,提高了经济效益,保障了产品质量。技术及配套装备成本约为100万~200万元/年,按照成活率提高10%计算,运输量提高20%计算,利润为4300万~5000万元/年,经济效益明显。每年可培训水产品无水保活物流技术从业人员1000~1500人次,节省了大量人力、物力资源,市场前景广阔。

在该新型产业技术推广的过程中,保活、安全、新鲜是客户需求,信息化是整体方案支持,暂养—梯度降温—诱导休眠—无水包装—低温贮藏—唤醒全过程各环节的数据采集与清洗则是实施方案。由于新工艺集成了大量新技术新产品,因此追溯体系在搭建过程中,采取了多样的物联网技术和数据技术,研发了一系列食品安全追溯生产管理系统,一方面是为满足消费者对鲜活的实时要求;另一方面是企业需要确保产品的全程品质。因此,围绕无水保活的追溯体系,注重流通过程信息透明,更注重实时环境的状况采集,从而打造一个绿色透明度的水产追溯系统。

本篇撰稿人: 陈文正 合肥友高物联网标识设备有限公司董事长
郭　楠　江苏鼎昌科技股份有限公司市场总监
刘晓武　北京爱创科技股份有限公司产品市场经理
练　娜　中钞信用卡产业发展有限公司杭州区块链技术研究院　产品经理
韩　伟　深圳市倍诺通讯技术有限公司总经理
孟东润　中国检验认证集团上海公司农食部经理
逯　静　友和利德(天津)科技有限公司运营部经理
钱　青　中检集团溯源技术服务有限公司苏州分公司总经理
王　飞　中钞信用卡产业发展有限公司杭州区块链技术研究院　项目经理
王　力　集美大学食品与生物工程学院教授
魏　巍　沈阳诚真餐饮有限公司品控副总经理
姚雅娴　福建安井食品股份有限公司质量部经理

资料汇编篇

15　相关政策与法规

2018年，国家及相关部门相继发布了一系列涉及食品行业追溯体系的规定和政策，主要内容如表15－1所示。

表15－1　2018—2019年食品行业追溯体系相关政策法规

发布部门	文件名	发布日期
中共中央、国务院	关于深化改革加强食品安全工作的意见	2019年5月9日
中共中央办公厅、国务院办公厅	地方党政领导干部食品安全责任制规定	2019年2月5日
农业农村部、发展改革委、科技部、工业和信息化部、财政部、商务部、卫生健康委、市场监管总局、银保监会	关于进一步促进奶业振兴的若干意见	2018年12月24日
教育部、国家市场监督管理总局、国家卫生健康委员会	学校食品安全与营养健康管理规定	2019年4月1日
全国农村义务教育学生营养改善计划领导小组	加强学校供餐管理确保学校食品安全	2019年2月
财政部、商务部	关于推动农商互联完善农产品供应链的通知	2019年4月财办建〔2019〕69号

15.1 《中共中央、国务院关于深化改革加强食品安全工作的意见》

食品安全关系人民群众身体健康和生命安全，关系中华民族未来。党的十九大报告明确提出实施食品安全战略，让人民吃得放心。这是党中央着眼党和国家事业全局，对食品安全工作作出的重大部署，是决胜全面建成小康社会、全面建设社会主义现代化国家的重大任务。现就深化改革加强食品安全工作提出如下意见。

一、深刻认识食品安全面临的形势

党的十八大以来，以习近平同志为核心的党中央坚持以人民为中心的发展思想，从党和国家事业发展全局、实现中华民族伟大复兴中国梦的战略高度，把食品安全工作放在"五位一体"总体布局和"四个全面"战略布局中统筹谋划部署，在体制机制、法律法规、产业规划、监督管理等方面采取了一系列重大举措。各地区各部门认真贯彻党中央、国务院决策部署，食品产业快速发展，安全标准体系逐步健全，检验检测能力不断提高，全过程监管体系基本建立，重大食品安全风险得到控制，人民群众饮食安全得到保障，食品安全形势不断好转。

但是，我国食品安全工作仍面临不少困难和挑战，形势依然复杂严峻。微生物和重金属污染、农药兽药残留超标、添加剂使用不规范、制假售假等问题时有发生，环境污染对食品安全的影响逐渐显现；违法成本低，维权成本高，法制不够健全，一些生产经营者唯利是图、主体责任意识不强；新业态、新资源潜在风险增多，国际贸易带来的食品安全问题加深；食品安全标准与最严谨标准要求尚有一定差距，风险监测评估预警等基础工作薄弱，基层监管力量和技术手段跟不上；一些地方对食品安全重视不够，责任落实不到位，安全与发展的矛盾仍然突出。这些问题影响到人民群众的获得感、幸福感、安全感，成为全面建成小康社会、全面建设社会主义现代化国家的明显短板。

人民日益增长的美好生活需要对加强食品安全工作提出了新的更高要求；推进国家治理体系和治理能力现代化，推动高质量发展，实施健康中国战略和乡村振兴战略，为解决食品安全问题提供了前所未有的历史机遇。必须深化改革创新，用最严谨的标准、最严格的监管、最严厉的处罚、最严肃的问责，进一步加强食品安全工作，确保人民群众"舌尖上的安全"。

二、总体要求

（一）指导思想。以习近平新时代中国特色社会主义思想为指导，全面贯彻党的十九大和十九届二中、三中全会精神，坚持和加强党的全面领导，坚持以人民为中心的发展思想，紧紧围绕统筹推进"五位一体"总体布局和协调推进"四个全面"战略布局，坚持稳中求进工作总基调，坚持新发展理念，遵循"四个最严"要求，建立食品安全现代化治理体系，提高从农田到餐桌全过程监管能力，提升食品全链条质量安全保障水平，增强广大人民群众的获得感、幸福感、安全感，为实现"两个一百年"奋斗目标和中华民族伟大复兴的中国梦奠定坚实基础。

（二）基本原则

——坚持安全第一。把保障人民群众食品安全放在首位，坚守安全底线，正确处理安全与发展的关系，促一方发展，保一方安全。

——坚持问题导向。以维护和促进公众健康为目标，从解决人民群众普遍关心的突出问题入手，标本兼治、综合施策，不断增强人民群众的安全感和满意度。

——坚持预防为主。牢固树立风险防范意识，强化风险监测、风险评估和供应链管理，提高风险发现与处置能力。坚持"产"出来和"管"出来两手抓，落实生产经营者主体责任，最大限度消除不安全风险。

——坚持依法监管。强化法治理念，健全法规制度、标准体系，重典治乱，加大检查执法力度，依法从严惩处违法犯罪行为，严把从农田到餐桌的每一道防线。

——坚持改革创新。深化监管体制机制改革，创新监管理念、监管方式，堵塞漏洞、补齐短板，推进食品安全领域国家治理体系和治理能力现代化。

——坚持共治共享。生产经营者自觉履行主体责任，政府部门依法加强监管，公众积极参与社会监督，形成各方各尽其责、齐抓共管、合力共治的工作格局。

（三）总体目标

到2020年，基于风险分析和供应链管理的食品安全监管体系初步建立。农产品和食品抽检量达到4批次/千人，主要农产品质量安全监测总体合格率稳定在97%以上，食品抽检合格率稳定在98%以上，区域性、系统性重大食品安全风险基本得到控制，公众对食品安全的安全感、满意度进一步提高，食品安全整体水平与全面建成小康社会目标基本相适应。

到2035年，基本实现食品安全领域国家治理体系和治理能力现代化。食品安全标准水平进入世界前列，产地环境污染得到有效治理，生产经营者责任意识、诚信意识和食品质量安全管理水平明显提高，经济利益驱动型食品安全违法犯罪明显减少。食品安全风险管控能力达到国际先进水平，从农田到餐桌全过程监管体系运行有效，食品安全状况实现根本好转，人民群众吃得健康、吃得放心。

三、建立最严谨的标准

（四）加快制修订标准。立足国情、对接国际，加快制修订农药残留、兽药残留、重金属、食品污染物、致病性微生物等食品安全通用标准，到2020年农药兽药残留限量指标达到1万项，基本与国际食品法典标准接轨。加快制修订产业发展和监管急需的食品安全基础标准、产品标准、配套检验方法标准。完善食品添加剂、食品相关产品等标准制定。及时修订完善食品标签等标准。

（五）创新标准工作机制。借鉴和转化国际食品安全标准，简化优化食品安全国家标准制修订流程，加快制修订进度。完善食品中有害物质的临时限量值制定机制。建立企业标准公开承诺制度，完善配套管理制度，鼓励企业制定实施严于国家标准或地方标准的企业标准。支持各方参与食品安全国家标准制修订，积极参与国际食品法典标准制定，积极参与国际新兴危害因素的评估分析与管理决策。

（六）强化标准实施。加大食品安全标准解释、宣传贯彻和培训力度，督促食品生产经营者准确理解和应用食品安全标准，维护食品安全标准的强制性。对食品安全标准的使用进行跟踪评价，充分发挥食品安全标准保障食品安全、促进产业发展的基础作用。

四、实施最严格的监管

（七）严把产地环境安全关。实施耕地土壤环境治理保护重大工程。强化土壤污染管控和修复，开展重点地区涉重金属行业污染土壤风险排查和整治。强化大气污染治理，加大重点行业挥发性有机物治理力度。加强流域水污染防治工作。

（八）严把农业投入品生产使用关。严格执行农药兽药、饲料添加剂等农业投入品生产和使用规定，严禁使用国家明令禁止的农业投入品，严格落实定点经营和实名购买制度。将高毒农药禁用范围逐步扩大到所有食用农产品。落实农业生产经营记录制度、农业投入品使用记录制度，指导农户严格执行农药安全间隔期、兽药休药期有关规定，防范农药兽药残留超标。

（九）严把粮食收储质量安全关。做好粮食收购企业资格审核管理，督促企业严格落实出入厂（库）和库存质量检验制度，积极探索建立质量追溯制度，加强烘干、存储和检验监测能力建设，为农户提供粮食烘干存储服务，防止发霉变质受损。健全超标粮食收购处置长效机制，推进无害化处理和资源合理化利用，严禁不符合食品安全标准的粮食流入口粮市场和食品生产企业。

（十）严把食品加工质量安全关。实行生产企业食品安全风险分级管理，在日常监督检查全覆盖基础上，对一般风险企业实施按比例"双随机"抽查，对高风险企业实施重点检查，对问题线索企业实施飞行检查，督促企业生产过程持续合规。加强保健食品等特殊食品监管。将体系检查从婴幼儿配方乳粉逐步扩大到高风险大宗消费食品，着力解决生产过程不合规、非法添加、超范围超限量使用食品添加剂等问题。

（十一）严把流通销售质量安全关。建立覆盖基地贮藏、物流配送、市场批发、销售终端全链条的冷链配送系统，严格执行全过程温控标准和规范，落实食品运输在途监管责任，鼓励使用温控标签，防止食物脱冷变质。督促企业严格执行进货查验记录制度和保质期标识等规定，严查临期、过期食品翻新销售。严格执行畜禽屠宰检验检疫制度。加强食品集中交易市场监管，强化农产品产地准出和市场准入衔接。

（十二）严把餐饮服务质量安全关。全面落实餐饮服务食品安全操作规范，严格执行进货查验、加工操作、清洗消毒、人员管理等规定。集体用餐单位要建立稳定的食材供应渠道和追溯记录，保证购进原料符合食品安全标准。严格落实网络订餐平台责任，保证线上线下餐饮同标同质，保证一次性餐具制品质量安全，所有提供网上订餐服务的餐饮单位必须有实体店经营资格。

五、实行最严厉的处罚

（十三）完善法律法规。研究修订食品安全法及其配套法规制度，修订完善刑法中危害食品安全犯罪和刑罚规定，加快修订农产品质量安全法，研究制定粮食安全保障法，推动农产品追溯入法。加快完善办理危害食品安全刑事案件的司法解释，推动危害食品安全的制假售假行为"直接入刑"。推动建立食品安全司法鉴定制度，明确证据衔接规则、涉案食品检验认定与处置协作配合机制、检验认定时限和费用等有关规定。加快完善食品安全民事纠纷案件司法解释，依法严肃追究故意违法者的民事赔偿责任。

（十四）严厉打击违法犯罪。落实"处罚到人"要求，综合运用各种法律手段，对违法企业及其法定代表人、实际控制人、主要负责人等直接负责的主管人员和其他直接责任人员进行严厉处罚，大幅提高违法成本，实行食品行业从业禁止、终身禁业，对再犯从严从重进行处罚。严厉打击刑事犯罪，对情节严重、影响恶劣的危害食品安全刑事案件依法从重判罚。加强行政执法与刑事司法衔接，行政执法机关发现涉嫌犯罪、依法需要追究刑事责任的，依据行刑衔接有关规定及时移送公安机关，同时抄送检察机关；发现涉嫌职务犯罪线索的，及时移送监察机关。积极完善食品安全民事和行政公益诉讼，做好与民事和行政诉讼的衔接与配合，探索建立食品安全民事公益诉讼惩罚性赔偿制度。

（十五）加强基层综合执法。深化综合执法改革，加强基层综合执法队伍和能力建设，确保有足够资源履行食品安全监管职责。县级市场监管部门及其在乡镇（街道）的派出机构，要以食品安全为首要职责，执法力量向一线岗位倾斜，完善工作流程，提高执法效率。农业综合执法要把保障农产品质量安全作为重点任务。加强执法力量和装备配备，确保执法监管工作落实到位。公安、农业农村、市场监管等部门要落实重大案件联合督办制度，按照国家有关规定，对贡献突出的单位和个人进行表彰奖励。

（十六）强化信用联合惩戒。推进食品工业企业诚信体系建设。建立全国统一的食品生产经营企业信用档案，纳入全国信用信息共享平台和国家企业信用信息公示系统。实行食品生产经营企业信用分级分类管理。进一步完善食品安全严重失信者名单认定机制，加大对失信人员联合惩戒力度。

六、坚持最严肃的问责

（十七）明确监管事权。各省、自治区、直辖市政府要结合实际，依法依规制定食品安全监管事权清单，压实各职能部门在食品安全工作中的行业管理责任。对产品风险高、影响区域广的生产企业监督检查，对重大复杂案件查处和跨区域执法，原则上由省级监管部门负责组织和协调，市县两级监管部门配合，也可实行委托监管、指定监管、派驻监管等制度，确保监管到位。市县两级原则上承担辖区内直接面向市场主体、直接面向消费者的食品生产经营监管和执法事项，保护消费者合法权益。上级监管部门要加强对下级监管部门的监督管理。

（十八）加强评议考核。完善对地方党委和政府食品安全工作评议考核制度，将食品安全工作考核结果作为党政领导班子和领导干部综合考核评价的重要内容，作为干部奖惩和使用、调整的重要参考。对考核达不到要求的，约谈地方党政主要负责人，并督促限期整改。

（十九）严格责任追究。依照监管事权清单，尽职照单免责、失职照单问责。对贯彻落实党中央、国务院有关食品安全工作决策部署不力、履行职责不力、给国家和人民利益造成严重损害的，依规依纪依法追究相关领导责任。对监管工作中失职失责、不作为、乱作为、慢作为、假作为的，依规依纪依法追究相关人员责任；涉嫌犯罪的，依法追究刑事责任。对参与、包庇、放纵危害食品安全违法犯罪行为，弄虚作假、干扰责任调查，帮助伪造、隐匿、毁灭证据的，依法从重追究法律责任。

七、落实生产经营者主体责任

（二十）落实质量安全管理责任。生产经营者是食品安全第一责任人，要结合实际设立食品质量安全管理岗位，配备专业技术人员，严格执行法律法规、标准规范等要求，确保生产经营过程持续合规，确保产品符合食品安全标准。食品质量安全管理岗位人员的法规知识抽查考核合格率要达到90%。风险高的大型食品企业要率先建立和实施危害分析和关键控制点体系。保健食品生产经营者要严格落实质量安全主体责任，加强全面质量管理，规范生产行为，确保产品功能声称真实。

（二十一）加强生产经营过程控制。食品生产经营者应当依法对食品安全责任落实情况、食品安全状况进行自查评价。对生产经营条件不符合食品安全要求的，要立即采取整改措施；发现存在食品安全风险的，应当立即停止生产经营活动，并及时报告属地监管部门。要主动监测其上市产品质量安全状况，对存在隐患的，要及时采取风险控制措施。食品生产企业自查报告率要达到90%。

（二十二）建立食品安全追溯体系。食用农产品生产经营主体和食品生产企业对其产品追溯负责，依法建立食品安全追溯体系，确保记录真实完整，确保产品来源可查、去向可追。国家建立统一的食用农产品追溯平台，建立食用农产品和食品安全追溯标准和规范，完善全程追溯协作机制。加强全程追溯的示范推广，逐步实现企业信息化追溯体系与政府部门监管平台、重要产品追溯管理平台对接，接受政府监督，互通互享信息。

（二十三）积极投保食品安全责任保险。因食品安全问题造成损害的，食品生产经营者要依法承担赔偿责任。推进肉蛋奶和白酒生产企业、集体用餐单位、农村集体聚餐、大宗食品配送单位、中央厨房和配餐单位主动购买食品安全责任保险，有条件的中小企业要积极投保食品安全责任保险，发挥保险的他律作用和风险分担机制。

八、推动食品产业高质量发展

（二十四）改革许可认证制度。坚持"放管服"相结合，减少制度性交易成本。推进农产品认证制度改革，加快建立食用农产品合格证制度。深化食品生产经营许可改革，优化许可程序，实现全程电子化。推进保健食品注册与备案双轨运行，探索对食品添加剂经营实行备案管理。制定完善食品新业态、新模式监管制度。利用现有相关信息系统，实现全国范围内食品生产经营许可信息可查询。

（二十五）实施质量兴农计划。以乡村振兴战略为引领，以优质安全、绿色发展为目标，推动农业由增产导向转向提质导向。全面推行良好农业规范。创建农业标准化示范区。实施农业品牌提升行动。培育新型农业生产服务主体，推广面向适度规模经营主体特别是小农户的病虫害统防统治专业化服务，逐步减少自行使用农药兽药的农户。

（二十六）推动食品产业转型升级。调整优化食品产业布局，鼓励企业获得认证认可，实施增品种、提品质、创品牌行动。引导食品企业延伸产业链条，建立优质原料生产基地及配套设施，加强与电商平台深度融合，打造有影响力的百年品牌。大力发展专业化、规模化冷链物流企业，保障生鲜食品流通环节质量安全。

(二十七)加大科技支撑力度。将食品安全纳入国家科技计划,加强食品安全领域的科技创新,引导食品企业加大科研投入,完善科技成果转化应用机制。建设一批国际一流的食品安全技术支撑机构和重点实验室,加快引进培养高层次人才和高水平创新团队,重点突破"卡脖子"关键技术。依托国家级专业技术机构,开展基础科学和前沿科学研究,提高食品安全风险发现和防范能力。

九、提高食品安全风险管理能力

(二十八)加强协调配合。完善统一领导、分工负责、分级管理的食品安全监管体制,地方各级党委和政府对本地区食品安全工作负总责。相关职能部门要各司其职、齐抓共管,健全工作协调联动机制,加强跨地区协作配合,发现问题迅速处置,并及时通报上游查明原因、下游控制危害。在城市社区和农村建立专兼职食品安全信息员(协管员)队伍,充分发挥群众监督作用。

(二十九)提高监管队伍专业化水平。强化培训和考核,依托现有资源加强职业化检查队伍建设,提高检查人员专业技能,及时发现和处置风险隐患。完善专业院校课程设置,加强食品学科建设和人才培养。加大公安机关打击食品安全犯罪专业力量、专业装备建设力度。

(三十)加强技术支撑能力建设。推进国家级、省级食品安全专业技术机构能力建设,提升食品安全标准、监测、评估、监管、应急等工作水平。根据标准分类加快建设7个食品安全风险评估与标准研制重点实验室。健全以国家级检验机构为龙头,省级检验机构为骨干,市县两级检验机构为基础的食品和农产品质量安全检验检测体系,打造国际一流的国家检验检测平台,落实各级食品和农产品检验机构能力和装备配备标准。严格检验机构资质认定管理、跟踪评价和能力验证,发展社会检验力量。

(三十一)推进"互联网+食品"监管。建立基于大数据分析的食品安全信息平台,推进大数据、云计算、物联网、人工智能、区块链等技术在食品安全监管领域的应用,实施智慧监管,逐步实现食品安全违法犯罪线索网上排查汇聚和案件网上移送、网上受理、网上监督,提升监管工作信息化水平。

(三十二)完善问题导向的抽检监测机制。国家、省、市、县抽检事权四级统筹、各有侧重、不重不漏,统一制订计划、统一组织实施、统一数据报送、统一结果利用,力争抽检样品覆盖到所有农产品和食品企业、品种、项目,到2020年达到4批次/千人。逐步将监督抽检、风险监测与评价性抽检分离,提高监管的靶向性。完善抽检监测信息通报机制,依法及时公开抽检信息,加强不合格产品的核查处置,控制产品风险。

（三十三）强化突发事件应急处置。修订国家食品安全事故应急预案，完善事故调查、处置、报告、信息发布工作程序。完善食品安全事件预警监测、组织指挥、应急保障、信息报告制度和工作体系，提升应急响应、现场处置、医疗救治能力。加强舆情监测，建立重大舆情收集、分析研判和快速响应机制。

十、推进食品安全社会共治

（三十四）加强风险交流。主动发布权威信息，及时开展风险解读，鼓励研究机构、高校、协会、媒体等参与食品安全风险交流，科学解疑释惑。鼓励企业通过新闻媒体、网络平台等方式直接回应消费者咨询。建立谣言抓取、识别、分析、处置智能化平台，依法坚决打击造谣传谣、欺诈和虚假宣传行为。

（三十五）强化普法和科普宣传。落实"谁执法谁普法"普法责任制，对各类从事食品生产经营活动的单位和个人，持续加强食品安全法律法规、国家标准、科学知识的宣传教育。在中小学开展食品安全与营养教育，有条件的主流媒体可开办食品安全栏目，持续开展"食品安全宣传周"和食品安全进农村、进校园、进企业、进社区等宣传活动，提升公众食品安全素养，改变不洁饮食习俗，避免误采误食，防止发生食源性疾病。普及健康知识，倡导合理膳食，开展营养均衡配餐示范推广，提倡"减盐、减油、减糖"。

（三十六）鼓励社会监督。依法公开行政监管和处罚的标准、依据、结果，接受社会监督。支持行业协会建立行规行约和奖惩机制，强化行业自律。鼓励新闻媒体准确客观报道食品安全问题，有序开展食品安全舆论监督。

（三十七）完善投诉举报机制。畅通投诉举报渠道，落实举报奖励制度。鼓励企业内部知情人举报食品研发、生产、销售等环节中的违法犯罪行为，经查证属实的，按照有关规定给予奖励。加强对举报人的保护，对打击报复举报人的，要依法严肃查处。对恶意举报非法牟利的行为，要依法严厉打击。

十一、开展食品安全放心工程建设攻坚行动

围绕人民群众普遍关心的突出问题，开展食品安全放心工程建设攻坚行动，用5年左右时间，以点带面治理"餐桌污染"，力争取得明显成效。

（三十八）实施风险评估和标准制定专项行动。系统开展食物消费量调查、总膳食研究、毒理学研究等基础性工作，完善风险评估基础数据库。加强食源性疾病、食品中有害物质、环境污染物、食品相关产品等风险监测，系统开展食品中主要危害因素的风险评估，建立更加适用于我国居民的健康指导值。按照最严谨要求和现阶段实际，制订实施计划，加快推进内外销食品标准互补和协调，促进国民健康公平。

(三十九）实施农药兽药使用减量和产地环境净化行动。开展高毒高风险农药淘汰工作，5年内分期分批淘汰现存的10种高毒农药。实施化肥农药减量增效行动、水产养殖用药减量行动、兽药抗菌药治理行动，遏制农药兽药残留超标问题。加强耕地土壤环境类别划分和重金属污染区耕地风险管控与修复，重度污染区域要加快退出食用农产品种植。

（四十）实施国产婴幼儿配方乳粉提升行动。在婴幼儿配方乳粉生产企业全面实施良好生产规范、危害分析和关键控制点体系，自查报告率要达到100%。完善企业批批全检的检验制度，健全安全生产规范体系检查常态化机制。禁止使用进口大包装婴幼儿配方乳粉到境内分装，规范标识标注。支持婴幼儿配方乳粉企业兼并重组，建设自有自控奶源基地，严格奶牛养殖饲料、兽药管理。促进奶源基地实行专业化、规模化、智能化生产，提高原料奶质量。发挥骨干企业引领作用，加大产品研发力度，培育优质品牌。力争3年内显著提升国产婴幼儿配方乳粉的品质、竞争力和美誉度。

（四十一）实施校园食品安全守护行动。严格落实学校食品安全校长（园长）负责制，保证校园食品安全，防范发生群体性食源性疾病事件。全面推行"明厨亮灶"，实行大宗食品公开招标、集中定点采购，建立学校相关负责人陪餐制度，鼓励家长参与监督。对学校食堂、学生集体用餐配送单位、校园周边餐饮门店及食品销售单位实行全覆盖监督检查。落实好农村义务教育学生营养改善计划，保证学生营养餐质量。

（四十二）实施农村假冒伪劣食品治理行动。以农村地区、城乡结合部为主战场，全面清理食品生产经营主体资格，严厉打击制售"三无"食品、假冒食品、劣质食品、过期食品等违法违规行为，坚决取缔"黑工厂""黑窝点"和"黑作坊"，实现风险隐患排查整治常态化。用2～3年时间，建立规范的农村食品流通供应体系，净化农村消费市场，提高农村食品安全保障水平。

（四十三）实施餐饮质量安全提升行动。推广"明厨亮灶"、餐饮安全风险分级管理，支持餐饮服务企业发展连锁经营和中央厨房，提升餐饮行业标准化水平，规范快餐、团餐等大众餐饮服务。鼓励餐饮外卖对配送食品进行封签，使用环保可降解的容器包装。大力推进餐厨废弃物资源化利用和无害化处理，防范"地沟油"流入餐桌。开展餐饮门店"厕所革命"，改善就餐环境卫生。

（四十四）实施保健食品行业专项清理整治行动。全面开展严厉打击保健食品欺诈和虚假宣传、虚假广告等违法犯罪行为。广泛开展以老年人识骗、防骗为主要内容的宣传教育活动。加大联合执法力度，大力整治保健食品市场经营秩序，严厉查处各种非法销售保健食品行为，打击传销。完善保健食品标准和标签标识管理。做好消费者维权服务工作。

（四十五）实施"优质粮食工程"行动。完善粮食质量安全检验监测体系，健全为农户提供专业化社会化粮食产后烘干储存销售服务体系。开展"中国好粮油"行动，提高绿色优质安全粮油产品供给水平。

（四十六）实施进口食品"国门守护"行动。将进口食品的境外生产经营企业、国内进口企业等纳入海关信用管理体系，实施差别化监管，开展科学有效的进口食品监督抽检和风险监控，完善企业信用管理、风险预警、产品追溯和快速反应机制，落实跨境电商零售进口监管政策，严防输入型食品安全风险。建立多双边国际合作信息通报机制、跨境检查执法协作机制，共同防控食品安全风险。严厉打击食品走私行为。

（四十七）实施"双安双创"示范引领行动。发挥地方党委和政府积极性，持续开展食品安全示范城市创建和农产品质量安全县创建活动，总结推广经验，落实属地管理责任和生产经营者主体责任。

十二、加强组织领导

（四十八）落实党政同责。地方各级党委和政府要把食品安全作为一项重大政治任务来抓。落实《地方党政领导干部食品安全责任制规定》，明确党委和政府主要负责人为第一责任人，自觉履行组织领导和督促落实食品安全属地管理责任，确保不发生重大食品安全事件。强化各级食品安全委员会及其办公室统筹协调作用，及时研究部署食品安全工作，协调解决跨部门跨地区重大问题。各有关部门要按照管行业必须管安全的要求，对主管领域的食品安全工作承担管理责任。各级农业农村、海关、市场监管等部门要压实监管责任，加强全链条、全流程监管。各地区各有关部门每年12月底前要向党中央、国务院报告食品安全工作情况。

（四十九）加大投入保障。健全食品和农产品质量安全财政投入保障机制，将食品和农产品质量安全工作所需经费列入同级财政预算，保障必要的监管执法条件。企业要加大食品质量安全管理方面的投入，鼓励社会资本进入食品安全专业化服务领域，构建多元化投入保障机制。

（五十）激励干部担当。加强监管队伍思想政治建设，增强"四个意识"，坚定"四个自信"，做到"两个维护"，忠实履行监管职责，敢于同危害食品安全的不法行为作斗争。各级党委和政府要关心爱护一线监管执法干部，建立健全容错纠错机制，为敢于担当作为的干部撑腰鼓劲。对在食品安全工作中作出突出贡献的单位和个人，按照国家有关规定给予表彰奖励，激励广大监管干部为党和人民干事创业、建功立业。

（五十一）强化组织实施。各地区各有关部门要根据本意见提出的改革任务和工作要求，结合实际认真研究制定具体措施,明确时间表、路线图、责任人,确保各项改革举措落实到位。国务院食品安全委员会办公室要会同有关部门建立协调机制,加强沟通会商,研究解决实施中遇到的问题。要严格督查督办,将实施情况纳入对地方政府食品安全工作督查考评内容,确保各项任务落实到位。

15.2 《地方党政领导干部食品安全责任制规定》

近日,中共中央办公厅、国务院办公厅印发了《地方党政领导干部食品安全责任制规定》,并发出通知,要求各地区各部门认真遵照执行。

《地方党政领导干部食品安全责任制规定》全文如下。

第一章 总 则

第一条 为了进一步落实食品安全党政同责要求,强化食品安全属地管理责任,健全食品安全工作责任制,保障人民群众"舌尖上的安全",根据有关党内法规和国家法律,制定本规定。

第二条 本规定所称食品安全包括食用农产品质量安全。

本规定所称分管食品安全工作是指分管食用农产品质量安全监管、食品安全监管等工作。

本规定所称食品安全相关工作是指卫生健康、生态环境、粮食、教育、政法、宣传、民政、建设、文化、旅游、交通运输等行业或者领域与食品安全紧密相关的工作,以及为食品安全提供支持的发展改革、科技、工信、财政、商务等领域工作。

第三条 本规定适用于县级以上地方各级党委和政府领导班子成员(以下统称地方党政领导干部)。

第四条 实行地方党政领导干部食品安全责任制,必须坚持以习近平新时代中国特色社会主义思想为指导,增强"四个意识"、坚定"四个自信"、做到"两个维护",牢固树立以人民为中心的发展思想,贯彻落实食品安全"四个最严"的要求,深入实施食品安全战略,承担起"促一方发展、保一方平安"的政治责任,不断提高食品安全工作水平,努力增强人民群众的获得感、幸福感、安全感。

第五条 建立地方党政领导干部食品安全工作责任制,应当遵循以下原则:

（一）坚持党政同责、一岗双责，权责一致、齐抓共管，失职追责、尽职免责；

（二）坚持谋发展必须谋安全，管行业必须管安全，保民生必须保安全；

（三）坚持综合运用考核、奖励、惩戒等措施，督促地方党政领导干部履行食品安全工作职责，确保党中央、国务院关于食品安全工作的决策部署贯彻落实。

第六条 地方各级党委和政府对本地区食品安全工作负总责，主要负责人是本地区食品安全工作第一责任人，班子其他成员对分管（含协管、联系，下同）行业或者领域内的食品安全工作负责。

第二章 职 责

第七条 地方各级党委主要负责人应当全面加强党对本地区食品安全工作的领导，认真贯彻执行党中央关于食品安全工作的方针政策、决策部署和指示精神，上级党委的决定和相关法律法规要求，职责主要包括：

（一）组织学习贯彻习近平总书记关于食品安全工作的重要指示批示精神和党中央关于食品安全工作的方针政策、决策部署，不断提高地方党政领导干部的政治站位，增强做好食品安全工作的责任感和使命感；

（二）全面加强党对本地区食品安全工作的领导，将食品安全工作作为向党委全会报告的重要内容；

（三）建立健全党委常委会委员食品安全相关工作责任清单，督促党委常委会其他委员履行食品安全相关工作责任，并将食品安全工作纳入地方党政领导干部政绩考核内容；

（四）开展食品安全工作专题调研，召开党委常委会会议或者专题会议，听取食品安全工作专题汇报，及时研究解决食品安全工作重大问题，推动完善食品安全治理体系；

（五）加强食品安全工作部门领导班子建设、干部队伍建设和机构建设，不断提升食品安全治理能力；

（六）协调各方重视和支持食品安全工作，加强食品安全宣传，把握正确舆论导向，营造良好工作氛围。

第八条 地方各级政府主要负责人应当加强对本地区食品安全工作的领导，认真贯彻执行党中央、国务院关于食品安全工作的方针政策、决策部署和指示精神，上级党委和政府、本级党委的决定和相关法律法规要求，职责主要包括：

（一）领导本地区食品安全工作，组织推动地方政府落实食品安全属地管理责任；

（二）坚持新发展理念，正确处理发展和安全的关系，将食品安全工作纳入本地区国民

经济和社会发展规划、政府工作重点,并接受人大、政协的监督;

(三)建立健全本地区食品安全监管责任体系,明确本级政府领导班子成员食品安全工作责任和政府相关部门食品安全工作职责,指导督促政府领导班子成员和相关部门落实工作责任;

(四)加强食品安全监管能力、执法能力建设,整合监管力量,优化监管机制,提高监管、执法队伍专业化水平,建立健全食品安全财政投入保障机制,保障监管、执法部门依法履职必需的经费和装备;

(五)开展食品安全工作专题调研,组织召开政府常务会议、办公会议或者专题会议,听取本地区食品安全工作汇报,及时研究解决食品安全工作突出问题;

(六)落实高质量发展要求,推进食品及食品相关产业转型升级,不断提高产业发展水平。

第九条 地方各级党委常委会其他委员应当按照职责分工,加强对分管行业或者领域内食品安全相关工作的领导,协助党委主要负责人,统筹推进分管行业或者领域内食品安全相关工作,督促指导相关部门依法履行工作职责,及时研究解决分管行业或者领域内食品安全相关工作问题。

第十条 地方各级政府分管食品安全工作负责人应当加强对本地区食品安全监管工作的领导,具体负责组织本地区食品安全监管工作,职责主要包括:

(一)协助党委和政府主要负责人落实食品安全属地管理责任,组织制定贯彻落实党中央、国务院关于食品安全工作的方针政策、决策部署和指示精神,上级以及本级党委和政府的决定和相关法律法规的具体措施;

(二)组织开展食品安全工作专题调研,研究制定本地区食品安全专项规划、年度重点工作计划,统筹推进本地区食品安全工作;

(三)组织协调食品安全监管部门和相关部门,及时分析食品安全形势,研究解决食品安全领域相关问题,推动完善"从农田到餐桌"全链条全过程食品安全监管机制;

(四)组织推动食品安全监管部门和相关部门建立信息共享机制,推进"互联网+"食品安全监管,不断提升食品安全监管效能和治理能力现代化水平;

(五)组织实施食品安全风险防控、隐患排查和专项治理,坚决防范系统性、区域性食品安全风险;

(六)组织制定食品安全事故应急预案,及时组织开展本地区食品安全突发事件应对处置和调查处理;

（七）组织开展食品安全工作评议考核，督促本级政府相关部门和下级政府落实食品安全工作责任；

（八）组织开展食品安全普法和科普宣传、安全教育、诚信体系建设等工作，推动食品安全社会共治。

第十一条 地方各级政府领导班子其他成员应当按照职责分工，加强对分管行业或者领域内食品安全相关工作的领导，协助政府主要负责人，统筹推进分管行业或者领域内食品安全相关工作，督促指导相关部门依法履行工作职责，及时研究解决分管行业或者领域内食品安全相关工作问题。

第三章 考核监督

第十二条 地方各级党委和政府应当对落实食品安全重大部署、重点工作情况进行跟踪督办。

第十三条 地方各级党委应当结合巡视巡察工作安排，对地方党政领导干部履行食品安全工作职责情况进行检查。

第十四条 地方各级党委和政府应当充分发挥评议考核"指挥棒"作用，推动地方党政领导干部落实食品安全工作责任。

第十五条 跟踪督办、履职检查、评议考核结果应当作为地方党政领导干部考核、奖惩和使用、调整的重要参考。因履职不到位被追究责任的地方党政领导干部，在评优评先、选拔任用等方面按照有关规定执行。

第四章 奖 惩

第十六条 地方党政领导干部在食品安全工作中敢于作为、勇于担当、履职尽责，有下列情形之一的，按照有关规定给予表彰奖励：

（一）及时有效组织预防食品安全事故和消除重大食品安全风险隐患，使国家和人民群众利益免受重大损失的；

（二）在食品安全工作中有重大创新并取得显著成效的；

（三）连续在食品安全工作评议考核中成绩优秀的；

（四）作出其他突出贡献的。

第十七条 地方党政领导干部在落实食品安全工作责任中有下列情形之一的，应当按照有关规定进行问责：

(一) 未履行本规定职责和要求,或者履职不到位的;

(二) 对本区域内发生的重大食品安全事故,或者社会影响恶劣的食品安全事件负有领导责任的;

(三) 对本区域内发生的食品安全事故,未及时组织领导有关部门有效处置,造成不良影响或者较大损失的;

(四) 对隐瞒、谎报、缓报食品安全事故负有领导责任的;

(五) 违规插手、干预食品安全事故依法处理和食品安全违法犯罪案件处理的;

(六) 有其他应当问责情形的。

第十八条 地方党政领导干部有本规定第十七条所列情形的,按照干部管理权限依规依纪依法进行问责。涉嫌职务违法犯罪的,由监察机关依法调查处置。

第十九条 地方党政领导干部及时报告失职行为并主动采取补救措施,有效预防或者减少食品安全事故重大损失、挽回社会严重不良影响,或者积极配合问责调查,并主动承担责任的,按照有关规定从轻、减轻追究责任。对工作不力导致重大或者特别重大食品安全事故,或者造成严重不良影响的,应当从重追究责任。

第五章 附 则

第二十条 乡镇(街道)党政领导干部,各类开发区管理机构党政领导干部,参照本规定执行。

第二十一条 本规定由市场监管总局会同农业农村部解释。

第二十二条 本规定自2019年2月5日起施行。

15.3 《关于进一步促进奶业振兴的若干意见》

农牧发〔2018〕18号

各省、自治区、直辖市人民政府,国务院各部门、直属机构:

为贯彻落实《国务院办公厅关于推进奶业振兴保障乳品质量安全的意见》(以下简称《意见》)和全国奶业振兴工作推进会议精神,进一步明确目标任务,突出工作重点,加大政策支持力度,促进奶业振兴发展,经国务院同意,现提出如下意见。

一、目标任务

按照《意见》要求,以实现奶业全面振兴为目标,优化奶业生产布局,创新奶业发展方式，建立完善以奶农规模化养殖为基础的生产经营体系，密切产业链各环节利益联结，提振乳制品消费信心，力争到2025年全国奶类产量达到4500万吨，切实提升我国奶业发展质量、效益和竞争力。

二、加快确立奶农规模化养殖的基础性地位

（一）支持农户适度规模养殖发展。研究完善促进农户规模奶牛养殖发展的政策措施，积极发展奶牛家庭牧场，培育壮大奶农合作组织，加强奶农培训和奶业社会化服务体系建设，构建"奶农＋合作社＋公司"的奶业发展模式，先行在内蒙古、黑龙江、河北等奶业主产省（区）试点，培育适度规模奶牛养殖主体。（农业农村部牵头）

（二）支持奶农发展乳制品加工。推进一二三产业融合发展，出台金融信贷支持、用地用电保障等相关配套政策，支持具备条件的奶牛养殖场、合作社生产带有地方特色的乳制品。（发展改革委、工业和信息化部、财政部、自然资源部、农业农村部、人民银行、市场监管总局、银保监会等部门分工负责）加快修订乳制品工业产业政策，放宽对乳制品加工布局的半径和日处理能力等限制。鼓励奶农、合作社将奶牛养殖与乳制品加工、增值服务等结合起来，在严格执行生产许可、食品安全标准等法律法规标准，确保乳品质量安全的前提下，推行生产加工销售一体化，发展居民小区和周边酒店、饭店、商店乳制品供应，重点生产巴氏杀菌乳、发酵乳、奶酪等乳制品，通过直营、电商等服务当地和周边群众，积极培育鲜奶消费市场，满足高品质、差异化、个性化需求。（工业和信息化部、农业农村部、市场监管总局等部门分工负责）

（三）强化养殖保险和贷款支持。完善奶牛养殖保险政策，提高保障水平，减少养殖风险。鼓励地方结合实际探索开展生鲜乳目标价格保险试点，稳定养殖收益预期。将符合条件的中小牧场贷款纳入全国农业信贷担保体系予以支持。（财政部、农业农村部、人民银行、银保监会等部门分工负责）

三、降低奶牛饲养成本

（四）大力发展优质饲草业。推进农区种养结合，探索牧区半放牧、半舍饲模式，研究推进农牧交错带种草养牛，将粮改饲政策实施范围扩大到所有奶牛养殖大县，大力推广全株玉米青贮。（农业农村部牵头）研究完善振兴奶业苜蓿发展行动方案，支持内蒙古、甘肃、宁夏等优势产区大规模种植苜蓿，鼓励科研创新，提高国产苜蓿产量和质量。（农业农村部、财政部分工负责）总结一批降低饲草料成本、就地保障供应的典型案例予以推广。（农业农村部负责）

（五）提升饲草料生产加工和养殖装备水平。对牧场购置符合条件的全混合日粮

(TMR) 配制以及其他养殖、饲草料加工机械纳入农机购置补贴范围。(农业农村部、财政部分工负责) 加强对苜蓿等饲草料收获加工机械的研发和推广支持。(工业和信息化部、农业农村部等部门分工负责)

四、提高奶牛生产效率

(六) 增加奶牛良种供应。支持国家奶牛（奶山羊）核心育种场和种公牛站建设，完善良种繁育体系，培育国产精品奶牛良种，提高良种繁育和推广能力。(农业农村部、发展改革委等部门分工负责)

(七) 扩大奶牛精准饲喂规模。提高奶牛生产性能测定中心服务能力，扩大测定奶牛范围，逐步覆盖所有规模牧场，通过测定牛奶成分调整饲草料配方，实现奶牛精准饲喂管理。(农业农村部、发展改革委、财政部分工负责)

(八) 支持养殖和粪污处理利用设施建设。引导地方政府加强中小牧场标准化改造提升，重点支持圈舍改造、养殖设施设备和挤奶机械更新。把符合条件的奶牛养殖粪污处理利用纳入畜禽粪污资源化利用项目支持范围，分步实施，改造达标。(农业农村部、发展改革委、财政部等部门分工负责)

(九) 加强奶业社会化服务体系建设。支持奶牛养殖社会化服务体系建设，创新奶牛养殖技术服务模式，加大牧场主和业务骨干培训力度。积极开展良种奶牛繁育、饲养管理、疫病防控、养牛机械维护、生产资料采购和产品加工销售等服务，促进奶业节本提质增效。推进全国数字奶业信息服务云平台建设。(农业农村部牵头，科技部等部门分工负责)

五、做强做优乳制品加工业

(十) 优化乳制品结构。发展适销对路的低温乳制品，支持和引导奶酪、黄油等干乳制品生产，开发羊奶、水牛奶、牦牛奶等特色乳制品。鼓励使用生鲜乳生产灭菌乳、发酵乳、调制乳和婴幼儿配方乳粉等乳制品。(工业和信息化部、农业农村部、市场监管总局等部门分工负责)

(十一) 提升乳制品竞争力。鼓励乳品企业加强冷链储运设施建设。力争3年内在规模以上企业建立乳品质量安全追溯体系与危害分析和关键控制点体系。支持开展乳制品创新研发，优化加工工艺和产品结构，完善冷链运输体系和质量安全体系，增强运营管理能力，降低生产流通成本和销售价格，提高产品质量和效益。(工业和信息化部、商务部、市场监管总局等部门分工负责)

(十二) 增强国产婴幼儿配方乳粉竞争力。完善良好生产规范体系，继续执行最严格的监管制度，力争3年内显著提升国产婴幼儿配方乳粉的品质、竞争力和美誉度，提高市场占有率。依托现有机构,加强婴幼儿配方乳粉核心营养成分等研发,增强为企业服务能力。(发展改革委、科技部、工业和信息化部、财政部、农业农村部、市场监管总局等部门分工负责)

六、促进养殖加工融合发展

(十三)支持加工企业反哺奶农。采取加工企业与奶农相互持股等形式,建立互利共赢的纽带。采用养殖圈舍和奶牛入股、补贴资金入股等方式,鼓励加工企业通过二次分红、溢价收购、利润保障等支持奶农,切实保障奶农合理收益,引导养殖向专精发展。(工业和信息化部、财政部、农业农村部等部门分工负责)

(十四)整顿生鲜乳收购秩序。奶业主产省(区)省级人民政府要采取有力举措,抓紧建立生鲜乳价格协商机制,保障养殖、加工环节的合理收益。监督签订和履行规范的生鲜乳收购合同,排除霸王条款,严肃查处违反合同约定和"潜规则"行为。依法查处和公布不履行生鲜乳购销合同以及凭借购销关系强推强卖兽药、饲料和养殖设备等行为。(农业农村部牵头,工业和信息化部、市场监管总局等部门分工负责)

七、提升乳品质量安全水平

(十五)积极推行第三方检测。鼓励有条件的奶业主产省(区)采取补贴、购销双方付费的方式,探索建立地市级的生鲜乳收购第三方质量检测中心,明确检测权威,减少生鲜乳购销质量争议。加强检测技术研发和资源共享,为奶农检测提供便利,做到节约成本,公平公正。支持奶业大县、企业和有条件的奶农自建乳品检验检测体系。(农业农村部牵头,工业和信息化部、财政部、市场监管总局等部门分工负责)

(十六)加强乳品质量安全监管。建立健全乳品质量标准体系,修订食品安全国家标准规定,制定复原乳检测方法食品安全国家标准和液态乳加工工艺标准。(工业和信息化部、农业农村部、卫生健康委、市场监管总局等部门分工负责)加强乳品质量安全监管能力建设,着力提升基层监管水平。加强乳品生产加工、储存运输、经营销售等环节的质量安全监管和抽检监测,针对不同生产类型和规模,创新监管方式,加大监管密度,确保乳品质量安全。加大乳品质量安全监管信息发布力度,提高监管工作的透明度和公信力。(农业农村部、市场监管总局等部门分工负责)严格落实复原乳标识制度,依法查处使用复原乳但不标识的企业。(市场监管总局牵头,工业和信息化部、农业农村部等部门分工负责)

八、推动主产省(区)率先实现奶业振兴

(十七)加大工作推进力度。奶业主产省(区)要落实奶业振兴责任,立足环境、资源承载力和市场需求,按照对标国际、示范国内的要求,制订本省(区)奶业振兴方案,提出推进奶业振兴的目标、任务和政策措施,并报农业农村部、工业和信息化部等有关部门备案;强化组织协调和督促指导,率先实现奶业全面振兴。国务院有关部门要在政策和技术等方面,加大对主产省(区)奶业振兴的支持力度。(发展改革委、工业和信息化部、财政部、农业农村部、市场监管总局等部门分工负责)

九、大力引导和促进乳制品消费

(十八)加强宣传引导。加大奶业公益宣传,支持在主流媒体和新媒体上大力宣传奶业成效,树立中国奶业的良好形象,提升广大群众的认知度和信任度。倡导科学饮奶,普及巴氏杀菌乳、灭菌乳、奶酪等乳制品营养知识,培育国民食用乳制品特别是干乳制品的习惯。发挥行业协会自律作用,引导乳品企业立足于"让每一个中国人都能喝上好奶"的定位,研发生产适合不同消费群体的乳制品,避免过度包装和广告,切实让利于民。(中央宣传部、中央网信办、工业和信息化部、农业农村部、商务部、卫生健康委、市场监管总局等部门分工负责)

各地区、各有关部门要强化责任落实,按照本意见要求,结合自身实际,明确目标任务和责任分工,确保推进奶业振兴各项工作落到实处。

农业农村部

发展改革委

科技部

工业和信息化部

财政部

商务部

卫生健康委

市场监管总局

银保监会

2018年12月24日

15.4 《学校食品安全与营养健康管理规定》

第一章 总 则

第一条 为保障学生和教职工在校集中用餐的食品安全与营养健康,加强监督管理,根据《中华人民共和国食品安全法》(以下简称食品安全法)《中华人民共和国教育法》、《中华人民共和国食品安全法实施条例》等法律法规,制定本规定。

第二条 实施学历教育的各级各类学校、幼儿园(以下统称学校)集中用餐的食品安全与营养健康管理,适用本规定。

本规定所称集中用餐是指学校通过食堂供餐或者外购食品(包括从供餐单位订餐)等形式,集中向学生和教职工提供食品的行为。

第三条 学校集中用餐实行预防为主、全程监控、属地管理、学校落实的原则,建立教育、食品安全监督管理、卫生健康等部门分工负责的工作机制。

第四条 学校集中用餐应当坚持公益便利的原则,围绕采购、贮存、加工、配送、供餐等关键环节,健全学校食品安全风险防控体系,保障食品安全,促进营养健康。

第五条 学校应当按照食品安全法律法规规定和健康中国战略要求,建立健全相关制度,落实校园食品安全责任,开展食品安全与营养健康的宣传教育。

第二章 管理体制

第六条 县级以上地方人民政府依法统一领导、组织、协调学校食品安全监督管理工作以及食品安全突发事故应对工作,将学校食品安全纳入本地区食品安全事故应急预案和学校安全风险防控体系建设。

第七条 教育部门应当指导和督促学校建立健全食品安全与营养健康相关管理制度,将学校食品安全与营养健康管理工作作为学校落实安全风险防控职责、推进健康教育的重要内容,加强评价考核;指导、监督学校加强食品安全教育和日常管理,降低食品安全风险,及时消除食品安全隐患,提升营养健康水平,积极协助相关部门开展工作。

第八条 食品安全监督管理部门应当加强学校集中用餐食品安全监督管理,依法查处涉及学校的食品安全违法行为;建立学校食堂食品安全信用档案,及时向教育部门通报学校食品安全相关信息;对学校食堂食品安全管理人员进行抽查考核,指导学校做好食品安全管理和宣传教育；依法会同有关部门开展学校食品安全事故调查处理。

第九条 卫生健康主管部门应当组织开展校园食品安全风险和营养健康监测，对学校提供营养指导，倡导健康饮食理念，开展适应学校需求的营养健康专业人员培训；指导学校开展食源性疾病预防和营养健康的知识教育，依法开展相关疫情防控处置工作；组织医疗机构救治因学校食品安全事故导致人身伤害的人员。

第十条 区域性的中小学卫生保健机构、妇幼保健机构、疾病预防控制机构，根据职责或者相关主管部门要求，组织开展区域内学校食品安全与营养健康的监测、技术培训和业务指导等工作。

鼓励有条件的地区成立学生营养健康专业指导机构，根据不同年龄阶段学生的膳食营养指南和健康教育的相关规定，指导学校开展学生营养健康相关活动，引导合理搭配饮食。

第十一条 食品安全监督管理部门应当将学校校园及周边地区作为监督检查的重点，定期对学校食堂、供餐单位和校园内以及周边食品经营者开展检查；每学期应当会同教育部门对本行政区域内学校开展食品安全专项检查，督促指导学校落实食品安全责任。

第三章 学校职责

第十二条 学校食品安全实行校长（园长）负责制。

学校应当将食品安全作为学校安全工作的重要内容，建立健全并落实有关食品安全管理制度和工作要求，定期组织开展食品安全隐患排查。

第十三条 中小学、幼儿园应当建立集中用餐陪餐制度，每餐均应当有学校相关负责人与学生共同用餐，做好陪餐记录，及时发现和解决集中用餐过程中存在的问题。

有条件的中小学、幼儿园应当建立家长陪餐制度，健全相应工作机制，对陪餐家长在学校食品安全与营养健康等方面提出的意见建议及时进行研究反馈。

第十四条 学校应当配备专（兼）职食品安全管理人员和营养健康管理人员，建立并落实集中用餐岗位责任制度，明确食品安全与营养健康管理相关责任。

有条件的地方应当为中小学、幼儿园配备营养专业人员或者支持学校聘请营养专业人员，对膳食营养均衡等进行咨询指导，推广科学配餐、膳食营养等理念。

第十五条 学校食品安全与营养健康管理相关工作人员应当按照有关要求，定期接受培训与考核，学习食品安全与营养健康相关法律、法规、规章、标准和其他相关专业知识。

第十六条 学校应当建立集中用餐信息公开制度，利用公共信息平台等方式及时向师生家长公开食品进货来源、供餐单位等信息，组织师生家长代表参与食品安全与营养健康的管理和监督。

第十七条 学校应当根据卫生健康主管部门发布的学生餐营养指南等标准,针对不同年龄段在校学生营养健康需求,因地制宜引导学生科学营养用餐。

有条件的中小学、幼儿园应当每周公布学生餐带量食谱和营养素供给量。

第十八条 学校应当加强食品安全与营养健康的宣传教育,在全国食品安全宣传周、全民营养周、中国学生营养日、全国碘缺乏病防治日等重要时间节点,开展相关科学知识普及和宣传教育活动。

学校应当将食品安全与营养健康相关知识纳入健康教育教学内容,通过主题班会、课外实践等形式开展经常性宣传教育活动。

第十九条 中小学、幼儿园应当培养学生健康的饮食习惯,加强对学生营养不良与超重、肥胖的监测、评价和干预,利用家长学校等方式对学生家长进行食品安全与营养健康相关知识的宣传教育。

第二十条 中小学、幼儿园一般不得在校内设置小卖部、超市等食品经营场所,确有需要设置的,应当依法取得许可,并避免售卖高盐、高糖及高脂食品。

第二十一条 学校在食品采购、食堂管理、供餐单位选择等涉及学校集中用餐的重大事项上,应当以适当方式听取家长委员会或者学生代表大会、教职工代表大会意见,保障师生家长的知情权、参与权、选择权、监督权。

学校应当畅通食品安全投诉渠道,听取师生家长对食堂、外购食品以及其他有关食品安全的意见、建议。

第二十二条 鼓励学校参加食品安全责任保险。

第四章 食堂管理

第二十三条 有条件的学校应当根据需要设置食堂,为学生和教职工提供服务。

学校自主经营的食堂应当坚持公益性原则,不以营利为目的。实施营养改善计划的农村义务教育学校食堂不得对外承包或者委托经营。

引入社会力量承包或者委托经营学校食堂的,应当以招投标等方式公开选择依法取得食品经营许可、能承担食品安全责任、社会信誉良好的餐饮服务单位或者符合条件的餐饮管理单位。

学校应当与承包方或者受委托经营方依法签订合同,明确双方在食品安全与营养健康方面的权利和义务,承担管理责任,督促其落实食品安全管理制度、履行食品安全与营养健康责任。承包方或者受委托经营方应当依照法律、法规、规章、食品安全标准以及合同约定进行经营，对食品安全负责，并接受委托方的监督。

第二十四条 学校食堂应当依法取得食品经营许可证，严格按照食品经营许可证载明的经营项目进行经营，并在食堂显著位置悬挂或者摆放许可证。

第二十五条 学校食堂应当建立食品安全与营养健康状况自查制度。经营条件发生变化，不再符合食品安全要求的，学校食堂应当立即整改；有发生食品安全事故潜在风险的，应当立即停止食品经营活动，并及时向所在地食品安全监督管理部门和教育部门报告。

第二十六条 学校食堂应当建立健全并落实食品安全管理制度，按照规定制定并执行场所及设施设备清洗消毒、维修保养校验、原料采购至供餐全过程控制管理、餐具饮具清洗消毒、食品添加剂使用管理等食品安全管理制度。

第二十七条 学校食堂应当建立并执行从业人员健康管理制度和培训制度。患有国家卫生健康委规定的有碍食品安全疾病的人员，不得从事接触直接入口食品的工作。从事接触直接入口食品工作的从业人员应当每年进行健康检查，取得健康证明后方可上岗工作，必要时应当进行临时健康检查。

学校食堂从业人员的健康证明应当在学校食堂显著位置进行统一公示。

学校食堂从业人员应当养成良好的个人卫生习惯，加工操作直接入口食品前应当洗手消毒，进入工作岗位前应当穿戴清洁的工作衣帽。

学校食堂从业人员不得有在食堂内吸烟等行为。

第二十八条 学校食堂应当建立食品安全追溯体系，如实、准确、完整记录并保存食品进货查验等信息，保证食品可追溯。鼓励食堂采用信息化手段采集、留存食品经营信息。

第二十九条 学校食堂应当具有与所经营的食品品种、数量、供餐人数相适应的场所并保持环境整洁，与有毒、有害场所以及其他污染源保持规定的距离。

第三十条 学校食堂应当根据所经营的食品品种、数量、供餐人数，配备相应的设施设备，并配备消毒、更衣、盥洗、采光、照明、通风、防腐、防尘、防蝇、防鼠、防虫、洗涤以及处理废水、存放垃圾和废弃物的设备或者设施。就餐区或者就餐区附近应当设置供用餐者清洗手部以及餐具、饮具的用水设施。

食品加工、贮存、陈列、转运等设施设备应当定期维护、清洗、消毒；保温设施及冷藏冷冻设施应当定期清洗、校验。

第三十一条 学校食堂应当具有合理的设备布局和工艺流程，防止待加工食品与直接入口食品、原料与成品或者半成品交叉污染，避免食品接触有毒物、不洁物。制售冷食类食品、生食类食品、裱花蛋糕、现榨果蔬汁等，应当按照有关要求设置专间或者专用操作区，专间应当在加工制作前进行消毒，并由专人加工操作。

第三十二条 学校食堂采购食品及原料应当遵循安全、健康、符合营养需要的原则。有条件的地方或者学校应当实行大宗食品公开招标、集中定点采购制度，签订采购合同时应当明确供货者食品安全责任和义务，保证食品安全。

第三十三条 学校食堂应当建立食品、食品添加剂和食品相关产品进货查验记录制度，如实准确记录名称、规格、数量、生产日期或者生产批号、保质期、进货日期以及供货者名称、地址、联系方式等内容，并保留载有上述信息的相关凭证。

进货查验记录和相关凭证保存期限不得少于产品保质期满后六个月；没有明确保质期的，保存期限不得少于两年。食用农产品的记录和凭证保存期限不得少于六个月。

第三十四条 学校食堂采购食品及原料，应当按照下列要求查验许可相关文件，并留存加盖公章（或者签字）的复印件或者其他凭证：

（一）从食品生产者采购食品的，应当查验其食品生产许可证和产品合格证明文件等；

（二）从食品经营者（商场、超市、便利店等）采购食品的，应当查验其食品经营许可证等；

（三）从食用农产品生产者直接采购的，应当查验并留存其社会信用代码或者身份证复印件；

（四）从集中交易市场采购食用农产品的，应当索取并留存由市场开办者或者经营者加盖公章（或者负责人签字）的购货凭证；

（五）采购肉类的应当查验肉类产品的检疫合格证明；采购肉类制品的应当查验肉类制品的检验合格证明。

第三十五条 学校食堂禁止采购、使用下列食品、食品添加剂、食品相关产品：

（一）超过保质期的食品、食品添加剂；

（二）腐败变质、油脂酸败、霉变生虫、污秽不洁、混有异物、掺假掺杂或者感官性状异常的食品、食品添加剂；

（三）未按规定进行检疫或者检疫不合格的肉类，或者未经检验或者检验不合格的肉类制品；

（四）不符合食品安全标准的食品原料、食品添加剂以及消毒剂、洗涤剂等食品相关产品；

（五）法律、法规、规章规定的其他禁止生产经营或者不符合食品安全标准的食品、食品添加剂、食品相关产品。

学校食堂在加工前应当检查待加工的食品及原料，发现有前款规定情形的，不得加工或者使用。

第三十六条 学校食堂提供蔬菜、水果以及按照国际惯例或者民族习惯需要提供的食品应当符合食品安全要求。

学校食堂不得采购、贮存、使用亚硝酸盐（包括亚硝酸钠、亚硝酸钾）。

中小学、幼儿园食堂不得制售冷荤类食品、生食类食品、裱花蛋糕，不得加工制作四季豆、鲜黄花菜、野生蘑菇、发芽土豆等高风险食品。省、自治区、直辖市食品安全监督管理部门可以结合实际制定本地区中小学、幼儿园集中用餐不得制售的高风险食品目录。

第三十七条 学校食堂应当按照保证食品安全的要求贮存食品，做到通风换气、分区分架分类、离墙离地存放、防蝇防鼠防虫设施完好，并定期检查库存，及时清理变质或者超过保质期的食品。

贮存散装食品，应当在贮存位置标明食品的名称、生产日期或者生产批号、保质期、生产者名称以及联系方式等内容。用于保存食品的冷藏冷冻设备，应当贴有标识，原料、半成品和成品应当分柜存放。

食品库房不得存放有毒、有害物品。

第三十八条 学校食堂应当设置专用的备餐间或者专用操作区，制定并在显著位置公示人员操作规范；备餐操作时应当避免食品受到污染。食品添加剂应当专人专柜（位）保管，按照有关规定做到标识清晰、计量使用、专册记录。

学校食堂制作的食品在烹饪后应当尽量当餐用完，需要熟制的食品应当烧熟煮透。需要再次利用的，应当按照相关规范采取热藏或者冷藏方式存放，并在确认没有腐败变质的情况下，对需要加热的食品经高温彻底加热后食用。

第三十九条 学校食堂用于加工动物性食品原料、植物性食品原料、水产品原料、半成品或者成品等的容器、工具应当从形状、材质、颜色、标识上明显区分，做到分开使用，固定存放，用后洗净并保持清洁。

学校食堂的餐具、饮具和盛放或者接触直接入口食品的容器、工具，使用前应当洗净、消毒。

第四十条 中小学、幼儿园食堂应当对每餐次加工制作的每种食品成品进行留样，每个品种留样量应当满足检验需要，不得少于125克，并记录留样食品名称、留样量、留样时间、留样人员等。留样食品应当由专柜冷藏保存48小时以上。

高等学校食堂加工制作的大型活动集体用餐，批量制售的热食、非即做即售的热食、冷食类食品、生食类食品、裱花蛋糕应当按照前款规定留样，其他加工食品根据相关规定留样。

第四十一条 学校食堂用水应当符合国家规定的生活饮用水卫生标准。

第四十二条 学校食堂产生的餐厨废弃物应当在餐后及时清除，并按照环保要求分类处理。

食堂应当设置专门的餐厨废弃物收集设施并明显标识，按照规定收集、存放餐厨废弃物，建立相关制度及台账，按照规定交由符合要求的生活垃圾运输单位或者餐厨垃圾处理单位处理。

第四十三条 学校食堂应当建立安全保卫制度，采取措施，禁止非食堂从业人员未经允许进入食品处理区。

学校在校园安全信息化建设中，应当优先在食堂食品库房、烹饪间、备餐间、专间、留样间、餐具饮具清洗消毒间等重点场所实现视频监控全覆盖。

第四十四条 有条件的学校食堂应当做到明厨亮灶，通过视频或者透明玻璃窗、玻璃墙等方式，公开食品加工过程。鼓励运用互联网等信息化手段，加强对食品来源、采购、加工制作全过程的监督。

第五章 外购食品管理

第四十五条 学校从供餐单位订餐的，应当建立健全校外供餐管理制度，选择取得食品经营许可、能承担食品安全责任、社会信誉良好的供餐单位。

学校应当与供餐单位签订供餐合同（或者协议），明确双方食品安全与营养健康的权利和义务，存档备查。

第四十六条 供餐单位应当严格遵守法律、法规和食品安全标准，当餐加工，并遵守本规定的要求，确保食品安全。

第四十七条 学校应当对供餐单位提供的食品随机进行外观查验和必要检验，并在供餐合同（或者协议）中明确约定不合格食品的处理方式。

第四十八条 学校需要现场分餐的，应当建立分餐管理制度。在教室分餐的，应当保障分餐环境卫生整洁。

第四十九条 学校外购食品的，应当索取相关凭证，查验产品包装标签，查看生产日期、保质期和保存条件。不能即时分发的，应当按照保证食品安全的要求贮存。

第六章 食品安全事故调查与应急处置

第五十条 学校应当建立集中用餐食品安全应急管理和突发事故报告制度,制订食品安全事故处置方案。发生集中用餐食品安全事故或者疑似食品安全事故时,应当立即采取下列措施:

(一)积极协助医疗机构进行救治;

(二)停止供餐,并按照规定向所在地教育、食品安全监督管理、卫生健康等部门报告;

(三)封存导致或者可能导致食品安全事故的食品及其原料、工具、用具、设备设施和现场,并按照食品安全监督管理部门要求采取控制措施;

(四)配合食品安全监管部门进行现场调查处理;

(五)配合相关部门对用餐师生进行调查,加强与师生家长联系,通报情况,做好沟通引导工作。

第五十一条 教育部门接到学校食品安全事故报告后,应当立即赶往现场协助相关部门进行调查处理,督促学校采取有效措施,防止事故扩大,并向上级人民政府教育部门报告。

学校发生食品安全事故需要启动应急预案的,教育部门应当立即向同级人民政府以及上一级教育部门报告,按照规定进行处置。

第五十二条 食品安全监督管理部门会同卫生健康、教育等部门依法对食品安全事故进行调查处理。

县级以上疾病预防控制机构接到报告后应当对事故现场进行卫生处理,并对与事故有关的因素开展流行病学调查,及时向同级食品安全监督管理、卫生健康等部门提交流行病学调查报告。

学校食品安全事故的性质、后果及其调查处理情况由食品安全监督管理部门会同卫生健康、教育等部门依法发布和解释。

第五十三条 教育部门和学校应当按照国家食品安全信息统一公布制度的规定建立健全学校食品安全信息公布机制,主动关注涉及本地本校食品安全舆情,除由相关部门统一公布的食品安全信息外,应当准确、及时、客观地向社会发布相关工作信息,回应社会关切。

第七章 责任追究

第五十四条 违反本规定第二十五条、第二十六条、第二十七条第一款、第三十三条,以及第三十四条第(一)项、第(二)项、第(五)项,学校食堂(或者供餐单位)未按规定建立食品安全管理制度，或者未按规定制定、实施餐饮服务经营过程控制要求的，由县级以上人民政府食品安全监督管理部门依照食品安全法第一百二十六条第一款的规定处罚。

违反本规定第三十四条第（三）项、第（四）项，学校食堂（或者供餐单位）未查验或者留存食用农产品生产者、集中交易市场开办者或者经营者的社会信用代码或者身份证复印件或者购货凭证、合格证明文件的，由县级以上人民政府食品安全监督管理部门责令改正；拒不改正的，给予警告，并处5000元以上3万元以下罚款。

第五十五条 违反本规定第三十六条第二款，学校食堂（或者供餐单位）采购、贮存亚硝酸盐（包括亚硝酸钠、亚硝酸钾）的，由县级以上人民政府食品安全监督管理部门责令改正，给予警告，并处5000元以上3万元以下罚款。

违反本规定第三十六条第三款，中小学、幼儿园食堂（或者供餐单位）制售冷荤类食品、生食类食品、裱花蛋糕，或者加工制作四季豆、鲜黄花菜、野生蘑菇、发芽土豆等高风险食品的，由县级以上人民政府食品安全监督管理部门责令改正；拒不改正的，给予警告，并处5000元以上3万元以下罚款。

第五十六条 违反本规定第四十条，学校食堂（或者供餐单位）未按要求留样的，由县级以上人民政府食品安全监督管理部门责令改正，给予警告；拒不改正的，处5000元以上3万元以下罚款。

第五十七条 有食品安全法以及本规定的违法情形，学校未履行食品安全管理责任，由县级以上人民政府食品安全管理部门会同教育部门对学校主要负责人进行约谈，由学校主管教育部门视情节对学校直接负责的主管人员和其他直接责任人员给予相应的处分。

实施营养改善计划的学校违反食品安全法律法规以及本规定的，应当从重处理。

第五十八条 学校食品安全的相关工作人员、相关负责人有下列行为之一的，由学校主管教育部门给予警告或者记过处分；情节较重的，应当给予降低岗位等级或者撤职处分；情节严重的，应当给予开除处分；构成犯罪的，依法移送司法机关处理：

（一）知道或者应当知道食品、食品原料劣质或者不合格而采购的，或者利用工作之便以其他方式谋取不正当利益的；

（二）在招投标和物资采购工作中违反有关规定，造成不良影响或者损失的；

（三）怠于履行职责或者工作不负责任、态度恶劣，造成不良影响的；

（四）违规操作致使师生人身遭受损害的；

（五）发生食品安全事故，擅离职守或者不按规定报告、不采取措施处置或者处置不力的；

（六）其他违反本规定要求的行为。

第五十九条 学校食品安全管理直接负责的主管人员和其他直接责任人员有下列情形之一的，由学校主管教育部门会同有关部门视情节给予相应的处分；构成犯罪的，依法移送司法机关处理：

（一）隐瞒、谎报、缓报食品安全事故的；

（二）隐匿、伪造、毁灭、转移不合格食品或者有关证据，逃避检查、使调查难以进行或者责任难以追究的；

（三）发生食品安全事故，未采取有效控制措施、组织抢救工作致使食物中毒事态扩大，或者未配合有关部门进行食物中毒调查、保留现场的；

（四）其他违反食品安全相关法律法规规定的行为。

第六十条 对于出现重大以上学校食品安全事故的地区，由国务院教育督导机构或者省级人民政府教育督导机构对县级以上地方人民政府相关负责人进行约谈，并依法提请有关部门予以追责。

第六十一条 县级以上人民政府食品安全监督管理、卫生健康、教育等部门未按照食品安全法等法律法规以及本规定要求履行监督管理职责，造成所辖区域内学校集中用餐发生食品安全事故的，应当依据食品安全法和相关规定，对直接负责的主管人员和其他直接责任人员，给予相应的处分；构成犯罪的，依法移送司法机关处理。

第八章 附 则

第六十二条 本规定下列用语的含义：

学校食堂，指学校为学生和教职工提供就餐服务，具有相对独立的原料存放、食品加工制作、食品供应及就餐空间的餐饮服务提供者。

供餐单位，指根据服务对象订购要求，集中加工、分送食品但不提供就餐场所的食品经营者。

学校食堂从业人员，指食堂中从事食品采购、加工制作、供餐、餐饮具清洗消毒等与餐饮服务有关的工作人员。

现榨果蔬汁，指以新鲜水果、蔬菜为主要原料，经压榨、粉碎等方法现场加工制作的供消费者直接饮用的果蔬汁饮品，不包括采用浓浆、浓缩汁、果蔬粉调配成的饮料。

冷食类食品、生食类食品、裱花蛋糕的定义适用《食品经营许可管理办法》的有关规定。

第六十三条 供餐人数较少，难以建立食堂的学校，以及以简单加工学生自带粮食、蔬菜或者以为学生热饭为主的小规模农村学校的食品安全,可以参照食品安全法第三十六条的规定实施管理。

对提供用餐服务的教育培训机构,可以参照本规定管理。

第六十四条 本规定自 2019 年 4 月 1 日起施行,2002 年 9 月 20 日教育部、原卫生部发布的《学校食堂与学生集体用餐卫生管理规定》同时废止。

15.5 《加强学校供餐管理确保学校食品安全》

全国农村义务教育学生营养改善计划领导小组办公室

2019 年第 1 号预警

春季开学将至,气温逐渐回升,食堂恢复供餐,学校食品安全进入高风险期,全国农村义务教育学生营养改善计划领导小组办公室特发布 2019 年第 1 号预警。

1. 各地教育行政部门要会同卫生、市场监管等部门在学校食堂供餐前开展一次拉网式检查,加大学校食品安全监管力度,真正做到"明厨亮灶"不留死角,对发现问题要及时整改,督促落实。

2. 各地中小学校长、幼儿园园长要严格落实学校食品安全管理规定,组织做好学校供餐准备工作,严格落实岗位人员持证上岗制度,确保学校食堂食品采购、储存、加工、留样、配送等关键环节安全可控。

3. 教师要加强对返校学生健康观察,防范食源性疾病进入校园,加强对学生的食品安全教育,严格落实陪餐制度。

4. 学生要养成良好的个人卫生习惯,安全合理就餐,不在无证餐饮单位、流动摊贩用餐,不购买"三无"食品。

5. 家长要确保学生、幼儿家庭饮食的安全与营养,积极承担家庭安全教育责任,做好家校沟通和对接。

15.6 《关于推动农商互联完善农产品供应链的通知》

财办建〔2019〕69 号

各省、自治区、直辖市、计划单列市财政、商务主管部门:

为深入贯彻党的十九大精神,认真落实《中共中央 国务院关于坚持农业农村优先发展做好"三农"工作的若干意见》要求及中央经济工作会议和中央农村工作会议的部署，进一步加强农商互联，完善农产品供应链，提高农产品流通效率，促进农民增收和乡村振兴，满足农产品消费升级需求，财政部、商务部决定开展农商互联工作。现将有关事项通知如下：

一、工作思路和目标

以习近平新时代中国特色社会主义思想为指导，坚持新发展理念，落实高质量发展要求，以供给侧结构性改革为主线，按照乡村振兴战略总体要求，通过政策引导、市场参与的方式，推动农商互联，促进农产品流通企业与新型农业经营主体进行全面、深入、精准对接，重点加强农产品产后商品化处理等流通设施建设，不断提高订单农业、产销一体、股权合作等长期稳定农产品流通模式在农产品流通中的比重，实现联产品、联设施、联标准、联数据、联市场，打造上联生产、下联消费，利益紧密联结、产销密切衔接、长期稳定的新型农商关系，构建符合新时代农产品流通需求的农产品现代供应链体系，提升农产品供给质量和效率。

二、支持对象

（一）订单农业主体。是指签订长期（2年以上）农产品采购协议，发展订单农业的农产品流通企业或新型农业经营主体。

（二）产销一体主体。包括通过建立自有、合作生产基地等方式，向生产环节延伸产业链条，实现"销＋产"一体化经营的农产品流通企业；通过直接设立销售门店或在批发市场、超市、菜市场等场所设立销售专档、专柜、专区等各种方式，向销售环节延伸产业链条，实现"产＋销"一体化经营的新型农业经营主体。

（三）股权投资合作主体。是指农产品流通企业和新型农业经营主体通过参股控股、兼并收购等多种方式形成产销优势互补、风险利益共担共享的股权投资合作企业。

三、支持内容

支持采取订单农业、产销一体、股权投资合作经营模式的农产品流通企业或新型农业经营主体结合自身实际情况，重点围绕本地特色优势农产品供应链体系的短板和薄弱环节，不断完善基础设施，创新应用新模式、新技术，推动农商互联互动，提升农产品供应链质量和效率。

（一）加强产后商品化处理设施建设。在产地就近建设改造具有产后商品化处理功能的产地集配中心、冷库、产地仓等设施，配备产后清洗、加工、预冷、烘干、质检、分级、包装、冷藏等设备，补齐农产品供应链"最初一公里"短板，提高农产品商品化处理和错峰销售能力。鼓励新型农业经营主体、农产品流通企业加强产地移动型、共享型商品化处理设施建设，提高商品化处理设施设备使用效率。

（二）发展农产品冷链物流。支持农产品流通企业或新型农业经营主体推广现代冷链物流管理理念、标准和技术，建设具有集中采购和跨区域配送能力的农产品冷链物流集散中心，配备预冷、低温分拣加工、冷藏运输、温度监控等冷链设施设备，建立覆盖农产品加工、运输、储存、销售等环节的全程冷链物流体系。

（三）提升供应链末端惠民服务能力。支持农产品流通企业或新型农业经营主体建设或改造农贸市场、菜市场、社区菜店等农产品零售市场，完善末端销售网络，发展联合采购、统仓统配等模式，降低流通成本，提升便民惠民服务功能。

（四）提升标准化和品牌化水平。建立覆盖本地特色优势农产品种养加工、检验检测、质量分级、标识包装、冷链物流、批发零售等各环节，国标、地标、团标、企标有机结合的全产业链标准体系，推动标准推广应用，打造一批地域特色突出、产品特性鲜明的区域公用品牌，开展品牌推广，提升标准化、品牌化水平。

（五）优化重点步行街的农产品供应链产销对接功能。建设智慧街区，优化农商互联对接，提升步行街展示和产销对接功能，引进与农产品供应链相关的经营主体，扩大农产品品牌影响力。

四、中央财政支持政策

（一）支持原则。中央财政资金支持，主要立足于弥补市场失灵，做好基础性、公共性工作，发挥中央财政资金对社会资本引导作用，支持农产品供应链体系的薄弱环节和重点领域。各地中央财政资金支持农产品产后商品化处理设施和冷链物流的比例不得低于70%。

（二）支持标准。对确定支持的省（区、市），每个省（区、市）支持2亿元。资金分两年安排，2019年每省（区、市）支持1亿元，2020年根据工作开展情况再拨付剩余资金。

（三）支持方式。各地可采用《中央财政服务业发展资金管理办法》（财建〔2019〕50号）规定方式对符合要求的企业和单位予以支持，鼓励按照"菜单式、全公开、可追溯、问绩效"的方式管理，强化绩效评价结果运用，更多采用以事后绩效评价结果为依据的"以奖代补"方式。有条件的省（区）可根据本地实际，以市、县或生产消费集中连片区域为范围统筹组织开展工作，打造覆盖农产品分级、预冷、包装、运输、销售等各环节，产销密切衔接、利益紧密联结农产品供应链条。鼓励创新财政政策，支持跨区域联动项目，对在外地注册法人但在本地有实体的非法人机构，及在本地注册法人但在周边地区建设实体的机构，可在本地申报项目。省级主管部门要加强项目管理，杜绝同一项目重复申报、重复支持。

五、有关工作要求

（一）高度重视，切实加强组织领导。省级主管部门要充分认识推动农商互联、完善农产品供应链工作的重要意义，切实加强组织领导和顶层设计，建立财政、商务等多部门参与的工作协调机制，结合地方实际细化目标任务，明确责任分工，制定详细的实施步骤和时间进度安排，加强统筹协调，确保工作顺利推进。

（二）科学谋划，尽快编报实施方案。有意愿省（区、市）结合本地情况，制订实施方案，于5月15日前报商务部、财政部。实施方案应思路清晰、重点突出、目标明确、措施有效、责任明确、数字翔实，具体包括以下内容：一是农产品供应链发展现状。二是绩效目标表、任务内容、资金支持重点、资金管理、时间进度安排、工作机构及保障措施等内容。三是其他认为有必要、符合实际的事项。各省上报实施方案时应同步上报分区域绩效目标，并确保目标清晰、指标科学可衡量。商务部、财政部组织开展评审，以竞争性择优方式确定支持的省（区、市）。确定支持的省份按照本通知要求和制定的实施方案组织开展工作。

（三）落实责任，严格资金项目监管。各级主管部门应按照全面实施预算绩效管理的要求，做好事前绩效评估、绩效目标管理和绩效监控、绩效评价等全过程绩效管理工作。省级主管部门是农商互联工作的责任主体，要严格落实主体责任，认真履行对本地区有关项目申报、评审、执行、验收、绩效自评等职能，建立健全资金及项目管理制度，完善事前、事中和事后全过程预算绩效管理体系，切实保障财政资金的安全和效率。支持对象要有较强实力、较好基础，社会责任感强，带动作用大。省级主管部门要及时上报工作进展情况，于每个季度首月10个工作日前将上季度资金拨付及项目进展情况表报财政部、商务部，于2020年3月31日前将工作中期进展情况进行自评，形成自评报告报商务部、财政部。省级主管部门应在工作结束后进行综合绩效自评，并于3个月内形成绩效评价报告报商务部、财政部。商务部、财政部将适时委托第三方机构对工作开展情况和成果进行绩效评价。

（四）强化总结，做好宣传引导工作。省级主管部门要及时跟进工作进展情况，总结发现工作推进过程中出现的先进经验和典型案例，重点总结机制创新、政策创新、模式创新等经验成果，加大典型案例宣传和推广力度，扩大政策效果，推动工作成效由点到面扩展。

ICS 01.040.67
X 10

团 体 标 准

T/CFCA 0005—2019

食品生产企业分级与评价指标

Grade and evaluation index of food processing enterprises

2019-06-25 发布　　　　　　　　　　　　2019-07-20 实施

中国副食流通协会 发布

T/CFCA 0005—2019

目 次

前言 ·· II
1 范围 ·· 1
2 规范性引用文件 ·· 1
3 术语和定义 ··· 1
4 食品生产企业分级评价指标 ··· 1
参考文献 ··· 4

前 言

本标准按照 GB/T 1.1—2009 给出的规则起草。

本标准由中国副食流通协会标准化技术委员会提出并归口。

本标准起草单位：国家农产品现代物流工程技术研究中心、深圳市凯东源现代物流股份有限公司、中国副食流通协会食品安全与信息追溯分会、北京工商大学、福建盼盼食品有限公司、泸州老窖集团有限责任公司、山东新希望六和集团有限公司、新疆乡都酒业有限公司、山东御馨生物科技有限公司、成都珪一食品开发股份有限公司、福建亲亲股份有限公司、农业部食物与营养发展研究所、山东商业职业技术学院、南京万信方达信息科技有限公司、江苏智信追溯信息科技研究院有限公司。

本标准主要起草人：张长峰、刘远、高海伟、左敏、张志程、于怀智、赵玉忠、杨华峰、邵波、王家冰、李锦松、郭风军、陶龙斐、辛亚东、朱大洲、王永军、黄强力、斯其乐、刘敏。

T/CFCA 0005—2019

食品生产企业分级与评价指标

1 范围

本标准规定了食品生产企业的分级原则与评价指标。

本标准适用于食品生产企业的界定、分级与评价,也适用于对食品加工企业的规范与管理。

2 规范性引用文件

下列文件对于本文件的应用是必不可少的。凡是注日期的引用文件,仅所注日期的版本适用于本文件。凡是不注日期的引用文件,其最新版本(包括所有的修改单)适用于本文件。

《食品生产许可分类目录》

3 术语和定义

下列术语和定义适用于本文件。

3.1 食品生产企业 food processing enterprises

获得食品生产许可证及相关认证并在有效期内从事食品生产和加工的企业。

4 食品生产企业分级评价指标

4.1 食品生产企业分级

食品生产企业分类应符合《食品生产许可分类目录》要求。

4.2 分级评价原则

4.2.1 食品生产企业应未被列入失信被执行人名单。

4.2.2 食品生产企业应具备追溯体系,并符合相关标准要求。

4.2.3 能够全面、系统反应食品企业情况,对于具备有一定生产水平的食品企业,按照不同评价指标赋分;根据得分区间值,分为 AAAAA、AAAA、AAA、AA、A 五个等级,AAAAA 级最高,依次降低。

4.3 评价指标

食品生产企业评价指标见表1。

表1 食品生产企业评价指标表

一级指标	二级指标	评价指标	
经营状况（15分）	营业时间（6分）	21年及以上	
		11—20年	
		2—10年	
	净资产收益率（6分）	10%及以上	
		5%—10%（含5%）	
		1%—5%（含1%）	
	银行信用（3分）	A等	
		B等	
品牌建设（20分）	品牌文化（5分）	为消费者提供安全、放心的食品	
	品牌传播（5分）	电视媒体、终端广告、广告片、品牌代言等	≥4项
			2—3项
			1项
	品牌荣誉（5分）	绿色食品、有机食品、追溯食品、国家会议指定供应食品等	≥3项
			2项
			1项
	品牌辐射（5分）	国际、国内、省内	
		国内、省内	
		省内	
质量管理（25分）	管理制度（4分）	健全的食品安全管理制度	
	安全生产（5分）	产品生产过程符合食品安全法要求	
	产品标准（5分）	产品符合食品生产相关标准	
		主起草或参与国家相关标准制修订	
	质量认证（4分）	ISO22000体系认证、HACCP体系认证（包括GMP、SSOP）、ISO9000质量体系认证	≥4项
			2—3项
			1项

表1（续）

一级指标	二级指标	评价指标		
质量管理（25分）	设施设备（5分）	生产线	自动化	
			人工	
		检测	检测项目	重金属残留、农药残留、非法添加剂等
			检测记录	记录信息不少于2年
		其他	设施老旧程度、新设备更新及设备维护情况	
	包装（2分）	包装材料符合食品安全、环保等		
服务能力（25分）	从业人员（3分）	每年不少于1次健康体检		
		不少于2名食品专业从业人员		
	信息化（4分）	追溯系统		
		人工追溯		
	物流（3分）	物流配套服务		
	销售模式（4分）	线上线下		
		线下		
	响应速度（2分）	响应时间	高于行业平均水准	
			等于或低于行业平均水准	
	客户关系（4分）	顾客满意度	≥99%	
			≥95%	
			≥90%	
		品牌忠诚度	提供调查表及案例	
	服务案例（3分）	服务大型企业、社会服务、重大事件的案例		
	个性化（2分）	创意、制造、营销、服务等		
企业诚信（15分）	社会责任（5分）	包含公共责任、道德行为和公益支持等		
	社会诚信（5分）	建立企业诚信管理体系，并对外诚信声明		
	质量信用（5分）	A等		
		B等		

参考文献

[1] GB/T 22005—2009 饲料和食品链的可追溯性体系设计与实施的通用原则和基本要求（ISO22005：2007，IDT）

[2] GB/T 22116—2008 企业信用等级表示方法

[3] GB/T 23791—2009 企业质量信用等级划分通则

[4] GB/T 25008—2010 饲料和食品链的可追溯性体系设计与实施指南

[5] GB/T 28843—2012 食品冷链物流追溯管理要求

[6] DB 45/T 1290—2016 食品生产企业风险分级分级管理通则

[7] T/CFCA 0002—2018 企业产品追溯体系等级评价指标

中国副食流通协会
团体标准

《食品生产企业分级与评价指标》
T/CFCA 0005—2019

地址：北京市西城区复兴门内大街 45 号
(100031)

网址：http://www.chinafoods.org.cn/
2019 年 7 月第一版 2019 年 7 月第一次印刷

如有印装差错　　由本协会调换
版权专有　侵权必究
举报电话：(010) 57273437

ICS 03.100.30
X 10

团 体 标 准

T/CFCA 0007—2019

食品行业职业经理人评价指标

Evaluation index of professional managers in food industry

2019—06—25 发布　　　　　　　　　　　　2019—07—20 实施

中国副食流通协会 发布

目　次

前言 ·· II
1　范围 ·· 1
2　规范性引用文件 ·· 1
3　术语和定义 ·· 1
4　管理原则 ··· 1
5　评价方法 ··· 2
6　等级划分依据 ··· 2
7　评价指标 ··· 2
参考文献 ··· 5

前 言

本标准按照 GB/T 1.1—2009 给出的规则起草。

本标准由中国副食流通协会标准化技术委员会提出并归口。

本标准起草单位：深圳市凯东源现代物流股份有限公司、中国副食流通协会食品安全与信息追溯分会、国家农产品现代物流工程技术研究中心、北京工商大学、福建亲亲股份有限公司、北京康贝尔食品有限责任公司、山东商业职业技术学院、南京万信方达信息科技有限公司、江苏智信追溯信息科技研究院有限公司。

本标准主要起草人：肖振东、高海伟、张长峰、左敏、辛亚东、杨学宝、于怀智、郭凤军、赵红梅、刘敏。

食品行业职业经理人评价指标

1 范围

本标准规定了食品行业职业经理人的定义、管理原则、等级划分依据、评价方法、评价指标。

本标准适用于从事食品行业采购、生产加工、质量管控、销售及管理的职业经理人。

2 规范性引用文件

下列文件对于本文件的应用是必不可少的。凡是注日期的引用文件，仅所注日期的版本适用于本文件。凡是不注日期的引用文件，其最新版本（包括所有的修改单）适用于本文件。

GB/T 19481 饭店业职业经理人执业资格条件
GB/T 26999 职业经理人相关术语
GB/T 31864 职业经理人信用评价指标

3 术语和定义

下列术语和定义适用于本文件。

3.1 食品行业职业经理人 professional managers in food industry

受雇于食品企业，担任不同层级的领导和管理职务，承担相应的义务和责任，从事经营管理活动，以此为职业的人。

3.2 职业能力 occupational competency

在职业活动中，确保完成岗位目标所必备的通用能力、专业能力和技能。

[GB/T 26999—2011，2.12条]

3.3 职业素养 Professional literacy

在职业过程中表现出来的综合品质，包含职业道德、职业技能、职业行为、职业作风和职业意识等方面。

4 管理原则

4.1 实行注册制度，注册期为5年，对食品行业职业经理人统一登记注册。

4.2 对食品行业职业经理人监理业绩跟踪。对出现违规人员实行登记记录制度，对严重违规违纪人员进行除名公布、取消资格。

4.3 支持中高级管理人员职业发展，对注册期满的食品行业职业经理人，在注册期满半年前，到原注册机构申请继续注册。职业经理人专业机构根据申请人继续教育工作经历和职业发展活动进行重新鉴定，予以换证，完成登记注册后，进行备案管理。

4.4 对食品行业职业经理人实行继续教育制度。申报考试人员，自申报批准之日起，应在六个月内完成考试任务，考试机会共三次。

5 评价方法

5.1.1 采取本人自愿申请、资格审核、培训与考试相结合的评价方法，对食品行业职业经理人进行综合评价。

5.1.2 申请人应提供申报材料（申请表格、最新简历、学历证书复印件、工作简历、企业近两年的食品行业工作业绩和组织架构图、论文或者论著），经审核、考试合格者，颁发资格证书。

5.1.3 按照资格条件，职业经理人可以隔年再次申报升级。

5.1.4 食品行业职业经理人专业机构负责审核、评价、考试、发证的工作。

6 等级划分依据

6.1 等级

食品业职业经理人分为五个等级：助理级职业经理人、初级职业经理人、中级职业经理人、中高级职业经理人、高级职业经理人。

6.2 等级划分的依据

等级划分的依据是专业知识、学历（学历证书）、从业时间（在管理职位上的工作年限）、职业岗位（如担任总经理、部门经理等）、职业素养、科研成果、行业荣誉、职业培训等。

7 评价指标

7.1 基本条件

7.1.1 食品行业职业经理人职业道德应符合 GB/T 19481 中 6.1.1 的要求。

7.1.2 食品行业职业经理人职业素养应符合 GB/T 19481 中 6.1.2 的要求。

7.1.3 食品行业职业经理人信用评价应符合 GB/T 31864 的要求。

7.2 职业能力

食品行业职业经理人职业能力评价指标应符合表 1 的要求。

表1 食品行业职业经理人评价指标

评价指标	权重分	评价方法 内容	得分方式
专业知识	50分	食品安全法、食品微生物、食品化学、营养监管、改进等技术管理知识；包括但不限于食品战略管理、食品供应链、食品营销及培训、食品评价管理、生产管理、财务金融、人力资源管理、技术管理、国内以及国际食品流通与消费发展趋势、持续改进内/外审计、食品行业英语能力等知识。	在线考试得分
学历	10分	获得相关专业中专学历（含同等学历）及以上（2分） 相关专业大专学历及以上（4分） 相关专业本科学历（含同等学历）或取得中级职称2年以上（6分） 相关专业硕士学历（含同等学历）或取得高级职称3年以上（8分） 相关专业博士学历（含同等学历）或取得高级职称5年以上（10分）	定额分
从业时间	8分	某一企业连续工作≥2年或食品行业工作≥3年（3分） 某一企业连续工作≥3年或食品行业工作≥5年（6分） 某一企业连续工作≥5年或食品行业工作≥10年（10分）	区间分
职业岗位	6分	团队负责人（6分） 区域负责人（4分） 部门负责人（2分） 其他（1分）	区间分
职业素养	12分	相关工作岗位职业技能培训成果（全国性机构颁发每个2分、省级机构颁发每个1分，其他的每个0.5分） 本人工作过的食品企业、食品供应链相关企业推荐证明（每个3分） 其他证明材料 本人工作过的食品企业、食品供应链相关企业负面证明（第一个-1分，第二个-12分，有2份负面证明材料的职业经理人不得参评）	区间分
科研成果	8分	相关发明专利（每个4分） 相关实用新型专利（每个1分） 相关标准（全国性每个4分，区域性每个2分） SCI、EI相关论文（每个8分） ISSN相关论文（每个2分）	区间分
行业荣誉	3分	全国性行业荣誉或地方荣誉（每个1分）	区间分
职业培训	3分	近三年参加的相关培训（每个1分）	区间分

7.3 评价结果

食品行业职业经理人评价结果应符合表2的要求。

表2 食品行业职业经理人评价结果

评价等级	评价得分
★☆☆☆☆（助理级）	60分以下
★★☆☆☆（初级）	60—70分
★★★☆☆（中级）	71—80分
★★★★☆（中高级）	81—90分
★★★★★（高级）	91—100分

参考文献

[1] 国家食品药品监督管理总局关于发布食品生产经营企业建立食品安全追溯体系若干规定的公告

中国副食流通协会
团体标准

《食品行业职业经理人评价指标》
T/CFCA 0007—2019

地址：北京市西城区复兴门内大街45号
（100031）

网址：http://www.chinafoods.org.cn/
2019年7月第一版 2019年7月第一次印刷

如有印装差错　由本协会调换
版权专有　侵权必究
举报电话：(010) 57273437

CS 03.140
A 00

团 体 标 准

T/CFCA 0009—2019

食品产品品牌价值评价指标及方法

Evaluation Indexes and methods of Brand value of Food products

2019—06—25 发布　　　　　　　　　　　2019—07—20 实施

中国副食流通协会 发布

T/CFCA 0009—2019

目 次

前言 ·· II
1 范围 ·· 1
2 规范性引用文件 ·· 1
3 术语和定义 ·· 1
4 食品产品品牌价值评价指标 ·· 1
5 食品产品品牌价值测算过程 ·· 4
参考文献 ·· II

前 言

本标准按照 GB/T 1.1—2009 给出的规则起草。

本标准由中国副食流通协会标准化委员会提出并归口。

本标准起草单位：中食智和（北京）企业运营管理有限公司、北京工商大学、中国副食流通协会食品安全与信息追溯分会、国家农产品现代物流工程技术研究中心、农业部食物与营养发展研究所、对外经济贸易大学国际经济贸易学院、福建盼盼食品有限公司、泸州老窖集团有限责任公司、山东御馨生物科技有限公司、福建亲亲股份有限公司、新疆乡都酒业有限公司、北京康贝尔食品有限责任公司、山东商业职业技术学院、南京万信方达信息科技有限公司、江苏智信追溯信息科技研究院有限公司。

本标准主要起草人：高海伟、徐丹丹、李锦松、张长峰、朱大洲、乔红、范国智、邵波、辛亚东、杨华峰、马立凯、于怀智、王家冰、郭风军、王永军、许瑞、严陈、刘敏。

食品产品品牌价值评价指标及方法

1 范围

本标准规定了食品产品品牌价值的术语和定义、评价规则及评价指标。

本标准适用于食品产品品牌价值评价，也可作为行业组织和第三方对食品企业的产品品牌进行价值评价的依据。

2 规范性引用文件

下列文件对于本文件的应用是必不可少的。凡是注日期的引用文件，仅所注日期的版本适用于本文件。凡是不注日期的引用文件，其最新版本（包括所有的修改单）适用于本文件。

GB/T 29185 品牌价值 术语
GB/T 29186 品牌价值 要素
GB/T 29187 品牌评价 品牌价值评价要求
GB/T 29188 品牌评价 多周期超额收益法
类似商品和服务区分表（基于尼斯分类第十一版）

3 术语和定义

下列术语和定义适用于本文件。

3.1
食品品牌范围 Food brand range

根据原国家工商总局商标局发布的《类似商品和服务区分表》将以下分类归纳到本标准所定义的食品品牌范围中：动物类食品，以及日用或贮藏的蔬菜及其他可食用的园艺产品，日用或贮藏的植物类食品，以及调味佐料，不含酒精的饮料、酒类和茶类食品。

3.2
食品产品品牌 Food product brand

产品品牌是一种名称、名词、标记、符号或设计，或是它们的组合运用。产品品牌的意义在于主要针对直接客户并提供区别和判断产品差异的标准，是品牌内涵的外在形式。食品产品品牌主要是食品企业所生产或加工制造的产品所具有的品牌。

4 食品产品品牌价值评价指标

4.1 概述

食品产品品牌价值评价指标包括质量、创新、服务、市场、品牌建设和法律权益。各级指标评价内容及参考权重参见表1。

4.2 质量指标

产品品牌在产品质量和食品安全水平、产品质量和食品安全管理水平、产品质量和食品安全信用状况等方面的指标，评价指标主要考虑因素包括：

产品质量和食品安全水平（6分）
——产品质量和食品安全水平，包括产品制造工艺、检验方法、设备等；
——产品执行标准的先进性，包括产品执行国际标准、国家标准、行业/地方标准、企业标准的情况；
——产品原料做工的等级。

产品质量和食品安全管理水平（9分）
——获得管理体系认证情况；
——建立可追溯体系情况；
——获得国际、国家、省、市、县等各级政府质量奖励情况。

产品质量和食品安全信用状况（9分）
——国家级、省级等产品质量监督抽查情况；
——近三年产品有无出现产品质量和食品安全事故；
——近三年消费者投诉数量。

4.3 创新指标

企业创新能力和创新成果等方面的指标，评价指标主要考虑因素包括：

创新能力（10分）
——研发经费投入占销售额比；
——研发人员的数量和学历等配置情况；
——食品获得绿色标识情况；
——大数据应用情况；
——拥有的专利和科技成果的级别和数量。

创新成果（6分）
——获得的创新奖励情况；
——食品口味、形状、包装上的创新数量；
——食品营养、工艺和原料上的创新数量。

4.4 服务指标

企业在服务能力和客户关系等方面的指标，评价指标主要考虑因素包括：

服务能力（4分）
——产品服务种类；
——服务快速响应机制；
——服务履行标准；

——优质服务案例。
客户关系（8分）
——顾客满意度，可将与理想品牌满意度的比较、与竞争品牌满意度的比较及与顾客期望品牌满意度的比较等作为衡量顾客满意度的指标；
——品牌忠诚度，可用溢价支付意愿和重复购买次数等指标来衡量；
——产品交付能力，可将产品交付客户的速度和客户衔接度纳入考量；
——客户关系维护能力，企业客户公关费用情况，客户服务情况。
供应链体系架构（3分）
——物流能力，食品新鲜程度。

4.5 市场指标

企业在市场领导力、市场开拓力等方面的指标，评价指标主要考虑因素包括：
市场领导力（12分）
——可从品牌在同行业中的地位，主要以国内市场占有率与排名，国内市场销量增长率，供销整合能力，产品销售模式与生产覆盖率；
市场开拓力（3分）
——主要指品牌跨越地理和文化边界进行国际化经营的能力，可用产品出口国家及产品占有率，产品出口率，进出口资源整合能力。

4.6 品牌建设指标

企业在品牌运营、品牌管理等方面的指标，评价指标主要考虑因素包括：
品牌运营（8分）
——品牌的持续投资；
——品牌传播投入；
——产品品牌使用年限；
——品牌价值社会评价情况。
品牌管理（6分）
——食品政策符合度；
——品牌管理专职人员设置情况；
——子产品线丰富程度（产品构架）。
社会责任（6分）
——环境卫生管理体系建设情况；
——品牌企业诚信情况；
——职业安全健康管理体系建设情况。

4.7 品牌文化指标

企业在品牌文化构建，知识产权等方面的指标，评价指标主要考虑因素包括：

知识产权保护情况（8分）
——商标注册数量；
——获得地理标志产品、原产地证书、非物质文化遗产等情况。
——知识产权注册数（发明、实用新型和外观设计）；
——企业参与维权力度。

荣誉称号（2分）
——获得省名牌产品、中华老字号等称号情况。

由于食品行业产品更新速度快，指标体系存在变化，现有指标体系在未来可根据实际情况增加或调整指标。

5 食品产品品牌价值测算过程

5.1 识别评价目的
根据测算意向用途、结果使用方、被测算品牌特性等因素确定评价目的。不同的评价目的，会影响评价程序、测算精度和结果报告形式。

5.2 明确价值影响因素
本标准所测算的品牌价值综合考虑财务、产品质量和食品安全、创新、客户关系、市场等方面的因素，尤其是产品质量和食品安全、创新、市场等非财务因素对品牌价值的影响。

5.3 评价实施
食品品牌价值评价工作由中国副食流通协会组织实施。

5.4 描述测算品牌
测算前应识别、界定和描述接受评价的品牌，包括其产品范围、价值范围等。

5.5 确定模型参数
根据国家有关政策规定和当前市场经济情况，确定：
——评价年和评价周期；
——现金流预测方法；
——评价周期内的永续增长率、行业平均资产报酬率、无形资产收益中归因于品牌部分的比例系数等模型参数；
——各级评价指标的权重等。

5.6 采集测算数据
遵循真实、准确、客观的原则，采集企业财务与其他信息，作为企业或第三方评价的输入值。

5.7 执行测算过程
测算过程包括：

——根据企业财务信息,计算每个评价周期内的产品品牌现金收益(),预测未来各周期品牌现金流;

——采用适当方法汇总各级评价指标,计算产品品牌强度系数 K;

——将上述信息输入到评价模型中,计算所测算产品品牌的价值。

5.8 报告测算结果

根据评价目的,选择适当形势报告测算结果,应符合食品产品品牌价值评价指标,见表1。

表1 食品产品品牌价值评价指标表

一级指标及分值	二级指标及分值	三级指标
质量(24分)	产品质量和食品安全水平(6分)	产品制造工艺、检验方法、设备等
		产品执行标准的先进性
		产品原料做工的等级
	产品质量和食品安全管理水平(9分)	管理体系认证情况
		获得各级政府的质量评定情况
		建立可追溯体系情况
	产品质量和食品安全信用状况(9分)	产品质量监督抽查情况
		近3年产品有无出现质量安全事故
		3年内消费者投诉数量
创新(16分)	创新能力(10分)	研发经费投入占销售额比重
		研发人员的数量和学历等配置情况
		拥有的专利和科技成果的级别和数量
		食品获得绿色标识情况
		大数据应用情况
	创新成果(6分)	获得的创新奖励情况
		食品的口味、形状、包装上的创新数量
		食品的营养、工艺和原料的创新数量

表1（续）

一级指标及分值	二级指标及分值	三级指标
服务（15分）	服务能力（4分）	产品服务种类
		服务快速响应机制
		服务履行标准（服务机制及标准）
		优质服务案例
	客户关系（8分）	顾客满意度
		产品交付能力
		品牌忠诚度
		客户关系维护能力
	供应链体系架构（3分）	物流能力，食品新鲜程度
市场（15分）	市场领导力（12分）	国内市场占有率与排名
		国内市场销量增长率
		供销整合能力
		产品销售模式与生产覆盖率
	市场开拓能力（3分）	产品出口国家及产品占有率
		产品出口率
		进出口资源整合能力
品牌建设（20分）	品牌运营（8分）	品牌的持续投资
		品牌传播投入
		产品品牌使用年限
		品牌价值社会评价情况
	品牌管理（6分）	食品政策符合度
		产品管理专职人员设置情况
		子产品线丰富程度（产品构架）
	社会责任（6分）	环境卫生管理体系建设情况
		职业安全健康管理体系建设情况
		品牌企业诚信情况

表 1（续）

一级指标及分值	二级指标及分值	三级指标
品牌文化（10分）	知识产权保护（8分）	商标注册数量
		非物质文化遗产、地理标志产品等产地标识 V
		企业参与维权力度
		知识产权注册数（发明、实用新型和外观设计）
	荣誉称号（2分）	省级名牌
		中华老字号

6 食品产品品牌价值测算模型

6.1 多周期超额收益法模型

本标准中所使用的有关技术参数及其符号见国家标准 GB/T 29188。

基于多周期超额收益法的企业或产品品牌价值按式（1）计算：

$$V_B = \sum_{t=1}^{T} \frac{F_{BC,t}}{(1+R)^t} + \frac{F_{BC,T+1}}{(R-g)} \cdot \frac{1}{(1+R)^T} \quad \cdots\cdots (1)$$

式中：

V_B——品牌价值；

$F_{BC,t}$——t 年度产品品牌现金流；

$F_{BC,T+1}$——$T+1$ 年度产品品牌现金流；

T——增长时期，根据食品行业特点，一般为 3 至 5 年；

R——品牌价值折现率；

g——永续增长率，可采用长期预期通货膨胀率。

6.2 品牌现金流的确定

6.2.1 品牌现金流

每年的产品品牌现金流 F_{BC} 按式（2）计算：

$$F_{BC} = (P_A - I_A) \times \beta \quad \cdots\cdots (2)$$

式中：

F_{BC}——当年度产品品牌现金流；

P_A——当年度调整后的产品净利润；

I_A——当年度产品有形资产收益；

β——产品无形收益中归因于品牌部分的比例系数。

预测高速增长期及更远期的产品品牌现金流时，可采用将评价基准年前3-5年品牌现金流加权平均等方法进行预测。

6.2.2 有形资产收益的确定

6.2.2.1 有形资产收益

有形资产收益应按式（3）计算：

$$I_A = A_{CT} \times \beta_{CT} + A_{NCT} \times \beta_{NCT} \cdots\cdots\cdots\cdots (3)$$

式中：

I_A——有形资产收益；

A_{CT}——流动有形资产总额；

β_{CT}——流动有形资产投资报酬率；

A_{NCT}——非流动有形资产总额；

β_{NCT}——非流动有形资产投资报酬率。

6.2.2.2 流动有形资产收益率

流动有形资产收益率可参照中国人民银行公布的短期基准贷款利率进行计算，如1年期银行贷款基准利率。

6.2.2.3 非流动有形资产收益率

非流动有形资产收益率可参照中国人民银行公布的长期基准贷款利率进行计算，如5年期银行贷款基准利率。

6.3 品牌价值折现率的确定

6.3.1 品牌价值折现率

品牌价值折现率应按式（4）计算：

$$R = Z \times K \cdots\cdots\cdots\cdots (4)$$

式中：

R——产品品牌价值折现率；

Z——行业平均资产报酬率；

K——产品品牌强度系数。

6.3.2 行业平均资产报酬率

行业平均资产报酬率可通过计算相近行业、类型和规模的上市企业平均资产报酬率得到，也可以通过统计调查等方式获得行业平均资产报酬率。

6.3.3 品牌强度系数

评价人员可根据产品质量（K_1）、创新（K_2）、客户关系（K_3）、市场（K_4）、品牌建设（K_5）、法律权益（K_6）等一级指标加权得出品牌综合指标总分（K_0），根据我国食品行业特点和市场实际情况，通过特定的转化方法将产品品牌综合指标总分 K0 转化为产品品牌强度系数 K，并将取值范围限定在科学的范围内，如取值范围为0.6~2，反向转换。

K_0 可按式（5）计算：

$$K_0 = \sum_{i=1}^{6} K_i \times W_i \quad \cdots\cdots\cdots\cdots\cdots\cdots (5)$$

式中：

K_0——产品品牌综合指标总分；

K_i——第 i 个一级指标评估值；

W_i——第 i 个一级指标对品牌强度系数 K_0 的影响权重。

若产品质量（K_1）、创新（K_2）、客户关系（K_3）、市场（K_4）、品牌建设（K_5）、法律权益（K_6）等方面指标由二级指标构成时，可按式（6）计算：

$$K_i = \sum_{j=1}^{j} K_{ij} \times W_{ij} \quad \cdots\cdots\cdots\cdots\cdots\cdots (6)$$

式中：

K_i——第 i 个一级指标评估值；

K_{ij}——第 i 个一级指标下的第 j 个二级指标评估值；

W_{ij}——第 j 个二级指标对一级指标的影响权重。

参考文献

[1] GB/T 29188 品牌评价 多周期超额收益法
[2] GB/T 31047 品牌价值评价食品加工、制造业

中 国 副 食 流 通 协 会
团体标准

《食品产品品牌价值评价指标及方法》
T/CFCA 0009—2019

地址：北京市西城区复兴门内大街 45 号
(100031)

网址：http://www.chinafoods.org.cn/
2019 年 7 月第一版 2019 年 7 月第一次印刷

如有印装差错　　由本协会调换
版权专有　优权必究
举报电话：(010) 57273437

ICS 01.040.67
X 10

团 体 标 准

T/CFCA 0010—2019

食品追溯 通用要求

General requirements for Food traceability

2019-06-25 发布　　　　　2019-07-20 实施

中国副食流通协会 发布

T/CFCA 0010—2019

目　次

前言 ……Ⅱ
1　范围 ………………………………………………………………………………………………………1
2　规范性引用文件 …………………………………………………………………………………………1
3　术语和定义 ………………………………………………………………………………………………1
4　基本信息 …………………………………………………………………………………………………1
5　信息要求 …………………………………………………………………………………………………1
6　追溯信息系统 ……………………………………………………………………………………………3
参考文献 ……………………………………………………………………………………………………4

前　言

本标准按照 GB/T 1.1—2009 给出的规则起草。

本标准由中国副食流通协会标准化技术委员会提出并归口。

本标准起草单位：中国副食流通协会食品安全与信息追溯分会、贵州茅台酒股份有限公司、福建盼盼食品有限公司、山东御馨生物科技有限公司、山东新希望六和集团有限公司、泸州老窖集团有限责任公司、沃尔玛（中国）投资有限公司、福建雅客食品有限公司、古贝春集团有限公司、福建亲亲股份有限公司、国家农产品现代物流工程技术研究中心、獐子岛集团股份有限公司、上海领鲜物流有限公司、山东商业职业技术学院、南京万信方达信息科技有限公司、江苏智信追溯信息科技研究院有限公司。

本标准主要起草人：高海伟、袁湘波、张志程、王永军、于怀智、邓会玲、李锦松、张建明、王锦忠、王树文、辛亚东、张长峰、王爱东、黎明、许瑞、郭凤军、斯其乐、刘敏。

T/CFCA 0010—2019

食品追溯 通用要求

1 范围

本标准规定了食品追溯的术语和定义、基本要求、信息要求及追溯信息系统要求。

本标准主要适用于可追溯性的食品，也适用于食品企业对追溯的自我评价。

2 规范性引用文件

下列文件对于本文件的应用是必不可少的。凡是注日期的引用文件，仅所注日期的版本适用于本文件。凡是不注日期的引用文件，其最新版本（包括所有的修改单）适用于本文件。

GB/T 7635.1 全国主要产品分类与代码 第1部分：可运输产品

3 术语和定义

下列术语和定义适用于本文件。

3.1 食品追溯 Food traceability

食品在生产加工、贮存、运输、销售等全产业链，通过人工或追溯信息系统对食品相关的信息进行追溯。

3.2 追溯参与方 traceability party

食品在生产加工、贮存、运输、销售等全产业链的生产者、销售者、消费者。

4 基本信息

4.1 食品追溯的追溯体系、信息编码、信息追溯标签等应符合国家相关标准要求；

4.2 食品生产企业应对其生产的产品、物流单元、位置进行唯一标识；

4.3 食品生产企业与追溯参与方应采集并完整记录追溯信息；

4.4 食品生产企业与追溯参与方之间应共享追溯信息；

4.5 消费者通过追溯查询食品的生产日期、动植物检验检疫报告等。

5 信息要求

5.1 产品信息

执行标准、名称、净含量、生产日期、成分或者配料表、保质期、贮存条件、食品添加剂名称、标签标识及生产者的名称、地址、联系方式、生产许可证编号；

5.2 原材料信息

原材料名称、净含量、生产日期或生产批号、保质期、进货日期及供货者名称、地址、负责人姓名、联系方式;

5.3 生产加工信息

企业应当记录生产加工过程、质量安全控制信息;

5.4 销售信息

企业应当建立食品出厂检验记录制度,查验出厂食品的检验合格证和安全状况;

5.5 设备设施信息

企业应当记录与食品生产过程相关设备设施的信息,并与相应的生产过程信息关联,保证设备使用情况明晰,符合相关规定。

5.6 人员信息

企业应当记录与食品生产过程相关人员的信息。根据不同类别食品生产企业特点,确定关键岗位,重点记录负责人的相关信息;

5.7 运输信息

企业应当建立运输记录管理制度,记录运输相关信息,内容包含运输产品的交通工具、运输时间、运输人员及负责人姓名、联系方式等保障食品安全的运输信息,并保存相关凭证。食用农产品的运输过程应当符合相关法律、法规与标准等规定。需冷藏、冷冻或其他特殊条件运输的,还应当记录运输过程的相关信息;

5.8 贮存信息

记录贮存的相关信息,内容包含名称、数量、批次、入库、出库、仓库管理、双方交接人员姓名、联系方式等保障食品安全贮存要求信息,并保存相关凭证。食品、食用农产品的贮存过程应当符合相关法律、法规与标准等规定。需冷藏、冷冻或其他特殊条件贮存的,还应当记录贮存的相关信息;

5.9 交接信息

应当在进货查验记录制度、出厂检验记录制度等要求记录的信息基础上,内容包含记录交接的时间、地点、人员、运输方式、运输工具等信息;

5.10 召回信息

企业应当建立召回记录管理制度,如实记录发生召回的食品名称、批次、规格、数量、来源、发生召回原因、召回情况、后续整改方案、控制风险和危害等,并保存相关凭证并进行信息公开;

5.11 销毁信息

企业应当建立召回食品处理工作机制进行信息公开,如实记录相关食品安全、处置情况等信息;

5.12 投诉信息

企业应建立客户投诉处理机制,如实记录相关食品安全、处置情况等信息。

6 追溯信息系统

6.1 总体要求

追溯信息系统的设计和实施应符合:
——确保进入食品企业的食品追溯信息记录完善、详细;
——设计应支持自动识别设备、手持式移动设备和人工输入设备,便于各类食品的信息采集;
——能采集追溯标识码、商品条码、手工录入字符码等方式,记录追溯对象的相关编码信息;
——应保证无通信网络环境的可操作性;
——确保信息系统不被篡改。

6.2 系统功能要求

信息追溯系统应具备以下功能:
——食品信息应按照 GB/T 7635.1 或相关标准进行追溯对象分类采集;
——能够按业务流程完成食品信息的逐项采集;
——食品信息可按类、按时间、人等汇总处理;
——具备信息存储功能;
——具备按条件组合信息查询功能。

6.3 标识要求

标识使用应符合以下要求:
——鼓励食品企业采用具有可识读追溯标识的食品;
——鼓励食品企业采用具有商品条码的食品;
——无包装或无可识读追溯标识的食品应人手工录入(记录)相关追溯信息。

6.4 信息存储要求

食品企业食品流通信息追溯管理的信息存储应满足如下要求:
——纸质记录应及时通过拍照或扫描等方式进行电子化处理,电子记录应及时备份;
——信息存储工作应当制度化,且存储的信息应当便于查找和检索;
——信息追溯系统应具备防攻击、防病毒、防篡改以及访问权限控制等能力。

参考文献

[1]《中华人民共和国食品安全法》

[2]《国务院办公厅关于加快推进重要产品追溯体系建设的意见》（国办发〔2015〕95号）

[3] 国家食品药品监督管理总局关于发布食品生产经营企业建立食品安全追溯体系若干规定的公告（2017年第39号）

[4] GB/T 22005—2009 饲料和食品链的可追溯性 体系设计与实施的通用原则和基本要求（ISO 22005：2007，IDT）

[5] GB/T 25008—2010 饲料和食品链的可追溯性 体系设计与实施指南

[6] GB/T 28843—2012 食品冷链物流追溯管理要求

[7] T/CFCA 0001—2018 追溯对象编码规范

[8] T/CFCA 0002—2018 企业产品追溯体系等级评价指标

[9] T/CFCA 0008—2018 信息追溯标签分类规范

中国副食流通协会
团体标准

《食品追溯 通用要求》
T/CFCA 0010—2019

地址：北京市西城区复兴门内大街45号
(100031)

网址：http://www.chinafoods.org.cn/
2019年7月第一版 2019年7月第一次印刷

如有印装差错　由本协会调换
版权专有　侵权必究
举报电话：(010) 57273437